梁啓超 著

飲冰室合集

專集

第四冊

中華書局

飲冰室專集之十

匈加利愛國者噶蘇士傳

發端

或問新民子曰子著錄人物傳於叢報而首噶蘇士何也曰吾欲爲前古人作傳則吾中國古豪傑不乏焉然前古往矣其言論行事感動我輩者不如近今人之親而切也吾欲爲近今人作傳則歐美近世豪傑使我傾倒者愈不乏焉雖然吾儕黃人也故吾愛黃種之豪傑過於白種之豪傑吾儕專制之民也故吾法專制國之豪傑切於自由國之豪傑吾儕憂患之時也故吾崇拜失意之豪傑甚於得意之豪傑吾乃冥求之於近世史中有身爲黃種而託國於白種之地事起白種而能爲黃種之光者一豪傑焉曰噶蘇士也有起於專制之下而爲國民伸其自由自由雖不能伸而亦使國民卒免於專制者一豪傑焉曰噶蘇士也有所處之境遇始於失意中於得意終於失意而所懷之希望始於得意中於失意終於得意者一豪傑焉曰噶蘇士也噶蘇士者實近世一大奇人也其位置奇其境遇奇其事業奇其興之暴也奇其敗之忽也奇要之其理想其氣概其言論行事可以爲黃種人法可以爲專制國之人法可以爲失意時代之人法孟子不云乎奮乎百世之上百世之下聞者莫不興起也而況於親炙之者乎噶蘇士之歿距今不過十年吾儕去豪傑若此其未遠也嗚呼讀此傳者可以興矣

第一節　匈加利之國體及其歷史

今世界中有所謂雙立君主國（The Dual Monarchies）者焉。吾中國人驟聞此語。殆不解其何謂也。雙立云者。一君主國之下而有兩政府焉。其憲法異。其風俗異。其政府之威嚴相匹。其人民之權利相匹。語其實際。則釐然兩國也。而特同戴一君主於其上。此爲近今最新奇可喜之政體。世界中現行此種政體者有二國。其一爲瑞典與挪威。其一則奧大利與匈加利也。此等國體。與英愛君主國有異。英皇之徽號。固稱爲大不列顛王兼愛爾蘭王。然愛爾蘭非能自有政府也。又與德普君主國有異。德國皇位。固爲普國王所承襲。德普亦各有政府。然普政府對於德政府。而有種種之權限。德政府與普政府。非平等也。至奧匈等雙立國。其情實全反。是雙立國者。實一不可思議之現象。而亦過渡時代所不得已而最適要之法門也。而奧匈兩國所以合而分。分而合。造成此等離奇政體者。其原因經歷若何。讀噶蘇士傳。可以得之。

請言匈加利之歷史。匈加利人者。亞洲黃種。而古匈奴之遺裔也。西曆三百七十二年。匈奴一部落。自裏海北部。西侵玆士及紀元一千年。王國之體始備。以東方之强族。浴西方之空氣。故其人堅忍不拔。崇尚自由。千二百二十年。始立憲法。有所謂金牛憲章 Golden Bull 者。實國中貴族與其王所訂定之條約也。篇中於軍役義務之制限。租稅條例之規定。司法裁判之制裁。一一明定之。且言國王若違此憲。則人民有可以執干戈以相抗之權利。蓋匈加利立國之精神。於是乎在。今世政治學者。動稱英吉利爲憲法之祖國。而此金牛憲章之成立。實在英國發布大憲章 Magna-Charta 之前三年。是世界文明政體。首創之者。實惟黃人。匈加利在世界史上之位置價値亦足以豪矣。

匈加利與奧大利之關係。實自三百八十年以來。至千五百二十六年。土耳其王查理曼伐匈者六度。猙獰劫掠。殆不可當。匈王路易第二戰死。無子。其后馬利亞。實奧國王菲狄能第一之妹也。以匈合奧。使並王之。自玆以往。匈遂永爲奧之屬地。然菲狄能猶先向國民而誓守其憲法。乃得踐位。此後百餘年間。匈人執干戈以抗暴政之權利。未或失墜。故十八世紀以前。歐洲大陸之國民。其享自由自治之幸福者。以匈加利爲最。

匈加利國民。義俠之國民也。前匈女王馬利亞的黎沙時代。普魯士撒遜（亦德國聯邦中之一國也）法蘭西諸國聯軍破奧。女王避難於匈之玻士孛尼。開匈加利國會。求救於其民。匈人激於義憤。戰聯軍而退之。其後拿破侖蹂躪歐洲。奧大利受創最劇。奧王佛蘭西士第一。亦恃匈民義俠之力。僅乃自保。匈之有造於奧。非一端矣。及維也納會議既終。神聖同盟斯立。（千八百十五年事也。當時拿破崙之風潮既息。各國君主務以鎭壓國民爲事。俄普奧三帝創此會盟。誓相援助以防其民）奧人不念匈民之德。且忌而嫉之。奧相梅特湼。以絶世之奸雄。外之操縱列邦。內之壓制民氣。匈加利八百年來之民權。摧陷殆盡。水深火熱。哀鳴鳥之不聞。雨橫風狂。望潛龍之時起。時勢造英雄。噶蘇士實此時代之產兒哉。

第二節　噶蘇士之家世及其幼年時代

千八百二年。實歐洲一最大紀念之年也。蓋世怪傑拿破侖。以是歲卽位。爲法蘭西王。而歐陸中心之風雲兒噶蘇士。亦以其年四月二十七日。生於匈加利北方之精布梭省。噶蘇士名路易 Louis Kossuth 家系雖非貴族。而其父素以愛國知名。其母熱心之新敎徒也。少年受敎有方。故性質高尙。熱誠過人。有非偶然者。噶蘇士早慧。

年僅十六。卒業於巴特府之卡文大學校。名聲藉甚。常語人曰。丈夫志一立。何事不可成。聞者莫不歎異之。十七歲。始研究法律。奉職於某府之裁判所。以資習練。常遊歷各地。所至必參列其法庭。閱歷益深。千八百二十二年。年僅弱冠。即以法律名家聞於國中。乃歸故鄉。爲精布梭省之名譽裁判官。其天才之絕特。實有足驚者。此後十年間。從事法律之業。又往往跋涉山海。獨適曠野。或游獵以練心膽。或演說以養雄辯。鷙鳥將擊。先修羽翮。偉人之所養。有自來矣。

第三節　噶蘇士未出以前匈國之形勢及其前輩

十九世紀之匈加利。史得三傑焉。前有沙志埃伯爵。中有噶蘇士。後有狄渥。皆國民之救主。而歷史之明星也。噶蘇士憑藉沙志埃所養成之國力。因以一鳴驚人。而其挫敗之後。未竟之業。賴狄渥以告成功。故爲噶蘇士作傳。不可不並前後二傑而論之。

沙志埃伯溫和派也。噶蘇士則急進派也。急進派之前乎噶氏者。有威哈林男爵。故欲知噶蘇士以前匈國之形勢。則沙威兩前輩其代表也。

匈加利本有國會也。但神聖同盟以後。梅特涅正值全盛。專制政策日進日甚。以爲外患既不足畏。所當努力者。惟防家賊而已。思及匈人毛羽未豐。從而鎩之。乃七年不開國會。（凡立憲君主國召集國會之權皆君主掌之）不寧惟是。又蹂躪金牛憲章之明文。添加軍隊。脅國民以服兵役。增徵租賦。數倍於前。彼義俠之匈加利人。豈肯束手坐視此辜恩非禮之行哉。於是國論囂囂。鳴奧人之無狀。王不得已。乃有千八百二十五年國會之設。時乃國會上議院一豪傑出

焉則沙志埃其人也

國會舊例惟許用拉丁語演說蓋奧王壓制匈人之一法門也沙伯迸萬斛愛國之血誠毅然脫此箝軛當開會之日卽以匈加利語大聲疾呼申明匈人固有之權利歷數佛蘭西士第一之失政海潮一鳴聲滿天地自此以往十五年間（自一八二五年至一八四〇年）沙伯實爲匈加利全國之代表伯嘗作一書以奬厲國人曰

嗚呼我同胞疇昔我光榮赫奕之匈加利今乃陷溺至此吾能勿悲雖然公等毋悲焉奮其愛國之心以鑄造他日光榮赫奕之新匈加利又豈難也

讀此數言可以想見沙伯之爲人矣彼不徒空言也又實行之凡一切開民智增公益之事無不盡力設民會以通聲氣立高等學校以養人才開新式劇場以厲民氣（演劇之事關於國民進化者甚大吾別有文論之）廣郵船鐵路以便交通興水利築海岸以阜民財凡茲文明事業不遑枚舉蓋沙伯者貴族也實行之經世家也其所務者以溫和手段易俗移風蓄養實力所謂老成謀國固當如是也

而噶蘇士者具如電之目光抱如燄之血誠深有見夫民族主義爲立國之本久懷一匈加利獨立之大理想於其胸中其不能以沙伯之所設施而躊躇滿志亦勢使然也未幾而法國第二革命起（一八三〇年七月）電流倏忽徧傳歐洲匈加利亦受其影響而急進派與志士奔走號呼於國中曰獨立！獨立!!獨立!!!者所在皆是於是乎千八百三十二年之國會又不得不開溫和派首領沙志埃伯與急進派首領威哈林會議數四互相調和乃提出協議案於國會其略曰

憲法者匈加利各種法律之源泉也不經議院之承認而妄布法律是奧國政府之專橫者一也　千八百二

十五年以來七年之間不開國會是政府怠慢之罪二也　農工勞力者國民之神聖也今殆以奴隸視之毫無保護是謂厲民三也　選舉權者天賦權也成年之民皆當有此而妄加制限侵害自由四也　國會不許用匈加利語而惟獎勵拉丁語及日耳曼語損匈加利之國權五也　國文學不興（按言愛國者本國文學最爲重要今崇拜西人者流欲以英語爲學校中獨一教科不知本也）學校不起塞窒民智六也　內地工業爲苛政所困日漸衰頹陷民死地七也

國會既開連亙四年此等諸案日日提議將以大行改革拯民瘡痍而奧王方醉夢於專制之中視新政如蛇蝎且恐諸案既定而匈加利遂不可復制於是悉予駁斥無一俯從（立憲君主國議院議定之案必經君主批准然後施行）國會失望之餘憤激愈甚威哈林男慨然曰

嗚呼我同胞其念之我等所提議各件固有利於匈民而亦未始有害於奧人也顧奧王一一反抗之推其意非以我所愛之匈加利永世爲其奴隸國而不止也奧王實匈加利之公敵也

此之一語激動數百萬義俠匈國民之耳膜且哀且痛且憤一嘯百吟一呻百問疾人人心中目中口中惟牢記金牛憲章所謂執干戈以抗虐政之一大義蓋舍此以外無餘望焉矣奧政府仇威哈林既甚逮之下獄思以警其餘殊不知壓力愈緊則躍力愈騰百新黨演說於講壇不如一新黨呻吟於牢檻於是舉國中革命！革命！！革命！！！之聲撼山岳而吞河澤矣而其聲之最大而遠者誰乎則噶蘇士其人也

第四節　議員之噶蘇士及其手寫報紙

噶蘇士之在故鄉也聲望日隆鋤强扶弱恤病憐貧闔省之人皆感其德願爲效死力者蓋數千焉一八三二年

之國會。被舉爲議員當時國會乘急激之潮流。會政府之壓虐。已成飛瀑千丈之勢。雖然。奧政府頑然不顧。猶行其威權。禁各報館。凡議院中一切情形不許登載噶蘇士親在院中。目擊諸狀深以國民不能備知爲憾。乃以法律家舞文之伎倆。解政府告示之語。曰政府所禁者印板也。若點石則未嘗禁也。乃將議會事情。日爲點石一紙。以布於國民。國民如旱望霓。如渴得飲。展轉傳誦。不脛而徧國中。奧政府覩此情形。急下令曰點石亦印刷物也。宜一併禁之。噶蘇士之熱心。既以壓抑而益增。國民望噶氏之報告。亦隨艱難而愈切。彼乃廣聘鈔胥。將其所草議院日記。加以論評。手寫之以應求者。且復於政府曰。是書簡非報章也。政府無論若何橫暴。豈有權禁我不發一信耶。政府無如之何。於是噶家墨蹟報。遂風靡全匈。每次發行至一萬分以上。眇然僻壤。一書生。遂一躍而爲全歐奸雄梅特涅之大敵矣。

當此之時。噶蘇士之强毅刻苦。有使人驚絶者。拿破侖一晝夜睡四小時。舉世傳爲佳話。而噶蘇士此際。每晝夜僅睡三小時耳。嗚呼偉人乎。偉人乎。豈徒其心力强。其腦力强。蓋其體魄亦必有大過人者。有志天下事者。亦可以知所養矣。

奧政府視噶氏爲眼釘。爲喉鯁也久矣。顧重犯衆怒。未敢遽與爲仇。以爲議院期滿解閉之後。而其鈔報亦當停止也。姑少俟之。乃噶蘇士於閉會之後。復移其報館於彼斯得省。而廣記省議會府議會之事。其然溫犀鑄禹鼎之筆舌。仍旋盪而不停。其呼風雨泣鬼神之文章。且光芒而益上。政府既已處騎虎難下之勢。而彼亦自知奇禍之不遠矣。日者偶攜一友散步於布打城外之野。指牢獄之石垣而言曰。

吾不久將爲此中之人。雖然我同胞若由我而得自由。吾雖爲此中之鬼。所不辭也。

時急進黨既失威哈林男噶蘇士遂有爲全黨首領之觀。其慨然犧牲一身以供國家蓋十年以來之素志。自審既熟矣。鼎鑊甘如飴。求之不可得。男兒男兒不當如是耶。果也奇禍之至。如彼所期。奧政府遂以一八三七年五月四日。逮此大逆不道者。繫之於布打城之獄。此後龍跳虎擲之噶蘇士。失其自由者蓋三年。時三十七歲也

第五節　獄中之噶蘇士

塞翁失馬。安知非福。此中國之恆言也。噶蘇士之下獄。其所志一挫。雖然。此三年中內之修養其精神。而進德愈加勇猛。外之蓄積其聲望。而國民益繫懷思。蓋爲其將來大飛躍之地步者不少焉。試觀其獄中筆記內一節云。獄中之第一年。一書不許讀。一字不許書。誠無聊極也。第二年。始許讀書。然政治時務之書。尚一切禁之。吾之嗜政治時務書固也。雖然。既已不得。則亦不可辜負此許讀書之權利。反覆思維。莫如先學英文。乃向獄吏乞得英文典、英匃字典、及索士比亞之詩文集各一部。讀之。既無敎師。惟憑自悟。乃依文典以讀索集。每讀一葉。必求全通其意。毫無疑義。乃及他葉。蓋讀第一葉費兩禮拜云。此後凡二年間。專從事於英文學。盡解其趣味。而精神之修養亦大增。

索士比亞 Shakspeare 集者。英文學之精髓。英人所稱爲通俗之聖經者也。索氏爲英國第一詩人稍讀英書者皆能知之噶蘇士既通英文。以增其學識。復養人格。以高其品性。獄吏之有造於噶氏者。不亦大耶。加以其被逮之時。彼所播文明種子。既已徧於國中。聞者固莫不扼腕流涕矣。而當其對簿法庭。激昂慷慨。自辯無罪。而叱政府之非禮。其言論風

采長印於全國人之腦中。故此三年間。其身在黑暗之中。而其聲名如旭日昇天。隆隆愈上。國民無一日而或忘也。自都會游說之士。以及山谷扶杖之民。輒引領攘臂曰。救噶蘇士！救噶蘇士!!所在皆然矣。

噶蘇士投獄之翌年。奧政府因埃及土耳其事件。不得不增軍備。欲募兵一萬八千於匈加利。奧王乃復開國會。具案以請於匈人。匈人疾王之反覆無常也。無事之時。則蹂躪我權利。縶捕我恩人。一旦有事。輒欲借我兵力。是烏乎可。乃於國會未開以前。先開一大會。採國民之意向。選委員以與政府交涉。略謂政府若能廢虐政而釋威哈林噶蘇士。則匈民惟政府所命。而匈之溫和黨。又別具案以忠告政府曰。匈加利之國情。一如委員所述。政府非讓步。則欲事之成難矣。惟赦免噶蘇士一事。則不可從。噶蘇士猛虎也。一旦出山。其氣將不可當云云。觀此亦可知噶氏人物之價值何如矣。奧政府之接此兩案也。躊躇未決。而國會之期已至。討論六月。異議百出。而政府所希望之目的。卒不可得達。宰相梅特涅苦思焦慮。知非釋免噶蘇士等。而所事終不得就。於是出獄之命遂下。千八百四十年五月十六日。是匈加利國民迎其恩人於布打城獄之一大紀念日也。萬衆簇擁之中。獄門開處。見彼目炯炯神奕奕之噶蘇士。以右手攜一白髮之瞽者。徐步而出。歡呼之聲。忽震山岳。嘻。此瞽爲誰。即當年在國會掀髯豎髮聲淚俱下直斥奧王佛蘭西士爲匈加利公敵之威哈林男爵也。從噶蘇士之後者。有狂夫一。有瀕於死者三。皆急進黨中之錚錚者。嘗叱咤風雲。爲國前驅者也。義俠之匈加利民。搵一掬之淚。以迎其愛國者於萬死一生之中。嗚呼。其感慨何如哉。

第六節　出獄後之五年間

噶蘇士旣出獄。暫退居於山水明媚之地。回復其疲瘁之體氣。其時仰彼聲望。思與聯姻者踵相接。其間或有溫和黨之貴族。倩蹇修而致詞者。噶氏毅然排斥之曰。彼雖佳人。但其父結繩而縛彼已久矣。卒以千八百四十一年與同志某之女公子結婚。而其年復應某書肆之聘。出一報紙於彼斯得省城。卽有名的彼斯得報 Pesti Hirlap 是也。疇昔噶家墨蹟報。旣震撼全匈。今此報以主筆噶蘇士之名。不數月而銷行數萬分以上。勢力磅礴。更倍於前。至千八百四十三年國會之開。噶氏遂立於彼斯得議員候補之地位。政府惡其入選也。百方排斥之。卒爲溫和黨候補者所攙奪。千八百四十四年。奧國政府更易。自由黨被黜。而帝政黨代之。益行專制之政。悍然直以匈加利爲其奴隸。其法律之最無理者一條曰。

自今以往。匈加利人除奧國所製造之物品。不許輸入他國之貨。

匈加利所製造之物品。雖一物不許輸出於奧國。

蓋彼等欲藉此法律以保護奧國之工商業。其不解平準之眞理。愚謬固可笑。其不顧人民之權利。橫暴尤可憤也。噶蘇士乃憑藉彼斯得報之力。大聲疾呼。喚起國民。全國之工商業。羣起應之。設一大會以抗政府。其會之決議曰。

我匈加利人自今以往。苟非到奧國政府改此法律之日。決不許買奧國之貨物。

此決議旣行。奧國之工商反大蒙損害。馴至無量之製造廠。自奧國移設於匈境內。政府莫能禁也。於斯時也。噶蘇士之運動最烈。而爲國失明之威哈林。亦獻其半廢之身。東奔西走。鳴政府之罪狀。革命之機。如箭在弦矣。匈人商工大會之旣成立也。奧政府苦之。不得已於千八百四十七年復召集匈加利國會。彼斯得省例當選議員二名其一名則當時人望最高諸黨所共戴之巴站伯爵也其一名則諸黨所競爭凡候補者三人一曰巴拉二曰星拉黎三則噶蘇士也政府忌噶氏如蛇蝎復極力沮之黨於政府者咸屬意星拉黎乃星巴二人聞噶氏之將爲候補人也相與謀曰吾輩承乏議員將以爲國家之前途也鷙鳥累百不如一鶚噶蘇士若出吾輩不可不避賢路矣乃悉自辭其候補於是噶蘇士復被舉爲議員國民歡呼之聲倏徧都市而奧政府聞之若新得一敵國惴惴不可終日矣

當時匈加利政界分三黨派一曰溫和黨沙志埃爲之魁二曰急進黨噶蘇士爲之魁其三則社會黨也溫和黨之主義務與奧政府聯絡徐圖改良社會黨之主義務破壞現時之文物制度各行其新理想惟噶蘇士一派別出機軸即盡其力之所及提出種種法案迫政府以實行若其不省乃更出他途非萬不得已不用破壞手段也以故此派常能調和於溫和社會兩黨之中使全國一致皆此之由

第七節　菩黎士堡之國會

千八百四十七年十一月十二日開國會於菩黎士堡以翌年四月十一日閉會焉此次國會實近世匈加利史中最重要之部分亦噶蘇士傳中最快烈之生涯也奧王腓的能第五臨幸議院舉行開會之典見匈人衆怒之難犯也宰相梅特涅勸王以籠絡之策開會勅語加謙愼焉雖然熱誠機智之匈國民豈爲其甘言醜態所能動者下議院之風潮竟爲噶蘇士所指揮有一擊千里之勢

硝藥滿地待火線而爆焉洪濤嚙堤乘蟻穴而轟焉天不忍匈民之無告也天不忍全歐洲各國民之無告也千

八百四十八年二月二十三日。一聲霹靂。巴黎之第三革命起。三月二日。法人流其王於英。而此革命軍之詳報。亦以其日達於菩黎士堡焉。愛自由尊獨立之匈加利人。受此影響。砰然若增萬匹之馬力。氣燄萬丈。不可復制。三月四日。一議員以國家銀行失信用紙幣不能通行之故。質問於政府。凡國會皆有政府大臣參列應議員之質問政府方欲答辯。噶蘇士忽從容起立。振懸河之雄辯。痛數政府之罪惡。謂鈔幣所以失信用於匈加利及波希米亞 Bohemia 實證明政府於財政上無能力也。乃更單刀直入而昌言曰。

我匈加利建獨立之政府。行獨立之財政。是當今之急務也。匈加利者。匈加利人之匈加利。我同胞有自治之權利。有自治之責任。非他人所能代也。

此滔滔汩汩轟轟烈烈之一段演說。如擲斗大火球於國會爆藥堆中。革命之氣。若劍出匣。滿院議員。直將其保守之念。擲向九霄雲外。噶蘇士乘此機會。揮全力以行生平之所志。將所草擬改革案三十一件。悉行提出。無論溫和黨社會黨。咸贊成之。茲舉其案之重要者如左。

第一。定匈加利自治政體。對於匈加利議會而創立一責任政府也。按責任政府者政府對於議會而負責任即議會得代表人民以課政府之功罪也

第二。貴族之特權。一切廢棄也。

第三。廓清封建制度之餘習。以土地爲公有。廢地主之特權。使國內勞力之人。不爲他人所分利。而國家別籌經費。賠償地主。以保障農民之完全自由權也。按此與中國古者均田之制頗相似近世社會主義之學者言其法理甚詳各國雖知其美然茲事體大至今未有

能實行者也

第四．信教自由之權利十分保全也。

第五．匈加利自置國民軍也．

第六．言論自由之權利．不得侵犯也．

第七．杜蘭斯哇省．（按與今南非洲與英搆兵之國同名）編入匈加利國也．

第八．租稅不得畸輕畸重．務平分以負擔國費也．

第九．凡納所得稅者．（按所得稅者英名Income Taxes即人民以歲入所得之利益納成數於政府也）皆得有選舉權也．法國二月之革命．不特影響於匈加利而已．歐洲列國民政之機運實皆至此而成熟也．苦黎士堡國會決議之日．正維也納（奧都）市民倡義之時．民賊梅特涅僅以身逃．國王狼狽不可名狀．丁此際也．而吾儕所敬所愛所夢想所崇拜之絕代偉人噶蘇士者．以匈加利國民總代表之資格．攜國會決議案三十一件赴奧都．

三月十三日．噶蘇士至維也納．卽梅特涅奔逃之同日也．奧都革命黨既擯內蠹．復得外援．額手歡呼．喜可知矣．十五日．噶氏謁奧王於宮中．數萬人民沿道為羣．握其手者．禮其額者．不絕於目．噶蘇士萬歲之聲．不絕於耳．奧王惴惴慄慄．接見此偉人．於四面楚歌之裏．以且羞且怯之語．詰問其議案之要領．噶氏則滔滔雄辯．為之說明奧王敢怒而不敢言．能憤而不能拒．乃以翌十六日悉報曰可．且從噶氏之所推轂．以彼斯得省代表人巴站伯爵為匈加利國首相．使組織政府．巴站直受之奏報新政府之職員如左．

總理大臣　伯爵路易巴站　　內務大臣　巴達郎士梅利

戶部大臣　路易噶蘇士　司法大臣　佛蘭西士狄渥
軍務大臣　將軍拉薩美梭羅　商務大臣　瓦波格樓沙
工部大臣　伯爵士的英沙志埃　文部大臣　男爵伊亞沙亞多士
外務大臣　公爵坡兒埃士達哈志（按匈加利其時未爲獨立國此外務大臣不過專司與奧大利交涉之事耳）

是役也網羅溫和急進兩黨之名士沙志埃噶蘇士狄渥之三傑相攜比肩於一堂蓋自有匈加利史以來所未有之盛業也噫嘻有志者事竟成國民不當如是耶大丈夫不當如是耶

雖然此政府者不過回復匈加利自治之精神耳而匈加利之隸屬於奧王麾下如故也奧王以其王族士的英伯爵（與沙志埃同爵同名）爲匈加利總督代表國王之權利義務如故也

四月十一日爲國會散會之期奧王復親臨菩黎士堡以馬哥耶語（卽匈加利多數人民所用之國語）述散會之勅辭於新政府大臣列席之前而國民既達多年之宿望復自治之權利思亂之心亦稍熄矣

第八節　匈國之內亂及其原因

使奧王而審民族之趨勢因輿情之順潮自茲以往君民一心以圖國運之進步則豈惟匈民之福抑亦帝室之利也雖然王之許匈加利以自治權也豈其本心哉迫於維也納革命黨內外之夾擊聊以此緩禍於眉睫耳未幾而本國革命已被鎮撫肘下之毒蛇方去心中之鬼蜮旋生遂復運其機智思以顛覆匈加利新政府而其所以顛覆之之術則何如蓋匈加利國最大之缺點卽合許多異種之民以成國而無所統一是也試舉其概

匈加利國民總數	一四、六五五、四七四人
內馬哥耶人	五、〇〇〇、〇〇〇
華拉焦人	二、三一七、三四〇
撒遜人	一、四二二、一六八
士羅域人	二、三二〇、〇〇〇
盧善人	三五〇、〇〇〇
活德人	五〇、〇〇〇
格羅人	一、三五二、九六六
塞爾維亞人	九四三、〇〇〇
蘇格拉和尼亞人	一、〇〇〇、〇〇〇

然則匈加利人口一千四百六十五萬之中馬哥耶人雖占其最多數然不過三分之一强耳其他三分之二弱則自羣異種而成立者也奧王利此政府爲馬哥耶人所建設也乃謀煽動此諸異種自其內而戕之有敗類之報館主筆某者格羅人也旅居於奧都維也納承奧政府之鼻息竊往格羅士亞省說格羅人使叛匈政府其言曰『匈加利者匈加利人之匈加利非馬哥耶人之匈加利也今馬哥耶一族猥張其燄其在國會也廢公等所通用之拉丁語而以馬哥耶語代之其所施設惟馬哥耶人之利是視彼之强則我之弱也公等格羅之好男兒也何故甘屈伏於馬哥耶人新政府之下耶獨立乎來獨立乎來馬哥耶人能獨立於奧政府之外公等獨不能

獨立於匈政府之外耶』、嘻此等似是而非之言實最能淆格羅人之聽者也果也全省靡然惑於其說反叛之旗忽起時五月中旬距新政府之成立未兩月也六月上旬塞爾維亞人復開省會合同種人九十四萬以抗新政府且宣言自今以往視馬哥耶人爲公敵馬哥耶人之居於格羅士亞塞爾維亞兩省者無端而遇襲擊焚廬舍奪財產姦婦女殘酷殆無人理新政府聞亂耗先遣兵於塞爾維亞未平而警報續至曰庇納省叛曰杜蘭斯哇省叛曰撒遜人叛曰蘇格拉和尼亞人叛曰南方及西南諸州悉叛新政府一面派鎭撫之兵於四方一面以實情通報於奧政府

奧政府喜匈人之中其計也而尙以機會之未成熟也陽言叛民之可嫉而聲稱必助匈政府特派埃拉志男爵率兵向格羅士亞若爲協力助剿也者埃拉志者格羅士亞產而前者伊大利之役曾率格兵以立戰功者也奧政府之遣彼也以鎭撫叛民爲名而實則餽叛民以一首領也故其將達格羅士亞也格人以滿腔親厚之情歡迎之直開省會宣言格羅士亞之獨立而戴埃拉志爲統將埃拉志亦受之而無難色焉匈政府得報大驚以告於奧政府而詰責之奧政府則以空言訴埃氏之無狀、曰吾將罰之吾將罰之云爾

匈人非愚者也奧政府罔兩之情狀既已洞若觀火其爲叛黨之後援明甚矣雖然彼未顯然以相仇我固不可公然以爲敵新政府乃請奧王以七月臨幸於彼斯得省之匈加利國會使明言其贊助新政府之實心及叛徒必當鎭壓之理由此實對於國王而爲試驗的要求也果也奧王竟置諸不答未幾而國會召集之期至矣七月五日實維新政府治下國會第一次開會之期戶部大臣噶蘇士提議徵募兵士二十萬豫籌軍費四千二百萬佛郎奧政府欲沮此案於是開會之日所謂代表奧王之士的英總督演述祝辭以曖昧模棱之口吻微言叛黨

之非無理。而諷新政府處置之失宜。其辭令之巧妙。有可驚者。奥政府之處心積慮。以爲匈政府之摧滅。在今日矣。

噶蘇士之登演壇也。善能以其熱誠及其雄辯。激盪聽衆之耳鼓。而吸引其腦筋。是日傾注其腦中萬斛愛國之血淚。詳說匈加利之國情。及叛黨之性質。與其原因結果。慷慨淋漓。聲淚俱下。其略曰。

諸君諸君。余今乞師二十萬及其軍費於公等。公等以此事爲政府之私事乎。以此案之可決否決。爲政府信任不信任（按政府所提之案而議院否決者是政府不見信任於人民之證也則政府當辭職此立憲國之通例也）之證乎。是大謬不然也。今日之事。實維持匈加利國家之不二法門。而我國民生死之問題也。諸君若愛自由乎。請忍耐以待此內難之削平。則我輩及我子孫。皆永得生息於獨立之天地間。其成耶。在今日。其敗耶。在今日。其生耶。在諸君。其死耶。在諸君。某也不才。忝受委託。今日搵縷縷之淚。濾滴滴之血。捧心瀝膽。匍匐俯伏。以提出此案於我有血性有榮譽的匈加利國民胸臆之前。諸君乎。諸君乎。若我輩各出其高尙純潔之愛國心以立於世界。某敢斷言曰。雖悉地獄恆河沙數之魔鬼來相攪襲。彼無如匈加利何也。

噶蘇士之爲此演說也。四百議員。莫不銜枚無譁。傾耳悚息以敬聽者。演說方畢。而贊成贊成之聲。忽起於四座。有疾呼「不自由毋寧死」者。有高叫「國可亡不可辱」者。此重大之議案。竟以滿場一致通過於匈加利萬歲！萬歲!!萬歲!!!之聲裏。奥總督窮鬼極蜮之祝辭。卒無絲毫之效。民賊士的英瞠目結舌而退。雖然。案雖可決。但必經國王之裁可。始能施行也。於是首相巴站、法相狄渥齎此議案。赴維也納。奥王初不意國會之贊此案也。至是多方推託。不肯畫諾。而命巴站與埃拉志男爵協議。巴站以王命訪埃拉志者三四度。埃氏惟堅持廢匈加利新政府仍轄於奧政府之議。協商既不就緒。埃氏則盛修兵備。將大舉以襲彼斯得省城。巴站不得已。復面謁國王。請賜勅裁時奧國新戡定奧屬意大利之民黨。奧王得報。趾高氣傲。謂匈加利人不足恐也。乃脫其數月來之假面目。斷然宣告謂國會所決議之增軍案不能裁可。巴站狄渥憤然而返。而九月十一日復得埃拉志軍已渡積黎夫河。將襲彼斯得之報。至難至險之現象。沓來匯至。雖然。愈危而氣愈盛者。匈加利人之特性也。泱泱千餘年獨立之國民。豈有隨敵人之喜怒以爲勇怯者耶。普天下血性男子。請拭目以觀噶蘇士及國民之所以當此大難者何如矣。

第九節　匈奧開戰及匈加利獨立

匈加利文明先導之沙志埃伯。既就任爲工部大臣。未幾諸路警報續到。新政府之前途。日以岌岌。痛心之極。遂至發狂。溫和黨乃舉狄渥爲首領。老成彫謝。又弱一個。至是而匈加利之運命。全在噶蘇士之仔肩矣。奧王所派總督的士英。覩衆怒之難犯。而懼大禍之及其身也。蒼黃遁歸維也納。又自慚憤。乃更走德國。奧王乃別派伯爵廉白爲匈加利軍務總督。不特都督兵馬而已。且爲王之代表。而使專制以箝束全匈政務。以九月二十五日就任於彼斯得。匈加利國會聞之。以其授任之違法也。決議不納。傳檄四方。募義勇兵。舉國莫不憤懣。裂眥以睨維也納者。廉白以二十八日驅從抵彼斯得附近之長橋。小民激昂之餘。遂擁車而撲殺之。匈奧決裂之實象更著矣。

首相巴站。謹厚君子也。尚欲表調和之意。乃上表引咎。以慘殺總督之案。政府負其責任。請總辭職。而別設護國委員。噶蘇士被選爲委員長。噶氏責任益重大矣。格羅士亞之叛將埃拉志。鬪巴站政府之解散也。以爲機會可乘。乃於九月二十九日率格羅兵四萬以臨布打城。屯距城二十五英里之地。噶蘇士遣匈加利將軍摩加將兵五千拒之。兩軍逆戰於梭洛省之威郎。馬哥耶兵無不一以當十。以五千怒卒敗四萬之格羅人。埃拉志幾被擒。遽僞請和。乞休戰三日以緩攻勢。遂 隙遁歸維也納。

奥王聞報。赫然震怒。遂以十月四日下令目噶蘇士等爲叛徒。其第一條云。朕能行主權以解散匈加利國會。現雖在開會中。宜卽閉之。第二條云。法令不經朕裁可者。雖由國會決議。一切不許行用。第三條云。今命埃拉志爲都督匈加利元帥。匈國中一切常備兵、義勇兵、皆歸節制。第四條云。匈加利內亂未定以前。以軍令統治其國。一切由埃拉志便宜行事。此文名爲詔勅。實與匈加利下宣戰書也。噶蘇士既以身繫國安危。內難未平。復遇大敵。危乎悲哉。護國委員長何以待之。棱棱勁草。寧所怯於疾風。莽莽神鷹。豈損威於凡鳥。願與讀者企踵拭目。觀愛國偉人之經略何如矣。

噶蘇士見奥政府之宣戰也。不動聲色。以爲待敵之來。毋寧先發制人。乃決議進攻維也納。傳檄四方。廣募義勇。悉心訓練。夜以繼日。注其熱誠。鼓其雄辯。以振作士氣。彼常演說於軍中曰。

嗚呼軍士。今日有兩途於此。惟汝等自擇之。其一則從容安逸。歸家以對妻孥。其二則危險苦辛。獻身以蹈湯火是也。蹈湯火之道。死道也。汝等知之。吾亦知之。雖然。是我等對於國家之義務也。何去何從。是在汝等。吾無强焉。吾進矣。吾進矣。嗚呼。我馬哥耶人擁自由二國以立於四面腥風血雨之中。有願與國同生死者。請從我來。

兵士聽此演說。齊呼不自由毋寧死。無不慨然爭赴前敵者。於出彼斯得至菩黎士堡有兵一萬二千。有大炮三十門。以十月二十四日進次巴梭得。各地赴義來集之兵驟至三萬。二十七日以國會之議決命將軍古魯家率摩加舊部二萬五千與噶軍合越境伐奧。

奧王使其子榮沼格辣與埃拉志共率奧兵七萬迎戰。二十八日薄暮。匈兵渡菲西亞河接綏大小十數戰。互有勝敗。十二月。奧王以倦勤故讓位於其姪新王年僅十八耳。匈加利議會直決議不認之。

十二月十五日。奧軍以如海如潮之勢壓匈加利。其大將王子榮沼格辣善用兵。匈將古魯家屢敗北。奧軍遂迫布打彼斯得城。擾擾風雲歲云暮矣。千八百四十九年一月一日。護國委員開會議於彼斯得。僉謂存亡危急。不可不暫避敵鋒。乃決議遷都於的布黎省。古魯家先誘敵於北方。率兵二萬出彼斯得北郊。榮沼格辣急尾追之。古魯家且戰且走。於是噶蘇士及新政府文武百官遂出的奴河。二月六日達於的布黎。爾後交戰數回。互有勝敗。

三月四日。奧王以憎噶蘇士黨之故。遂下令廢金牛憲章。而通款俄羅斯。借俄兵一萬五千以為應援。自和拉的亞方面來襲。噶蘇士聞報。遣將軍比謨以兵一萬防之。激戰數次。所向有功。三月十六日。捷書達的布黎省。讙呼之聲震山岳。於是議乘勢恢復舊都。使格拉布加、達米亞、匿和列、諸將以四月一日進軍。出台比岳河畔。破格羅士亞之叛將埃拉志。六日與榮沼格辣軍合戰。大破之。榮沼遁入布打城。古魯家率兵出維善。敵兵望風爭逃。遂獲捕虜八百。大炮七門。噶蘇士得各地之捷報。與古魯家將軍相抱而視之。灑淚於軍前曰。是皆將軍之賜也。古魯家亦感泣曰。某何足以當此。皆護國委員長之力也。噶蘇士乘此風潮。直以匈加利獨立布告天下。

千八百四十九年四月十四日。全國之代議士集於的布黎省之耶穌教會堂。依最莊嚴之禮。舉行茲典。噶蘇士以護國委員長之資格。為獨立之宣言曰。

以法律組織成之匈加利國會。今者以我匈加利國獨立權利之事。敢告於天下。我匈加利以千年文明之國。立於天地。憲法早布。為萬邦冠。文物彬彬。有光歷史。乃三百年前。以國難之故。為奧大利所盜竊。我等所敬愛之祖先。雖靡一日而忘祖國。而事機不就。未如所懷。奧之前王。亦憚於輿論。時加煦煦之術。我同胞重和平。懼破壞。不深與為難也。比年以來。奧政府濫用強權。蹂躪我憲法。朘削我膏血。虔劉我工業。奴視我人民。我是以有新政府之立。奧王形見勢屈。偽為應命。實乃包藏禍心。煽動我都鄙。陷溺我人民。率我蟊賊。以謀動搖我國家。我以三百餘年關係之深切。靡有貳心。以內亂之不易。民命之多艱。解散政府。以自謝於奧國。我之於奧。蔑以言矣。奧猶不悛。廢我國憲。夷我民兵。埃拉志者。我之仇讎。而奧之間諜也。使為總督。入我堂闥。而擇噬我國民。我匈加利人達公理。重和平。非好為犯上作亂。塗炭生靈也。以三百年來呻吟於異種縛軛之下。憔悴於民賊虐政之中。曰忍也。夫既忍之。曰待也。夫既待之。今則忍無可忍。待無可待。萬不得已。至為此獨立之宣言。上有皇天。下有百靈。內有同胞。外有萬國。實共鑒之。　謹布讀決議四條如下。

第一　匈加利國自今以往。為自由獨立之國。

第二　奧國朝廷對於匈加利。罪不容數。自今以往。排而斥之。永絕關係。

第三　匈加利國與歐洲諸鄰國。講信修睦。一循公法。

第四　獨立以後。組織新政府。其方案一切由國會決議委任。

此報告既發布傳播國中讙呼萬歲之聲洋溢盈耳而第四條所定新政府之事即由國會委任選噶蘇士爲匈加利大統領

第十節　布打城之克復及兩雄衝突

奥國政府接此敗報且羞且憤一面派大軍於匈加利一面重賂俄廷乞師助剿俄皇因以爲利發兵十三萬與三十萬之奥兵聯合爲蹂躪匈加利之計噶蘇士外當此大敵內察己力則惟有未經訓練之義勇十三萬五千人大炮小槍合計不過四百雖然彼曾不屈撓日激厲諸將以死報國而古魯家之軍竟以五月二十日克復布打城噶蘇士喜可知矣乃以國會之決議發一國民公電於軍中以表感謝士氣驟增百倍噶蘇士與諸將協議兵機其決定之件如下

一使丹邊士奇將軍赴上部匈加利以防俄軍　一使威達將軍屯達紐夫河畔之巴士卡地方爲南方之雄鎮　一使比謨將軍自杜蘭斯哇省提一旅以鎮剿和拉志亞之叛徒　一更爲預備兵屯防查阿諾地方

一使格拉布加將軍率兵二萬五千屯營哥摩侖地方

格拉布加當時任陸軍大臣者也彼捨此重職願爲前敵之一將愛國之誠可概見矣未幾而比謨及丹邊士奇諸軍捷報絡繹噶蘇士乃決意還都布打而以古魯家繼格拉布加爲陸軍大臣兼軍務總督時六月七日也當是時也匈加利之榮光名譽洋溢於五洲而獨立滅亡爭機於一髮彼古魯家者一世之名將也而噶蘇士曠代之英雄也此二人者如車之兩輪鳥之雙翼匈加利千餘萬之生靈所齊託命也使其終始一心互相提攜則

國之前途、泱泱哉未艾也。何圖昊天不弔、兩雄相厄、當此暴風横雨交集之日、忽爲龍跳虎闘内潰之形。讀史至此、誰能不頓足痛哭、爲匈加利國民飲千秋之遺恨也。

布打城之既克復也、奥俄傷軍奮戰益力、衆寡懸絶、既已太甚。此匈加利千鈞一髮之時也。噶蘇士與古魯家議戰守機宜、其意見每不相合。前陸軍大臣格拉布加及諸將校多袒噶蘇士之策、雖然、古魯家自負勞苦功高、驕盈殊甚、輒冷笑揚言曰、外交政略、演説辯才、吾不如噶蘇士、若夫疆場之事、則乃公方寸自有成算、非他人所能容喙也。蘇氏等無如之何、乃此後屢有交綏、輒見挫敗。古魯家所自負者、竟不能踐其言。於是噶蘇士以軍國大計、非可一誤再誤、欲用其統領之權、以實行所懷抱之軍略、急傳命古魯家調北部軍隊、集於的彝士河畔、將以直擣維也納都、易守勢爲攻勢、使其策果行、乘奥國之空虚、首尾不相應、一擊而破之、則匈加利今早爲一雄强之獨立國、以屹峙於世界矣。乃古魯家陽諾之而腹誹之、竟不從也。噶蘇士乃憤然下令、免古魯家所兼任之軍務總督、而以美士梭羅將軍代之。時古魯家在哥摩侖地方、與奥俄兵戰、適負微傷、療養於軍中、得此電報、其部下軍隊激昂殊甚、囂囂然曰、噶蘇士何人哉、彼安居於太平之彼斯得府、乃敢貶我臨疆場賭生命之將軍耶。吾等寧死、不願受他將之指揮云云。情勢洶洶、幾欲舍俄奥之大敵、而倒戈以向於政府。嗚呼、自此以往、而匈加利之前途、不可問矣。

時格拉布加方鎭哥摩侖、見此情形、憂懼失色、乃竭全力以調和兩雄、卒使噶蘇士收回成命、僅免古魯家陸軍大臣職、而任軍務總督如故。雖然、自是匈軍中劃然分古噶兩派、常若冰炭、奥俄軍乘之、著著制勝。至七月十一日、而布打城復委於敵矣。

第十一節 噶蘇士辭職及匈加利滅亡

力拔山兮氣蓋世。時不利兮騅不逝。騅不逝兮可奈何。虞兮虞兮奈若何。天下傷心短氣之事。孰有過於英雄末路者耶。噶蘇士既憤古魯家之不用吾言以致挫敗也。又念號令不出於一。而軍氣將更沮喪也。乃與古魯家謀自退其職。而以軍國大事一委於彼。以圖補救。乃以八月十一日布告辭職文於國民之前。其略曰。

奧俄大軍。併力壓境。某也不才。忝荷重任。師徒撓敗。以至於今。溺職誤國。罪何敢辭。今者國勢岌岌。不可終日。存亡絕續。悉懸於軍務總督之手。事已至此。政府之立。非徒無益。且恐爲國民害也。某今瀝愛國之血誠。策此後之大計。敢率政府諸員。向國民乞骸骨。自今以往。一切軍國重事。全託命於古魯家將軍一人之手。將軍對於上天。對於國民。對於本國之歷史。而慨然荷此重任。其必盡其力之所及。爲此可悲可憐之國。爭命脈於一線也。將軍之聰明才力過某十倍。某敢信之。某敢保之。某德薄能淺。力竭聲嘶。淚盡血枯。審顧躊躇。計不得不出於此。嗚呼。某也七尺之軀。久非我有。苟臠割我。葅醢我。而有利於此國者。我甘之如飴。弗敢辭也。嗚呼。彼蒼者天。父兮母兮。其庶幾眷然下顧。以拯此哀窮無告之匈加利國民哉。嗚呼。 千八百四十九年八月十一日。

路易噶蘇士

古魯家之懷貳心久矣。故當噶蘇士之交代。亦受之而不辭。猶靦顏向國民演述忠憤之詞。以欺飾耳目。實乃私通款於奧俄軍中。賣國以圖自免。嗚呼。以百數十仁人志士。竭百數十年之力。經營慘淡而不足者。一賤丈夫一朝斷送之而有餘。此東西古今之歷史。所以以奴隸國狼藉充塞。而自由清淑之氣。經數千載而不能遇也。

古魯家與奥俄軍約。凡前此匈軍中將校士卒。悉貸其罪。遂豎降旛於軍門。格拉布加獨力不支。尋亦屈節。於是匈加利遂亡矣。奥俄軍旋食其言。藉戰勝之威。大肆屠殺。自前首相巴站以下。凡匈加利政府重要人物。處斬處絞者不下數百。民間以嫌疑被逮夷僇者殆十餘萬。骨委爲邱。血流成河。專制之政。視前此又加數倍。重以俄人豺狼之欲。水草之性。悉索縱横。殊無天日。嗚呼嗚呼。哀哀匈民。一蹂躪於蒙古。再蹀躞於突厥。三夷僇於俄羅斯。民也何辜。受茲痛毒。至是而格羅人塞爾維亞人杜蘭斯哇人撒遜人等。亦隨其所敵視之馬哥耶族。同成灰燼。瘡牛羸豚。坐待封割。性命儕螻蟻。權利同弁髦。今乃始知中民賊之毒謀。爲公敵之功狗。噫嘻。悔之晚矣。昔賢云滅六國者六國也。非秦也。族秦者秦也。非天下也。君子讀史至此。未嘗不廢書而長慟也。

第十二節　噶蘇士之末路及匈加利之前途

噶蘇士既解印綬。旋察古魯家之異志。知事不可爲。乃避難於突厥。當其將發途也。舊政府戶部大臣某檢點庫儲。尚有二百五十萬金。語噶氏曰。足下今亡命他鄉。所最需者阿堵物也。此金棄置此土。徒飽奥俄虎狼軍之谿壑。子盍挾以行矣。噶蘇士正色曰。此匈加利政府之物也。非余私財。余豈肯非其有而取之耶。遂以八月十八日揮淚出國門。仰天嘆曰「嗟乎。非天不相我國民。今何爲至於此」匈加利志士從噶氏而去者五千餘人。妖塵黯天。白日無色。嗚呼噶蘇士逝矣。嗚呼匈加利亡矣。

自噶蘇士出獄後。始入國會。實千八百四十七年十一月十二日。至翌四十八年三月十六日。匈加利新政府成。不數月。內亂蠭起。遂有匈奥之衝突。翌四十九年一月一日。遷都於的布黎省。六月二十一日。克復布打城。七月十一日再被陷。八月十一日噶蘇士辭職。十月匈加利亡。此一興一亡之大活劇。不過匆匆兩年間事耳。而以此至短之日月。起至大之波瀾。聳動全歐。永爲歷史上一大紀念。嘻、可不謂人傑哉。噶蘇士於此二年中。席不暇煖。食不暇咽。極人生至繁至劇之境。自茲以往。送亡命之生涯者。四十餘年。

噶蘇士既去國。達於突厥之維毡省。省之大吏奉突皇命款待之如上賓禮。奧俄兩國遣刺客無數入其地。突人保護甚力。莫能損其一指趾也。奧俄以强國之餘威。屢脅突廷。或啖以重利。使交出噶蘇士。突廷結英國以堅拒之。自是爲寓公於突者凡數年。美國政府慕噶蘇士之高風也。哀其爲國民而忍苦節也。思所以慰藉之。乃於千八百五十一年。遣軍艦於突厥。迎噶蘇士。突厥亦以一軍艦護送之。既至各地。歡迎者爭先恐後。至是而彼於獄中三年所學之英文英語。大得其用。所至演說。聽者以爲自由神之降世也。其後復遊於英。其受歡迎一如美國云。雖然彼當宴會紛紜名譽洋溢之際。每一念故鄉之天地。未嘗不吞聲飲淚若萬箭之攢其心也。

自噶蘇士去國後。匈加利憔悴於奧俄之虐政者凡十年。此十年間。愛國之士。或殺或亡。或以病死。舉國空無人焉。其碩果僅存者。則前司法大臣狄渥氏一人而已。千八百五十九年。奧與法開戰失利。遂失意大利屬地。奧王迫於外患。又不得不求助於匈民。乃一變前策。以六十年五月。命匈加利選議員若干人。以入奧國議會。於是狄渥氏被選爲彼斯得省之代表。爲匈加利提出三事。以要求於奧政府。一曰恢復金牛憲章。一切國務。依此憲章以行。二曰置匈加利政府於彼斯得省。如四十八年故事。三曰革命時代流竄異國之志士。悉招歸國。反其田里。奧王固非樂許之也。然迫於時務。不能不從。卒以千八百六十七年七月七日。親臨彼斯得。誓守金牛憲章。兼王匈國。是卽今日奧匈雙立君主國所由成立也。

古魯家自恥其無面目以見匈人也。乃退匿於奧國之一田舍。奧廷給以歲俸六萬。終其殘年。所至受村落之侮蔑。鬱瘵以死。噶蘇士在天涯漂泊之中。猶日日著書作報演說。謀所以開導匈加利人。而恢復其將來之利益。此後狄渥之再造茲國。實一遵噶蘇士之遺敎也。六十七年權利恢復以來。匈加利之進步一日千里。噶蘇士大慰藉。乃卜居於意大利山水明媚之地。研究格致之學。以終其天年。千八百九十四年三月二十一日去此世以入天國。享年九十二。

新史氏曰。匈加利之僅有今日。匈加利人之不幸也。匈加利之尚有今日。又匈加利人之幸也。夫以今日民族主義之磅礴天壤。彼匈加利者。又豈以僅有今日而自足耶。然其能使之有今日。且使之將更有優於今日之將來。誰實爲之。吾敢斷言而不疑曰噶蘇士之賜也。嗚呼。今天下之國。其窮蹙如前此之匈加利者何限。而噶蘇士何曠世而不一遇也。海山蒼蒼。海雲茫茫。其人若存。吾願爲之執鞭而忻慕者也。

飲冰室專集之十一

意大利建國三傑傳

一　瑪志尼 Ginseppe Mazzini.

二　加里波的 Ginseppe Garibaldi.

三　加富爾 Camillo Benso pi Cavour.

發端

梁啓超曰．天下之盛德大業．孰有過於愛國者乎．眞愛國者．國事以外．舉無足以介其心．故舍國事無嗜好．舍國事無希望．舍國事無憂患．舍國事無忿懥．舍國事無爭競．舍國事無歡欣．眞愛國者．其視國事無所謂艱．無所謂險．無所謂不可爲．無所謂成．無所謂敗．無所謂已足．眞愛國者．其所以行其愛之術者不必同．或以舌．或以血．或以筆．或以劍．或以機．前唱于而後唱喁．一善射而百決拾．有時或相歧．相矛盾．相嫉敵．而其所向之鵠．卒至於相成相濟．而罔不相合．梁啓超曰．今國於世界者數十．其雄焉者不過十之一．彼其鼓之鑄之締造之歌舞之莊嚴之者．孰有不從一二愛國者之心之力之腦之舌之血之筆之劍之機而來哉．

梁啓超曰．歐洲近數百年．其建國之歷史可歌可泣可記載者不一而足．其愛國之豪傑．爲吾生平所思所夢所崇拜者。不一而足。而求其建國前之情狀。與吾中國今日如一轍者。莫如意大利。求其愛國者之所志所事。可以爲今日之中國國民法者。莫如意大利之三傑。之三傑者。其地位各不同。其懷抱各不同。其才略各不同。其事業各不同。其結局各不同。而其所以使昔日之意大利成爲今日之意大利者。則無不同。無三傑則無意大利。三傑缺一。猶無意大利。三傑以意大利爲父母爲性命。意大利亦以三傑爲父母爲性命。吁嗟乎危哉。今日之中國。其烏可無如三傑其人者。吁嗟乎耗哉。今日之中國。夫安所得有如三傑其人者。吾痛而歎之。吾寐而言之。我國民其猶知愛國乎。雖其地位相萬。其懷抱相萬。其才略相萬。而萬其言。而萬其塗。而萬其策。而萬其業。其上焉者。亮無不可以爲三傑之一。其次焉者。亮無不可以爲三傑之一之一體。人人勉爲三傑之一。人人勉爲三傑之一之一體。則吾中國之傑出焉矣。則吾中國立焉矣。作意大利建國三傑傳。

第一節　三傑以前意大利之形勢及三傑之幼年

今之意大利。古之羅馬也。自般琶西莎兒以來。以至阿卡士大帝之世。併吞歐羅巴亞細亞阿非利加之三大陸。而建一大帝國。爲宇宙文明之宗主者。非羅馬乎哉。當此之時。天下者羅馬之天下。於戲。何其盛也。何圖一旦爲北狄所蹂躪。日削月蹙。再軛於回族。三軛於西巴尼亞。四軛於法蘭西。五軛於日耳曼。迎新送舊。如老妓之款情郎。朝三暮四。如畜犬之依豢主。支離憔悴。年甚一年。直至十九世紀之初期。而山河破碎。益不可紀。極東縣於法。西隸於奧。中央夷於班。意大利三字。僅爲地理上之名詞。而非政治上之名詞者。千餘年於茲矣。望加西士陷落之火燄。吟法馬之悼歌。薤露蒼涼。劫灰零落。昔人詩云。卷中正有家山在。一片傷心畫不成。嗟乎哀莫哀於無國之民。後世讀史者旁觀猶爲感慨。而況於身歷之者乎。寧復知十九世紀之下半紀。距今最近數十年之間。儼然一新造國湧出於殘碑纍纍荒殿寂寂之裏。泱泱然擁有五十餘萬之精兵。二百六十餘艘之軍艦。六千餘英里之鐵路。十一萬餘英方里之面積。二千九百餘萬同族之人民。內舉立憲之美政。外揚獨立之威烈。雪數十代祖宗之大恥。還二千年歷史之光榮。此亦革命家達士里阿所當瞑於九原。而大詩人但丁所當且感且泣而始願不及者矣。嗚呼。誰實爲之。而克有此。

當十八世紀之末年。拿破侖蹂躪意大利。其時意大利已支離滅裂。分爲十五小國。拿破侖鐵鞭一擊。合而爲三。置之法政府督治之下。雖然。意大利後此之獨立。實拿破侖之賜也。拿破侖廢其小朝廷。鋤其家族。將封建積弊。一廓而掃之。以法國民法之自由精神施行於其地。於是意人心目中始知有所謂自由。有所謂統一。且對外反動。而知有所謂獨立。拿破侖實意大利之第一恩人也。萌蘖初生。而牛羊牧之。蓋自拿破侖既敗。各國專制君相會議於維也納。絕世奸雄梅特涅。敢以「意大利不過地理上之名詞」一語。明目張膽以號於衆。於是盡復前者王族壓制之舊。全意仍爲若干小國。爲外來種族波旁家哈菩士博家等所分領。其王位爲意大利人血族者。惟有撒的尼亞 Sardinia 國王之一家而已。而亦壓於羣雄。奄奄殘喘。蓋至是而意大利闇無天日矣。時勢造英雄。嗚呼。時勢至此。豈猶未極耶。

天不忍神聖之羅馬。茶然黯然長埋沒於腥風血雨之裏。天不忍數千萬文明堅忍之意大利民族。呻吟於他族異種一摘再摘之下。乃於一千八百五年六月二十二日。誕育一豪傑於意大利之治那阿市。名曰瑪志尼。實怪傑拿破侖即意大利王位於米侖之歲。而法國大革命後十有三年。拿破侖征服意大利將十年也。猶以爲未足。

復於翌二年卽一千八百七年七月二十二日更誕育一豪傑於意大利之尼士府名曰加里波的猶以爲未足復於翌三年卽一千八百十年更誕育一豪傑於意大利之撒爾維亞名曰加富爾自茲以往而千年冢中之意大利遂蘇

瑪志尼一士人子也年十三入於市立大學其時正去維也納會議後三年法國革命之反動力大作奧大利之壓抑愈甚而國運日以益非每讀前史塊然若有所失自茲以往惟著深墨喪制之服以終其身後有叩其故者瑪曰『吾當時亦不知其所以然惟在羣兒稠人歡笑雜遝之中自覺悲氣沈沈而來襲心使人哀使人老噫嘻吾其無國之民吾其服國喪以終吾年』掩淚歡場悲歌牖下多情多恨之英雄大率然矣年十七既悉通諸學之奧見識文章迥絕流俗日者侍母散步於治那阿之海岸忽一巨人面目深黧鬚髯如戟頎長七尺風采棱棱飆然來前脫帽而施禮曰「願爲意大利之亡命人有所盡」母則泫然探懷中出若干金錢揾一掬之淚納諸巨人破帽中瑪志尼問母彼何爲者母曰此愛國男兒也彼等欲救國而事不成離父母割妻子流竄以至於此瑪志尼自聞茲言如冷水澆背心大感動其犧牲一身以酬國民之志實始於此

加里波的舟人子也性慷慨義烈感物易哀嫉不義如讐喜鳴不平爲人急難其所憤激感觸趨義赴難視生命如鴻毛也日者游羅馬大都之廢墟觀其大壁大門大伽藍頹址半傾丹青狼藉低徊感慨亡國之悲勃鬱於胸中而不能自禁年未十五已浩然有以國事爲己任之志嘗語人曰『余誓復我意大利還我古羅馬』自茲以往吐棄一切惟注精神於革命一事

加富爾撒的尼亞王族之一貴公子也其出身既與彼二傑異其少年之經歷亦自不同始蓋一自倨不遜紈袴

無賴之惡少年也。年十歲雖卒業於小學校然更不悅學。日聚羣兒爲惡戲。既而欲爲軍人。入焦靈兵學校。自是始嚮學研精測算。年十六卒業。擢爲測地官。雖然愛國之心未起也。爾後年齒漸長。誦古今之歷史。察現今之形勢。思爲國家有所盡力而未得其下手之方法。然頗來往於治那阿諸地。與諸亡命相往來。呼吸自由之空氣。貴族之習性一變。

第二節　瑪志尼創立「少年意大利」及上書撒的尼亞王

初意大利當十八世紀以前。已有哲理家文學家但丁、麥耶俾爾、荷士哥等。微言永歎。大聲疾呼。以革新匡復之義。導其國民。流風漸播。於是有「加波拿里」黨 Cobonari 之設。加波拿里者。燒炭之義。實祕密革命之盟社也。當千八百二十年。事機迫於一髮。乃在意大利中央之尼布士及帕特門倫巴的諸地。同時爆發。時瑪志尼十五歲。加里波的十三歲。加富爾十歲。然事竟不成。首事者或死鋒鏑。或死囹圄。其餘以嫌疑流竄治那阿者不可勝數。治那阿。即瑪志尼之故鄉也。在意大利西南。爲地中海濱一絕港。政府以此竄謫志士。竄者既多。而治那阿遂成爲自由主義之中心點。瑪志尼所遇之巨人。即千八百二十年役中一無名之英雄也。

先是瑪志尼以愛國熱血之所湧。思有所憑藉。乃投入加波拿里黨。既而察其內情。以爲此黨之人。血氣有餘。而道心不足。當其瀝血淋漓。指天誓日。雖凜凜然若薄雲霄而貫金石。一遇挫折。茶然餒然。前此之壯懷盛氣。銷磨盡矣。瑪志尼以爲欲成大事者。不可不先置成敗利鈍於度外。今日不成期以明日。今年不成期以來年。如是乃至十年二十年百年數百年。所不辭也。及身不成。期之於子。子猶不成。期之於孫。如是乃至曾孫玄孫來孫。所不辭也。吾力不成。期諸吾友。吾友不成。期諸吾友之友。乃至吾黨不成。期諸他黨。所不辭也。惟求行吾志貫徹吾主義而已。瑪志尼以爲非有此等氣魄此等識想者。不足以言革命。不足以言天下事。而欲養成此氣魄此識想。不可不推本於學力。不可不推本於道德。瑪志尼深察加波拿里黨之不足語於此也。於是脫離之。自組織一黨名曰「少年意大利」Young Italy

千八百三十年法國第二革命起時瑪志尼二十五歲。加里波的二十三歲。加富爾二十歲也。風潮所簸。影響徧及。「加波拿里」黨復揚其餘燼。蜂起於各郡國。奧國移兵剿洗。瞬息勘定。而瑪志尼爲偵吏所賣。逮繫獄中者六月。僅減死一等。見放於意大利境外。

千八百三十一年。撒的尼亞前王死。其從弟查理士阿爾拔 Charles Albert 嗣立。阿爾拔者。號稱近世最英仁之主。夙懷恢復意大利之志。而曾加盟於加波拿里黨之人也。時瑪志尼越在法國。聞之大喜。乃上書於阿爾拔曰。

某死罪。上書於所愛之撒的尼亞王阿爾拔殿下。越在海外。逖聞我王繼體主社稷。誠歡誠抃。雖然。王其念之。王欲爲新意大利最初之一大偉人。惟今日。欲爲舊意大利最後之一民賊。亦惟今日。我意大利人民。其非可以姑息敷衍因循以鎭撫之也。非一日矣。彼等於數百年來求而不得之民權。今也認之已眞。望之已渴。彼等愛法律。愛自由。愛獨立。愛統一。然而上被裁斷。外被阻絕。中被壓抑。跼天蹐地。無所告訴。今也國不知何在。家不知何附。身不知何存。外人之游其國者。字之曰奴隸之國。接其人者。諡之曰已死之人。彼等有血氣有鬚眉。習聞此言。寧爲木石。彼等吞聲忍恨。欿奴隸之厄者已數十世。自今以往。誓以此身與此厄俱碎矣。王乎王乎。

今意大利之國民無不額手延頸企踵傾耳拭目以待命於殿下者願買絲爲殿下繡作「自由獨立統一」三字於旗上願殿下自進而立於國民之馬首爲民權之倡導者保護者爲全意大利之建設者革新者舉數千萬之同胞出之於野蠻外族之手而還我太平王如有意乎吾儕不才願捧其身命以待王之驅策集意大利散漫之諸州而致諸王之麾下以舌以劍而爲王服犬馬奔走之役民困不可久也時會不可失也惟大王圖之

阿爾拔固素知瑪志尼者良敬其爲人雖然自以羽毛未豐不可高飛深慮瑪志尼之輕率以害大局也又不欲自居嫌疑之地也得其手書曾不致答反下嚴命曰瑪志尼若越境復入於意大利則直捕縛之雖然一人之王充耳其如褎數百萬人之國民傾耳其如雷此命一下舉國失望相率而入於「少年意大利」者以數千百計瑪志尼益爲愛國志士之中心點矣

「少年意大利」之所以異於「加波拿里」者何也彼蓋消極主義而此則積極主義也彼等惡官吏惡虐政誓與當時之小政府不兩立雖然彼等有破壞而無建設者也瑪志尼不憚破壞然以爲破壞也者爲建設而破壞非爲破壞而破壞使爲破壞而破壞則何取乎破壞且亦將並破壞之業而不能就也「少年意大利」之目的實在於是此亦可見我絕代佳人瑪志尼者非可與彼蠻恣橫暴之無政府主義同類而並觀矣瑪志尼嘗言革命者國民之天職也是根於「爲國民」For People「由國民」By people之兩大義而來者也

按西哲言政治者有三名言最簡而最精曰Of peope曰For people曰By people第一義謂國者人民之國也第二義謂國政者爲人民而立者也第三義謂國事者當由民自處置也政治之精理此三義盡之矣若君主專制政體無論施虐政於民施善政於民皆不過To people而已論者不審別其本而欲舉中國儒者所言仁政比諸泰西今日之政治失之遠矣文法之有關於學理也如此吾向謂中國文法簡於歐西今此四語欲求

如原文以一字表其義譯之而適當者誠束手無術矣附注於此以質將來以故吾輩舍此之外無學術。舍此之外無宗教。舍此之外無性情。瑪志尼之所以爲瑪志尼。於是乎在矣。雖然加波拿里黨所以失敗之原因猶不止此。彼等所最缺者。無協同和衷之運動也。協同和衷者。革命圖成之第一要義也。彼等無一政綱無一信仰無一高遠之理想。夫是以協同和衷之實。不可得舉。故瑪志尼欲就此大業。先以教育國民爲獨一之義務。而其教育之法。在首與當時腐敗之宗教宣戰。瑪志尼又言曰。

今日之大問題。宗教的問題也。彼持唯物論者。謂費爾許之辛苦周折以求新建一國。毋寧仍其舊而改革之。苟能維新便民。雖分裂何害。雖服屬何害。爲此論者。是對於宗教上而放棄其高尙之天職者也。其能撫我者。無論如何之政府。甘服從之。其能應援我者。無論如何之方法。皆畫諸之。其可以救目前片刻之苦痛者。無論如何之約束。皆歡迎之。是非人之所以爲人之道也。是故當知欲獲勝者。只有一途。曰舍身而已。曰舍目前之樂利。舍物質上之樂利而已。

是所謂瑪志尼唯心論之宗教也。是瑪志尼教育之精神也。其純潔之理想。瑩於冰雪。其精一之情感。高於雲霄。瑪志尼豈徒豪傑。實聖賢也。彼於是據其所信以定此會之綱領曰。

「少年意大利」者。意大利人中之信進步義務兩公例。而確認我意大利爲有天賦一國民的資格之諸同志所結合而成者也。入此會者。以再建一自由平等獨立自主之意大利爲目的。凡在此目的外之思想動作。悉犧牲之。以茲決心組織茲會。

而其所以達此目的之方法則曰

教育與暴動同時並行

以此二事團爲一體可謂奇事奇文雖然有深識者苟思其故不禁爲之拍案三歎舉世仇公敵之奧大利而擯諸境外以收回自主之權此其第一着手也彼非不哀腥風血雨戰爭之慘然以爲是固終不可得避既爾則其破裂早一日得一日之利也雖然用外交政略而借他國之政府爲應援是瑪志尼所不許也其言曰

聯絡主義者發於依賴之劣根性而使意大利喪其資格於世界者也

瑪志尼之徒以此等主義播之人民疾而呼之強而聒之如牧師神父之傳敎者然雖然彼等非欲以力強移人民之意志者也一日國民統一之業若成則應建何種類之政府一任國民之自擇此瑪志尼黨之所志也其會中綱領又云

我黨對於國民投票所立之政府無論其形式若何皆甘膜拜於其前而不辭蓋服從公意者實箇人應守之義務也

以上所引雖東鱗西爪語焉不詳亦可以略窺「少年意大利」之綱領旨趣而其苦心經營之人之學識才略亦從可察矣更約言之則「少年意大利」之目的在救濟意大利而統一之於共和政府之下也其方法則敎育與暴動也其標語則神與人民也其旗幟則一面書獨立統一字樣一面書自由平等人情字樣也黨體既立應者如響自學生而學生自青年而青年其結合之速力幾爲前古所未曾有時加里波的方夙夜皇皇所在募同志偶遇此「少年意大利」黨員之一人乃始知世有所謂瑪志尼者其所志所事正與己同大喜

遂投身入會。加富爾當時未知有加里波的也。顧頗聞瑪志尼。欲會見之而未得其機。

第三節　加爾富之躬耕

其時之加富爾則何如。法國第二革命之起。瑪、加、二賢。固奮袂扼腕。亟欲一雪。而加富爾亦少年盛氣。不能自制。嘗於廣座之中痛罵撒的尼亞政府之因循。謂意大利人竟無一箇是男兒者。政府聞之。直命陸軍省禁彼不許住居治那阿焦靈兩地。遂謫於僻邑。爲巴特城之土木監督。居一年。怏怏不樂。遂挂冠去。讀者試掩卷一思。加富爾去將何適。意者其不投革命軍。則入政黨已耳。而加富爾會心獨往之處。有非尋常人所能擬議者。噫嘻。桓靈失綱。四海鼎沸。羣雄拊髀攘臂之際。而絕代偉人諸葛亮。乃躬耕於南陽。當法國革命。全歐如麻。豪傑蠭起水湧之時。而絕代偉人加富爾。乃學圃於黎里古之欲就大業者。必有所養。嗚呼。其亦可以師矣。

蓋加里波的軍人之資也。其意以爲『彼哥索加（拿破命產地也）之英雄。當法國危急存亡之秋。能以一呼披靡天下。內平內亂。外敵俄普奧三大敵。無他。能用其國民使懷必死之志以報國。則嚮之農民市民。皆可忽變爲精銳無敵之練卒。彼何人哉。我何人哉。我意大利今雖積弱矣。然國民憤悶勃鬱之氣。既將熟而可用。吾將率之以追我祖般琵之偉績。復我史羅馬之光榮。制梃以撻奧法。吾信其非難矣。』此則加里波的之志也。瑪志尼異是。瑪志尼學者也。理想家也。以爲『欲行革命。則不可不播革命之種子。欲求文明。則不可不築文明之土臺。故當推本於國民精神。養其不移不屈之道心。鼓其死而後已之元氣。』此則瑪志尼之志也。若加富爾則又與二豪異其撰。彼以爲『今日者外交時代也。以氣蓋一世之拿破命。不免爲聖氣連拿（拿破命遷死之地也）孤島之鬼。豈有他哉。爲其敵天下而已夫吾恃吾力而不倚助於人固正氣所當爾固人道所應爾雖然此道此氣豈不在我居今日之天下而惟侈言不顧成敗不恤利鈍陳義非不甚高然業也者期成者也期成之業豈惟恃道蓋術亦有不可不用者矣故夫「加波拿里」者烏合之衆無謀之師不足云矣卽彼「少年意大利」亦恐至誠有餘而智力不足以相濟吾思之吾重思之今日意大利列國中如昔昔里如尼波士如羅馬如達士加尼如侖巴的皆不足憑藉以成大業其可以有爲者惟我宗邦撒的尼亞耳雖其地狹衆寡不足爲輕重於歐洲若夫善用之豈不在人撒的尼亞實我一生之舞臺也』此加富爾之志也

加富爾之所志者既在此不在彼其所以利用此舞臺之術則如何彼自以身列貴族一躍而爲宰相殆非難事今以嫌疑被謫若不自戢徒逸此機毋寧自隱焉以爲他日之地當其翩然歸耕也其友有貽書弔之者惜其以有爲之身受嫉當途老於山野加富爾戲答之曰『事未可知天若假公以年佇看他日加富爾爲全意大利宰相之時矣』嘻偉人之自負自信有如此者

加富爾之隱於農非徒隱也而眞農也彼蓋搏虎搏兎皆用全力之豪傑也彼始事於黎里延及鄰近諸地自農事之改良道路之興作灌溉之新案水車之製造無不孳孳汲汲以身任之其時輪船之製新發明乃首採用之以運輸於麥阿里之湖上一切地方上民事皆干預之獎勵之遂於彼特們輿一最大之農會創建焦靈銀行日夕盡瘁未嘗寧居蓋加富爾之遠識早有見於歐洲社會必有一番大變革而殖產興業實爲之原故先導其民使習於此彼其後此當國之際所以能舉而措之若烹小鮮者蓋其養之於前者豫矣

不寧惟是彼又乘此空隙徧游英法諸國蓋彼既以未來之宰相自命則其於各國政治之實況審之不可以不

熟也。其至英也。與哥布頓 Cobden 最親。其至法也。與基率特 Guizot 最善。哥布頓自由之思想。與基率特保守自負之精神。彼皆能融納之。又屢往就英國國會之傍聽席。飫聞當時大政治家格蘭斯頓比康斯佛等之舌戰。大有所感動。自是心醉英國政治。而尤歆其自由勢力之旺盛。見夫選舉法改正案。信教自由案。全廢奴隸案等之屢次劇戰。而卒歸勝利。雖以惠靈吞之英名。猶不能壓當時之民氣。則拍案快呼曰『有是哉有是哉。我意大利國民之精神。其亦不可不以此為鵠矣。我輩今猶然奴也。今猶然縛也。』自是以往。加富爾以崇拜英風聞於天下。雖然彼無所雌黃焉。無所躐進焉。矻矻焉更研英文治英學。詳察英國政治宗教教育農工商各事業。以備將來經國之用。蓋加富爾以農以游自隱者。凡十有六年。十六年之星霜。不可謂不久。此十六年內意大利之事變。不可謂不多。雖然彼遂不厭。彼遂不動。蓋其胸中早有所自主。而定識定力。非外界所能奪也。加富爾實最富於忍耐力之偉人也。翻觀此十六年中瑪志尼加里波的之二豪則何如。

第四節　瑪志尼加里波的之亡命

瑪志尼之見放也。遁於法國之麻士天市。自創一報館。即以其黨名名之曰「少年意大利」。以其高尚純潔之理想。博通宏贍之學識。縱橫透闢之文詞。灑熱血於筆端。伸大義於天壤。舉國志士。應之者雲起水湧。時加里波的方為一船長。航行於君士但丁奴不（土耳其國都）舟中與一仙士門派（仙士門者。法國一哲學家。倡大同共產主義。嘗與其徒實行之）之法國人相覯。慷慨扼腕。言論風生。乃始知其祖國有所謂瑪志尼其人者。尋讀其一字一淚之檄文。一棒一喝之報紙。則大感動。乃決棄去船長之業。訪瑪志尼於麻士天。以謀大計。當二人之相見也。所語者不過「少年意大利」之來歷及其目的。泛泛問答一夕話耳。及其相別也。瑪志尼語人曰。『吾見加里波的。吾之負擔輕減其半。』加里波的亦語人曰。『吾見瑪志尼。其愉快有視哥侖布新覓得阿美利加時尤甚者。』自是以往。兩雄握手。而半島之風雲捲地來矣。

瑪志尼見阿爾拔（撒的尼亞王）之不足與謀也。乃與加里波的及各同志定策。欲乘大祭之夜起事。倒撒的尼亞政府。逐其王而絕奧國之羈絆。不幸事洩。黨人或捕縛。或遁走。加里波的聞變。急遁入一賣餅家。求潛匿。餅師之女憐之。給以襏襫。俾易服宵遁。間關十日。乃達家鄉。一訣慈親。再思行遯。忽為法國緹騎所獲。伺夜深人靜。潛從丈五高樓跳下。藏於山深菁密處。斷食者兩日。乃達麻士夭。偶檢新報一讀。則己之姓名。已受死刑宣告矣。然猶與諸同志尋消問息。企圖再舉。志不少衰。時一千八百三十二年。瑪志尼廿七歲。加里波的廿五歲。而加富爾廿三歲也。

雖然。以當時虎狼虺蜴之歐洲列國。萬方一概。吾道將窮。天地雖大。何處可容意大利革命英雄側身之所乎。千八百三十三年八月。法國以撒的尼亞政府之要求。驅瑪志尼出境。乃潛竄於瑞士。自茲以往。殆如囚虜者凡十餘年。避探偵。避鉏麑。屏居於斗室暗澹之中。一燈淒涼之下。日夜慷慨淋漓。伸紙吮筆。然胸臆中炎炎千丈之活火。著書草論。指天畫地。策方略。散諸各地。以指揮其同志。嘻、瑪志尼雖壯快眞率光明磊落之一男子乎。至其深謀緻慮。洞察情僞。兔起鶻落。熟精夫神祕隱密之革命家不二法門。往古來今。未見有其比也。其所著書。至今凡有志於政治上祕密結社者。奉為枕中鴻祕。得其術以達所志者。不知凡幾矣。千八百三十六年。復不為瑞士政府所容。坎軻流浪。僅得託足於從來不逐「國事犯」之英國。自千八百三十七年以後。定居焉。英國者實瑪志尼第二之故鄉也。去國益以遠。來日益以難。戰一國之大敵未已。而一身之小敵且紛至而沓來。戰疾病。戰飢寒。三旬九食。十月單衣。典時表。典外套。典長靴。猶不足以自給。最後乃丐得一報館賣文爲活。然猶日日奔走呼號。和血和淚。以從事於著述。遂更組織一新黨。名曰「少年歐羅巴」。外之以通他石之情。內之以繫同胞之望。如是者又十年。蓋此十年中。而其所謂教育國民之主旨。乃始磅礴圓滿。而此後如荼如錦之意大利。根柢乃始立矣。

瑪志尼既久於英國。與名相格蘭斯頓交甚契。常訴以意大利人民壓制之苦。及己之所抱負。其賣文於報館也。常發明意大利之國情。及歐洲列國所以待意大利之道。英人聽之。大有所感動。此後加富爾一統政策。大得格蘭斯頓之贊助以底於成。亦不可謂非瑪志尼十年流落之遺賜也。

第五節　南美洲之加里波的

加里波的既不見容於法國。茫茫全歐。託身無所。乃飄然倚劍。遠遁於南亞美利加。自茲以往。不踏歐洲塵土者十四年。此十四年中。又加將軍一天然之學校。而爲將來回天事業之練習場也。不可以不記。

『十年磨一劍。霜刃未曾試。舉似世間人。誰有不平事。』千古之大俠。往往被髮以救鄰鬭。拔劍以助路人。蓋其至誠熱血。磅礴鬱積於腔子裏。一觸卽發。非有所爲而爲之。蓋非是則無以爲歡也。以龍拏虎擲之加里波的。一旦投閑置散於故鄉萬里之外。攬鏡華鬆。據鞍髀肉。蹉跎歲月。何以爲情。彼蒼蒼者深憐夫閑殺英雄也。無端而生出里阿格蘭共和國倡獨立與巴西帝國開戰之役。任俠尙氣之加將軍。既同病以相憐。復見獵而心喜。彼以舟人之子。十餘年生長於海上。使船如馬。夙具長技。乃率十二人。駕輕舟。擊巴西一軍艦。奪而據之。爲獨立軍應援。屢戰屢捷。此十二人者。皆意大利亡命志士。而與加將軍同生死共患難者也。日者碇泊於某河口。翌朝深霧障天。咫尺不辨。忽有二敵艦駛至其側。聲稱速降。隨放巨礮轟擊。此十二人中有名菲阿侖者。然礮應敵。百發百中。敵兵入海者無算。俄而爲飛丸中額。仆地。加將軍前往救之。亦中丸而仆。艦中士官展輪急遁。船如斷梗漂流海上。地理不明。針路不悉。當此之時。加里波的之不死。其間不能容髮。而菲阿侖竟齎志而長逝矣。一士官開海圖示加將軍。乞其指揮。將軍手不能動。口不能言。惟濺一滴淚於圖中。桑得菲之點。士官等悟其意。向此港進行。凡漂泊十九日。乃達嘉爾伽港。就療養焉。彼他日嘗語友人曰。吾不惜死。但吾欲塗肝腦於本國之土地。不甘如菲阿侖之葬水中也。哀哉斯言。

天爲意大利生偉人。豈其當意大利未建國而奪之。加將軍留嘉爾伽港者六月。醫療奏效。漸歸平復。雖然。嘉爾伽者。敵地也。自顧此身已等囚虜。且船被沒入官。同志悉皆就縛。而眇躬亦旦夕不可測。日者乃鞭悍馬思急遁。入一森林。人馬俱疲。藉草稍憩。而追諜忽至。卒被擒捕。盛以土囊。縛諸馬上。渡數十里沼澤。復爲階下囚於嘉爾伽長官之前。嚴鞫拷掠。背縛兩手而懸諸梁上者。凡兩點鐘。氣息垂絕。四肢冰冷。而始終不屈。時以濺血之眼。一睨堂皇上人。卒科以强盜殺人之罪。投之犴狴。閱兩月。復逃獄歸於里阿格蘭。再抗巴西軍。所向有功。雖然。至是而加里波的瀕於九死者。既三回矣。歷觀古今中外正史小說所紀載英雄患難之事。驚心動魄者。不一而足。未有自入患難自出患難。一而再。再而三。如加將軍者。將軍殆以患難爲兒戲也。加將軍者。又多情之豪傑也。兩年以前。嘗在烏嘉伊國之彭巴士曠野。失途躑躅。忽遇一佳人。止而觴之。爲奏希臘前哲荷馬之古歌。將軍有所感想。未嘗去懷。今以機緣。遂爲伉儷。卽絕世之女豪傑馬尼他夫人。而此後加將軍用兵故國時出入於萬死一生中以佐汗馬之勞者也。天涯落魄。遇青眼於紅顏。造物有情。調冬心以春氣。嗚呼英雄之感慨何如哉。

其後里阿格蘭共和國。遂不可爲。未幾復有烏嘉伊政府與愛黎士開戰之事。加里波的復助之。以桑安尼阿一戰。獲全捷。凱旋於門德維拉府。府民歡迎舉國如狂。顧將軍不伐其功。退然屏居。仍爲一亡命孤客之情狀也。日者法國水師提督。慕其高義。造門求謁。則數椽敗屋。不堪風雨。時日嚮夕矣。而燭不舉。提督異而問焉。將軍徐答曰『僕與共和政府約。供給日用所需。偶忘蠟燭之費。是以不克舉火。足下辱臨。將以談心。不必惟見吾面也。』提督肅然。以語軍務卿。乃贈以百金。彼悉分與死事者之遺族。惟留足以市蠟之資。語夫人曰。備提督再來時之需也。噫嘻偉人偉人。雲中鶴耶。朝陽鳳耶。雖欲學之。烏從而學之。

蘇子卿之棲海上。胤子已生。陳伯之之望江南。羣鶯撩亂。蓋至是而加將軍之客南美者忽忽十四年矣。此十四年中。得子女三人。從門德維拉政府乞五畝之田。率妻子躬耕之。如是者有年。然其間常糾集故國志士。以精神上互相操練。又加以里阿格蘭烏嘉伊兩度助戰。奔突飄忽於銅圍鐵馬之中。爲意大利國民一天然之陸軍學校。於是加將軍部下已有阿歷山大王所謂母軍隊者二百人矣。至是爲一千八百四十七年。而意大利之形勢一變。

第六節　革命前之形勢

當時意大利愛國志士中。凡分三派。其一則瑪志尼派。加里波的瑪志尼黨人也專欲以共和理想組織新國家者也。其一則加富爾派欲憑藉撒的尼亞國以行其志者也此外復有一派名曰尼阿奇布黨欲戴羅馬敎皇以聯合全意者也之三派者其愛國之熱誠也同其以意大利民族之一統獨立爲目的也同但其政見異則其手段自不得不異其手段異則其黨勢自不得不異而此三者孰爲謬見孰爲遠謨在當時蓋猶一未定之問題也

於是千八百四十六年而意大利之中央有雄雞一聲天下白之機時則羅馬敎皇皮阿士第九新即位皮阿士者野心家也竊睨天下之風雲欲利用之以恢復百餘年前敎皇赫赫之權力乃以甘言結民望改政體頒憲法開議會聲稱與民同治皮阿士之言非眞言也雖然以當時久困地獄渴望天日之意大利人驟聞此語殆如涸鮒得水籠鳥脫樊且距且躍且汗且喘奔走相慶相告語時適有與奧大利議界約之事皮阿士力爭不屈於是人望益高敎皇萬歲意大利萬歲之聲忽徧全國瑪志尼固不喜撒的尼亞王不喜敎皇也雖然其愛祖國救同胞之熱心瞬息不能自制於是裁一書於敎皇告以責任之重大勉其行誼之初終而加里波的亦自南美移書曰『敎皇陛下竊聞陛下欲爲意大利三千萬同胞請命某等十餘年懷抱不得達之志將惟陛下是賴某不才願以一軍艦相從以效犬馬惟垂採焉』加里波的既發書乃率同志束裝以待命而復書竟杳然

尼阿奇布黨於時大喜過望其熱心恰如水蒸氣沸度益加點點迸散於全土如達士加尼王如撒的尼亞王皆於行政上大有所改革除尼布士王弗得南之外全意暴君之跡殆將掃絕夫改革善舉也然改革以虛不以實以偏不以全則往往爲革命之媒歷史上之慣例然矣意大利自經瑪志尼十數年大聲疾呼熱心訓練以後其國民之理想之氣力已非復前此之薄弱腐敗日復一日旬復一旬激昂之度愈高愈烈日復一日旬復一旬意大利全國人無貴無賤無貧無富無老無幼皆懷抱本族獨立統一之決心愈固愈劇其秣馬蓐食爲政治上祕

密之運動者．比比皆是．於治那亞有學術會議．於卡薩爾有農業會議．實則皆政談會也．意大利之動機．殆如在弦之箭．持滿而待發．如陵之爆迸星而欲轟．

其時之加富爾則何如．彼之隱於農既十餘年．迨皮阿士既設立憲政．人心大震．彼瞷時機之將熟也．乃蹶然以起．與二三同志設一大報館．而其綱領旨趣有四．(一)立憲(二)進步(三)意大利之獨立(四)列邦之連合是也．瑪志尼倡一統．而加富爾倡連合．此其故有不可不深長思者．蓋瑪志尼主共和政體．故欲於獨立之後代表國民多數之意見．置大統領以行主權．其言一統．宜也．然加富爾笑之．以爲是能言而不能行．苟實行之．則已毀我撒的尼亞國．夫撒的尼亞者．今日意大利獨一無二之憑藉也．一旦而毀之．是毆友助以餧敵也．加富爾非不渴望統一．然必代以連合字樣者．以爲既倡統一．不可無統一之之人．其具此資格者．舍吾撒王莫屬也．雖然．今日而昌言以撒的尼亞併吞列國．吾恥之．故毋寧運智焉．以連合之．此加富爾之懷抱也．加富爾既不肯棄所憑藉以從瑪志尼．瑪志尼亦不肯枉其所信以從加富爾．於是兩雄不得不立於相敵之地位以終始．嗚呼．志士多苦心．豈不然哉．豈不然哉．

加富爾既定此目的．不復旁騖他事．惟以撒的尼亞之改革爲急務．其改革奈何．首頒憲法．開國會．上下和衷．以喚起國民一致之精神．於是國論漸動．撒王阿爾拔傾心其說．卒以千八百四十七年召集國會．加富爾自故鄉焦靈選出爲議員．是卽皮阿士布憲於羅馬而加里波的自南美發軔之時也．

於時撒的尼亞復有一偉人．曰達志格里阿者．與加富爾同爲撒邦貴族．同倡自由立憲主義．方游歷全意各地．糾集同志．覘時勢之日煎迫也．乃急歸而說其王阿爾拔曰．『語有之．雖有智慧．不如乘勢．雖有鎡基．不如待時．

意大利統一之業。殆終不可以已。我王其無意乎。今皮阿士倡自由。民應如響矣。臣願聞我王意嚮之所存。王若有定天下之志。臣等請當之。』阿爾拔頤徵頷而不應。達氏厲聲曰『王無言乎。何以謝天下』。阿爾拔環顧左右。以顫聲而答曰『予懷此久矣。顧不敢言。時乎若來。則吾雖犧牲我王冠我生命我子孫亦所不辭。』阿爾拔非豪膽不屈之人也。然其所志實在於是。君子嘉之。

第七節　千八百四十八年之革命

噫矣。眼跳矣。燈花矣。烏鵲噪矣。蟄雷鳴矣。風滿樓矣。濤湧隄矣。積維也納會議以來三十年之奇怨殊毒。乃孕成歐洲十九世紀第一大紀念之歲。實一千八百四十八年。於是法都巴黎之二月革命起。阿良朝王統一旦轟斃。路易拿破侖被舉爲大統領。而第二次之共和國出現。奧匈各國民黨所在蠭起。於是四十年來控縱全歐氣燄赫赫炙手可熱飛鳥不落之梅特涅。其潭潭府第。付咸陽之一炬。其融融妻孥。爲王孫之乞食。抱頭鼠竄。孑身夜遁於英國。其前此所以炮烙百千萬之志士者。今乃請君入甕。繩還是繩。至是而意大利人立憲平和之思想。忽飛向九霄雲外。革命運動。自村而村。自落而落。自市而市。自州而州。自國而國。斬木之旗。揭竿之兵。騷然矣。衝陳吳之鋒者爲倫巴的。人倫巴的者。位意大利之東北。而與奧相接壤者也。次之爲昔昔里人。拔劍以環王宮。頑固倔強之弗得南。遂不得不頒憲法。以救眉睫。米亞藍。俾尼士諸地。相率屏逐梅特涅之傀儡。創建共和國。撒的尼亞王阿爾拔。自起爲國民軍之首領。達士加尼大公爵亦加入國民運動。北方諸州。同時應援。齊集於阿爾拔麾下。推爲盟主。以與數百年之公敵相周旋。新意大利之幻影。忽有從大白地湧起之觀。

阿爾拔乃變其撒的尼亞旗爲赤青白三色之意大利國旗。擁五萬之練軍。堂堂凛凛以向於倫巴的。惜哉阿爾拔猶非其人。志氣有餘而才略不足以濟之。一旦與敵之老將拉狄奇相遇。屢戰屢北。最後挪巴倫一役。遂一蹶不可復振。卒以千八百四十九年五月二十三日之夜半於血雨蕭蕭之裏。與軍士訣絶。自遜絶域。以解奥軍之怒。顧命達志格里阿使輔幼主。繼遺志。卽後此意大利統一共主。留光芒萬丈於歷史上之英瑪努埃皇帝是也。哀哀白帝啼鵑血以誰聞。沈沈鼎湖攀龍髯其奚及。痛哉彼舍身救民之阿爾拔。讓位四月後。遂以心臟破裂。齎終天之恨以赴泉臺。而革命之大業。復一頓挫。

第八節　羅馬共和國之建設及其滅亡

其時之瑪志尼加里波的何在乎。加里波的上書敎皇後。未幾卽發軔於南美。一心爲皮阿士之後援。何圖抵支布拉達海峽。忽遇撒的尼亞之商船。懸三色旗。掠我舟而西。且喜且駭。尋其所由。乃知撒王阿爾拔起義之事。此壯快颯爽之將軍。距躍三百。曲踊三百。直馳入撒的尼亞。求隸王麾下以備驅策。惜哉此心長才短之王。憚之怖之而不能容。曰彼乃南美洲一海賊。烏可以共事。加將軍大憤。然無如何。乃改赴米亞藍。市民耳其名。竭誠歡迎。四方義勇之士。走集麾下。不旬日而得首領五十八。士卒三萬。方飛翔於米亞藍境內。厚集其力。而撒王敗報已日有所聞。和議殆將就緒。加里波的憤極。乃率所屬以向羅馬。而久旅英國之瑪志尼。當皮阿士宣誓之時。已與加里波的來往通問。有所密議。及法國革命起。直飛渡海入巴黎。一察形勢。遂歸故鄉。初至撒的尼亞。察阿爾拔、達志格里阿、加富爾之徒。非可與己共事者。亦迴馬首以入羅馬。

羅馬之敎皇皮阿士倡自由倡獨立口血未乾一旦事變起忽雌伏蜎縮手足無所容狐疑三思之後卒宣言不加入國民運動以媚奧大利同時又舉自由派之首領埒志伯使行新政以媚國民未幾埒志伯遇刺卒皮阿士怖怛不知所爲乃孑身潛遁作寓公於尼布士於是羅馬混亂已極陷於無政府之狀瑪志尼、加里波的兩雄既入羅馬運動不一月而新羅馬共和國成立以千八百四十九年二月九日結集國會宣告獨立嗚呼距今十七年前兩雄初相見於麻士天之時皆翩翩絕世之一少年也歲月如馳人天揮手離多會少有影無形今日合并則已同在中年雙鬢斑斑垂二毛矣乃始相與灑一掬英雄淚於生平所愛所戀所敬所夢之古羅馬會堂彼時二豪之心事其悲喜當何如哉

於是瑪志尼被舉爲共和國臨時大統領執牛耳以指揮國會加里波的發境內之壯丁得常備軍一萬五千人日夜訓練以爲國防瑪志尼之意以爲法蘭西今新改爲共和政體聞我之獨立也必喜而相助即不相助亦當中立而不我干涉何圖彼反覆怯懦之敎皇皮阿士失地以後憤憤不自戢思藉外國之力以復其位卒搖尾以乞憐於法法大統領拿破侖第三正野心勃勃欲樹威域外以固其位攫此機會以買本國敎徒及軍隊之歡心乃驟遣三萬五千之大軍臨羅馬城宣言曰汝等爲不道逐敎皇奪聖地吾將問罪焉法軍初進於羅馬以加里波的之設伏及意國大學學生之助戰大敗之羅馬獲完者數月乃五月之杪法人復以四萬之雄兵三十六門之大礮來羅馬新造之邦固不足以當此大敵加里波的率部下奮戰十餘日驍勇將裨死者十八九卒以六月二十九日會敵之大襲擊爲最後之決戰加將軍萬死不顧一生揮刃叱咤突入敵營師子奮迅斃敵無算瑪志尼知非僅恃一將之勇可以濟事也又恐遂喪加里波的也乃以急使銜國會之命召還之以議善後加里波的

入議場。鮮血淋漓胄鎧全赤既折既缺之刀插半鞘而未入。乃拍案厲聲曰。『今日舍還都他處。別圖恢復之外。更無他圖。』雖然大聲不入里耳除瑪志尼外無一人贊成之者此新羅馬國會上蠕蠕然百五十顆之頭顱惟以乞降免難爲獨一無二之善後策而所謂達官顯吏已紛紛挈其孥以遁於城外。加里波的憤鬱不能自制復提孤軍襲敵卻之於第二戰鬬線之外。驀然回首則一片慘白之降旛已縣於桑安啓羅城上。夕陽西沒。萬種蒼涼瑪志尼知事不可爲復亡命於第二故鄉之英國。加里波的以七月二日之夕召集其兵士告以『士可殺不可辱與其投兵器以蜷伏於腐敗教會所諂諛之敵軍之膝下毋寧逃於山野以圖捲土重來。』且演說於軍前曰。

吾不揣不肖。願與諸君更造一新戰場。有欲從我遊者乎。所至之地。我國民必以肝膽相接引吾所敢斷言也。雖然予有要求於諸君者一事。則如焚如沸如裂之愛國精神是也。吾不能予諸君以俸廉。吾不能予諸君以休息若夫軍食則所至之地可取者取之能耐此苦冒此險者吾良友也吾骨肉也若其不能毋寧勿行今日一出國門非至攘斥法軍使不留隻影於羅馬之日則誓不歸來嗚呼我輩之好身手既已徧染法人之血的的其紅猗今請更與諸君突入奧陳毀數百年公敵之血衎衎其醉猗。

此一段演說。言言激越字字光芒。聞者悲已而怒。怒已而奮。奮已而哭。哭已而歌。瞬息之間步騎應募而集者五千人皆以熱愛之誠心仰首視天高呼加里波的將軍之名。祈上帝之眷彼。且相隨設誓從將軍以終始。於是此有名譽的敗軍之將。於蕭蕭落日之裏率五千健兒肅肅以行。

加將軍之將去羅馬也。美國公使奇耶士往訪之且告曰。事已至此。足下若不棄。請艤船以向我國。僕必爲足下效保護之勞。將軍曰。羅馬雖屬落城。大事今日未了。全不能舍吾同患難共生死之部下。吾且將有所爲。遂謝之。加將軍之夫人絕世之女豪傑也。將軍向在美洲所有戰役。夫人無不相從贊畫。當羅馬國難之起。夫人有身既八月矣。猶汲汲盡瘁於運械轉餉之事。將軍以其病也。憐之。尼之。夫人曰『國也者。妾與君共之者也。君獨爲君子。忍置妾耶。』卒不聽。至是亦束男裝。編入五千健兒隊中。從將軍。雖然。意大利刼運未盡。加將軍之前途日益慘澹。事與心違。初被追於法軍。次被迫於奧軍。越亞片尼山而西。去死不能容髮。部下日被衝散。不數日而僅餘千五百人。不數日而僅餘二百人。及乘漁船以渡維尼士河之際。其百五十人又爲奧軍所截留。八月三日。僅得達佐奇耶海岸。而相隨伴者。惟夫人及少數之親友而已。可憐此絕世女豪傑。以臨蓐久病之身。仗劍從軍。出入於九死一生之裏。至是爲追兵所襲。困頓幾不得步。倚所天之肩。逃至一小森林。忽分娩一死兒。暈絕一小時頃。僅開猩紅之淚眼。啓蠟黃之笑臉。撫將軍之手。道一聲「爲國珍重」而長瞑。嗚呼英雄。英雄臨十萬大敵。而英雄之心緒。曾無撩亂。經終日拷訊。而英雄之壯淚。曾無點滴。至是亦不得不腸百結而淚如傾矣。

將軍既自葬夫人於叢林之坏土。自此以往。爲漂流之客者四年。後爲騠騎所獲。投治那亞獄。未幾越獄遁。走美國紐約。爲一蠟燭店之傭保。僅免凍餒。後乃潛歸本國。更姓名爲農夫。隱於卡菩列拉島。又蓄納豪士。待時機以圖中原。

第九節　革命後之形勢

短命之羅馬共和國。既已殤逝。自其表面視之。則千八百四十九年以後之意大利。無異千八百十五年以來之意大利。雖然其然豈其然哉。凡國之存亡。在其精神。非在其形質也。苟無精神。則雖以今日擁二萬萬里地廣四萬萬餘人之中國。不得不謂之亡。苟有精神。則雖以當時分裂仍舊壓制仍舊之意大利。不得不謂之存。蓋意大利之建國。非自一千八百七十一年羅馬定都時始。實自千八百四十九年羅馬陷落時始也。又非自千八百四十九年羅馬陷落時始。實自千八百二十年「少年意大利」創立時始也。雖然自此役以後。而意大利人所新經驗有得者兩事。一曰知自由統一之業非終不可成就。二曰知撒的尼亞王室之可信用可倚賴是也。

自是瑪志尼之事業已終。而加富爾之事業方始。咄我絕代佳人瑪志尼。其遂終焉已乎。曰然也。以精神論。則瑪志尼之事業。無始無終。雖謂其至今存焉可也。以形質論。則我「意大利建國三傑傳」自第八節以後。無復有瑪志尼出現之舞臺。故曰終焉也。瑪志尼所妊育之殤子。越二十年而復蘇。雖然其蘇也借屍還魂也。非統一而連合也。非共和而立憲也。其成之者。非瑪志尼之黨人。而瑪志尼之政敵也。故曰終焉也。然則瑪志尼瞑乎。曰瞑矣。無意大利則瑪志尼憂。有意大利則瑪志尼樂。彼心目中惟有意大利。更無瑪志尼也。曰、意大利既以立憲成。則其性質宜於立憲明矣。而瑪志尼乃倡革命倡共和。不爲無識乎。不爲多事乎。曰、惡。是何言。無革命之論。則立憲終不可成。通觀今世界之立憲君主國。何一非生於革命風潮最高點之時代也。（英國憲法號稱自然發生者。然非長期國會之革命。則其憲法亦廢棄久矣）且立憲國有兩事最不可缺。其一、則君主不敢任意蹂躪憲法。其二、則國民知憲法之可寶貴是也。凡己有特權者。誰樂分之以與人。故民間無革命思想。則君主斷不能以完全之憲法與民。一也。凡得之太易者。則視之不重。視之不重者。則守之不牢。故民間苟非以千血萬淚易得憲法。則雖君主三揖三讓以畀之。而亦不能食其利。二也。故無論欲革命者。當言革命。卽欲立憲者。固不可不言革命。卽已不欲言。亦不可不望有他人焉言之無革命之立憲則高麗是已。高麗於光緒二十三年自稱爲立憲國其憲法無一非擁護君主權利也之試問高麗憲政之前途何如矣。故論意大利建國之功首必推瑪志尼天下之公論也。瑪志尼耕焉加富爾穫焉。試問穫者之功德視耕者何如矣。夫瑪志尼有道之士非功名之人也。倡革命不成其究極也至於人笑我爲無識。誚我爲多事。罵我爲峭忍輕躁。如斯而已。天下事苟有濟成之何必在我。前此無瑪志尼則雖有百加富爾而大功終不可就。後此無加富爾則夫受瑪志尼之感化者豈患無人起以穫其實也。故造意大利者三傑也。而造彼二傑者瑪志尼也。至是而瑪志尼退矣。至是而意大利成矣。

第十節　撒的尼亞新王之賢明及加富爾之入相

革命失敗以後。前此爲意大利作傀儡之諸侯王。皆囁囁嚅嚅以復其位。政策悉倣奧國。壓制愈加劇烈。撒的尼亞新王英瑪努埃旣以千八百四十九年五月受禪。時方監國在境內聞命則痛哭失聲。旣而拔劍睨奧國之空。且指且語曰『今意大利猶不失爲一國乎』。起舞者三。乃受詔。新王幼不悅學。惟好馳馬試劍。以勇略聞國中。彼蓋發強剛毅之人。非乃翁所能及也。旣受命於挫敗之後。時國論紛紛未決。咸欲收拾餘燼與奧軍背城借一。王知力之不足以及此也。又知非大整內治不足以圖中原也。乃排羣議與奧媾和。奧將拉狄奇迫以速廢憲法。乃議他事。前王以千八百四十七年已布憲法見第六節王毅然曰。

將軍必以此相脅者。余雖抛千百之王冠以爭之亦所不辭。我父旣以是誓於我民。父之誓言。卽余之誓言也。

將軍必欲戰乎。撒國雖小。余振臂一呼。集我老弱峙戰芟糧蜂蠆有毒。將軍敢謂取數百萬撒的尼亞人民如縛雞乎。余以是死。榮莫甚焉。將軍乎。吾家有死王。無降王。將軍其圖之。

嗚呼。當大敵壓境瘡痍滿目之餘。而敢於斷然捋虎鬚奮鵬翼犧牲一身以爲國民權利之保障。王之爲王。可以見矣。至是而全意大利之輿望。盡集於撒的尼亞王之一身。而加富爾漸有英雄用武之地矣。

瑪志尼之徒之在撒者。憤前王阿爾拔之一敗而挫。不始終其業也。加以賣國之惡名。謂其子不堪嗣位。乃再起內亂。奪治那亞而據之。布共和政。瑪志尼實執拗之人也。守其主義而不拔者也。雖然。天既不欲以共和政定意大利。旋復被撲滅。而瑪志尼此後。遂不得不隱於政界。

英瑪努埃即位。卽舉達志格里阿爲首相。達氏方從先王於前敵。負傷未痊。以愛國故。力疾應命。時有以加富爾爲言者。王曰。否否。今猶非其時。蓋以輿難未平也。達氏組織內閣。以桑德羅梭爲農商務大臣。桑氏者。加富爾之政友。前此同創報館之人也。千八百五十年。桑氏卒。達氏乃舉加富爾繼其任。然達氏猶以爲未足。越二年。（千八百五十二年）卒託病乞骸骨。薦加富爾自代。於是加富爾遂爲撒的尼亞宰相。嗚呼。非有賢王不能庸奇才。非有名相不能讓賢路。達志格里阿亦人傑哉。

第十一節　加富爾改革內政

加富爾既相。君臣一心。銳意改革。其改革奈何。加富爾以爲欲強國必先富民。於是（第一）獎勵殖產興業。採自由貿易政策。（卽免出入口稅之政策）是彼遊歷英國時。受哥布丁（英國名士主張自由貿易政策舌戰於議院卒達其志者也）之感化者也。（第二）開通全國鐵路。與英法比利時等國結通商條約。皆其隱於農事十六年所布畫者也。雖然。加富爾之大目的。尙不在是彼之所志在使撒的尼亞脫外國干涉之羈軛爲完全一獨立國彼之所志在以撒的尼亞連合全意諸小邦還我祖國以齒於歐洲列強之間於是乎其（第三）著不得不汲汲於擴張軍備籌兵必先籌餉也於是乎其（第四）著不得不議增稅以蕞爾小國承疲敝之後增稅實一至難之問題也當加富爾之初入閣也國中敵視之者固不少雖然彼滿腔愛國熱誠盎睟於面有以感人於不知不覺之間使反對者皆表同情彼終身不娶而曰意大利吾之愛妻也彼不治家人生產作業而曰意大利吾之家庫也以此之故至誠感人國民咸願犧其生命絞其血汗一以供相公之布畫故雖在元氣未蘇瘡痍滿目之際而增兵增稅之議案竟毫無阻撓以通過於議會嗚呼大政治家之不可以不結信於民有如是哉乃知其所以十六年不飛又不鳴者正所以爲今日一飛沖天一鳴驚人之地也

其（第五）著之改革則與民以言論自由集會自由出版自由鐲除一切忌諱與天下更始於是衆心悅服民智大進雖然其（第六）事則加富爾內治第一危難之問題即教民治外法權案是也歐洲之有羅馬教皇也其在中古統一全洲各國帝王莫不膜拜肘下雖自馬丁路得創新教以後其權力範圍日削然意大利則教皇之所宅都也故其威尙赫赫不衰撒的尼亞人民非惟受治於國王也亦且臣隸於教皇於是所謂教士教民者有種種特權橫行國中莫敢誰何有犯罪者政府不得逮罰而別由教皇治下之法廷裁判之是十數萬之人民立於治外法權下也加富爾以爲國民不一致則內之不能施政務外之不能振國權而一國中有二主權則國民終不能一致於是毅然提出改革案剗奪教會之特權使一切與齊民等雖然以當時教會之勢力輔以人民之迷信異論蠭起加富爾一身陷於四面楚歌之裏時撒王之於加富爾猶桓公之於管仲也雖然王太后王后

皆迷信最深强聒王側。且責且勸。太后至迫王以加富爾若終不悛。將干涉王政。爲上帝除此魔賊。王純孝之人也。處此左右兩難之間。百計調停。智勇俱困。爲之絕食者累日。而加富爾以國家大局安危所係。前途榮悴所關。反覆譬陳。王意終決。乃毅然曰『余雖人子乎。猶國王也。國王之義務。余不可以不盡。』遂不退加富爾。而此案卒獲厲行。於戲。加富爾雖百折不撓之英雄。然非遇英明果斷之主。如英瑪努埃者。亦安得成功名於後世耶。至是而撒的尼亞之內治。一切就緒。駸駸乎有神驥出櫪鷙鷹脫韝之志矣。

第十二節　加富爾外交政策第一段（格里米亞之役）

加富爾。十九世紀歐洲外交家中第一流也。彼自十餘年前。即以慧眼觀察歐洲大局。以爲處今日欲用蕞爾國以奏統一之偉業。其勢不得不藉外交。故當遊歷各國時。即隨在留意。有所布畫。至是撒的尼亞百政修明。國步蒸蒸日上。諸國咸以猜忌之眼睨之。當時全歐專制之潮。益達高點。普奧等國。不利撒的尼亞之改革也。欲藉端干涉壓制之。謂撒王曰『王其三思。民權興則君權亡。猛劇改革。非國之福也。王何不效意大利他國之政策以坊其民。』王曰『謹謝客。吾行吾意所欲爲。』此實磊落之答辭也。雖然。又危險之答辭也。如土耳其。如希臘。皆因不受他國之忠告。卒蒙干涉。以生國難。斯不遠之前車也。加富爾其熟計之矣。以爲今日自力之微薄也如此。壓力之強大也如彼。以圖維持本國之獨立。猶戞戞其難。况乃進取以圖中原哉。然則欲達此目的。不可不乞援於歐洲一二雄國。而其首注意者惟英國。英最愛自由之國。而加富爾舊遊地也。其士大夫之賢者。多所交識。而瑪志尼久旅斯土。屢著論各報中。論意大利國情。英人深同感焉。此可爲與國者一。其在法國。路易拿破崙新得政。野心勃勃。隱然欲步哥悉克（拿破崙第一產地也）老雄之後塵。加富爾察其必將與奧有隙也。吾其利用之以復我國仇。建我大業。此可為與國者二。蓋東連北拒之略。加富爾蘊蓄於躬耕時代者已十餘年。至是遂漸為實施之期。果也。天贊意大利。加富爾入相二年餘。而格里米亞戰爭起。先是路易拿破崙既被舉為法國大統領。包藏禍心。未幾即蹂躪國會。驅逐異己。遂篡帝位。稱拿破崙第三。時恰俄皇尼古剌第一亦抱非常之遠略。思繼大彼得之志。席卷宇內。日夜睨土耳其。相機南下。拿破崙知之。以為我新即帝位。國民未服。非耀武域外。以大捷臨之。不可以得志。且英國俄之敵也。吾若挑戰合縱以擊俄。歐洲必生大亂。吾乘其機。則伯父老拿皇之大業可以復見於是。潛結英士以待時機。乃先挑釁。以保護聖墓為名。向土耳其索耶路撒冷地（耶穌墓所在地也）。俄皇聞之。亦要求特權於土。凡土國中從希臘教之人民。悉歸俄治下。俄法教權之爭。實格里米亞戰役原因也。俄皇欲先發制人也。忽發兵十五萬壓土境。土人告急於法。法乃說英國以相從事。英國疾俄之南下也。又自倭打盧後四十年無戰事。人心思動也。於是土法英聯軍抗俄。開格里米亞之大戰。實一千八百五十四年三月也。

加富爾以為是千載一時之機也。使歐羅巴全洲人知有我撒的尼亞國者。將在今日。報百年夙仇。加當頭一棒於強奧者。將在今日。乃以加盟土英法三國以抗俄之議案。提出於國會。雖然。鯤鵬圖南。斥鷃笑之。陽春白雪。巴人嗤之。國會譁然。以為不度德不量力。何至如是。加富爾昂然曰。

諸君諸君諸君諸君。非以意大利全國之前途為念者乎。今使俄人而捷也。則不待君士但丁奴不（土京）之陷落。而達達尼士、波士佛拉、已入俄手。地中海之大權。永在俄矣。諸君寧能傍觀耶。且我撒的尼亞。何可妄自菲薄之甚。自重者人恒敬之。自輕者人恒侮之。今也海陸軍制既已大整。與各國合縱。挫虎狼。一舉而雪千年屈辱之汚名正在今日矣。

噫、豪傑乎豪傑乎。守如處子。出如脫兔。十餘年來舉國豪傑風起水涌之際。而蜷伏一無所事。天下之至怯。孰過是也。一旦以慧眼觀破大局。遇可攫之機會。則急起直追。勿使逸。凜然當一世之大敵。而無所於懾。天下之大勇。又孰過是也。當時國會既躊躇莫敢決。而政府諸同僚亦無一人與彼同志者。紛紛辭職去。加富爾不屈不撓。得請於撤王。以一身盡兼各部大臣之職。壓輿論以行其志。直發二萬五千大兵出黑海。

大兵既行。而加富爾手段之活潑。尤有可驚者。彼直慫慂前宰相達志格里阿。共侍撤王。游歷英法二國。英皇域多利亞以非常熱誠。歡迎彼等。且語人曰。英瑪努埃眞一世之將才也。而倫敦市長亦率市民以最盛儀饗宴撤王。其至法國也。拿破崙第三及其皇后皆親切懇篤相接待。到處交叉意法兩國旗以表同情。時意大利革命黨首領綿寧方在法京。前加富爾屢招與同事而不肯就者也。至是見交叉之國旗。感極而泣。信加富爾之政策。果足以救此國。乃來謁王及兩相曰『吾夙持共和論者也。雖然持此論之目的在統一意大利。今既見之。吾復何憾焉。請致書瑪志尼。使今後勿復與公等爲敵也。』至是而加富爾之手腕。益爲舉國所同認矣。

第十三節　加富爾外交政策第二段（巴黎會議）

格里米亞之戰。俄軍遂北。是役英法之功雖高。而意將馬摩拉善戰之威名。亦忽轟於歐界。俄皇尼古拉鬪敗憤死。列國乃開會議於巴黎。議善後事宜。此實加富爾一生之最大舞臺也。時法帝拿破崙爲主盟。英俄普奧土意諸使臣咸集。加富爾乃親當全權之任。參列此會。方攘臂扼腕以待開議。奧使忽抗言曰『撤的尼亞半主之國耳。其使臣無參列會議之資格。』此非意外事而意中事也。撒的尼亞之加盟英法也。正如晴天一霹靂。響於奧人頭上。其用意何在。奧人知之。法人知之。卽歐洲列國。亦誰不知之。然則今日奧使之抗議。是加富爾早熟計而逆料者也。至是而知前此撒王英法之遊。有妙算存焉矣。彼其於耳相語踵相躡之間。早已與拿破崙有成言。於是拿破崙以議長之力。直排奧使之議。命意國全權得占一席。當開議之始。加富爾默然不發一詞。議案益益進。而加富爾惟唯唯諾諾。時吐一二奇警之言。使人知此中有一人物而已。其關於大計者。終不齒及。噫嘻、大智若愚。加富爾其果愚哉。昔普皇維廉嘗語人曰。加富爾非革命的人才。加富爾果非革命的人才哉。加富爾實猛如虎。烈如爆之人也。果也會議將終。而其谷風一嘯。百獸震恐之氣象。乃大發現。

加富爾既於會議之際。與列國使臣交。使知我爲熱誠不屈之人物。爲瀕亡之國一大政治家。及議案將結。乃請於議長（議長爲法國外務大臣華利士忌）曰、願爲敝邦意大利人發一言。議長諾之。奧使雖憤憤然無如何。加富爾乃徐振懸河之雄辯。歷敍數十年來意大利之歷史。其略謂『我國民比年以來。暴動又暴動。革命又革命。徒使生民塗炭。百務荒涼。此實革命家之罪。吾不能爲我國民諱者也。雖然。進而觀內部主權者強暴壓抑之狀。其生息於猛虎苛政之下者。誠亦可憐。民孰不好生而惡死。好安平而惡危亂。而乃甘於擲百千萬之頭顱血肉。塡苦海而不悔者。此必非可專爲斯民咎也。』乃進而描寫意大利列國苛虐慘制之形。人民呻吟呼籲之狀。舉座聞者。咸爲掩涕。遂請諸大國使臣同以一公牘忠告尼布士王弗得南及其他諸邦使之改革。及演說將終。乃益直擣中堅。睨奧使而厲聲曰。

余所述種種慘狀。其原因何在乎。則奧大利是也。奧大利者。我之鐵鎖也。自由之敵也。獨立之讐也。奧大利者。

實一大惡魔。而爲我所代表之有歷史有名譽的意大利全國自由民之蟊賊也。噫嘻、此何等言耶。此實不啻對於奧大利而下宣戰書之言也。吾實不知此黎里一老農。其一身之中有膽幾許。乃敢斷然向萬山之中而捋虎鬚也。當時奧使目瞠然而不揚。顏勃然而屢變。乃復抗議曰。此非國際之言。請議長尼之。雖然舉座諸使已爲加富爾之摯誠猛烈的以太所感動。無一人表同情於奧使。惟相與錯愕贊歎。心口相語曰。『不意阿布士山下一蕞爾國。乃能有此人才。』嗟乎猛虎在山。藜藿爲之不採。苟有人焉。何小之云。君子讀加富爾傳。不禁吞聲飲淚。而歎彼之以千里畏人者。不知復何面目以立於天地也。

第十四節　加富爾外交政策第三段（意法密約）

加富爾經巴黎會議以後。盛名忽轟全歐。而意大利本族中若倫巴的、若卑尼士亞、若羅瑪、若尼布士、若達士加尼、諸地人民咸奔走以賀撒國之戰捷。至合贈大礮百門。以爲防衞撒奧交界亞歷山德利亞礮臺之用。加富爾既昌言奧大利爲我公敵。其不啻對於奧而宣戰也。既宣戰矣。必求同盟。若英若法。雖表同情。至於結攻守之約。其皆未可恃也。當加富爾之初謁拿破崙也。拿卒問曰。吾將以何助君。加徐答曰。求助於陛下者正多多。雖然未明言也。彼何以不明言。彼知拿皇極詭祕而不可恃也。故以爲與其親法。毋寧親英。乃私於英使格黎靈敦侯（即英國派遣巴黎會議之全權公使）曰。吾國與奧之開戰。殆終不可避。自今以往。或爲奧人一完全奴隸國。或恢復千年已墜之英名。二者必居一。於是君侯其圖之。格侯領之而歸。雖然英國素以保守著。雅不欲與大陸列強輕生衅隙。其倭打盧一役。格里迷亞一役。不過惡其窒本國力征經營之路。自爲計以出於戰耳。今一旦助意而與奧爲仇。於己無絲毫之利而於奧賈莫大之怨。英人不爲也。加以適遇達紐布諸侯連絡之事。英法坐是有隙。英人却有與奧相結之勢。加富爾不得已。乃決取聯法之方針。

計畫未熟。無端而一意外之事變起。則瑪志尼黨人之所爲也。先是瑪志尼弟子。有阿西尼者。曾與於米亞藍之役。（即一八四八年革命之役見第八節）有戰功。其後遁於英國。當美領事桑達士饗意大利革命黨於倫敦也。阿氏與瑪志尼加里波的巴士奇諸豪皆列席焉。赫赫有名於英意間。其後瑪志尼南襲士乙兒北襲倫巴的（皆一八四八年以後之事）而皆不成。至是復編敢死隊八十人。謀狙擊奧國將校。阿西尼雖與聞其事。然以爲無益。不肯相從。乃獨往巴黎。謀刺拿破崙第三。時千八百五十八年。拿皇方挈其后赴劇場。忽大爆彈轟裂於車旁。聲震天地。侍從十人死之。其負傷者百六十。而帝后竟幸免。阿西尼被縛。鞫之則曰『今日之事。意在殺拿破崙使法國起革命。而傳其熱於我意大利人民。』既而在獄中復上書拿皇曰。卿非曾爲意大利人有所盡乎。（按拿破崙第三微時曾入燒炭黨）何變節之速也。卿猶不悛。不思自贖。則吾黨人欲爲我所爲者。不知幾許。卿今後其無安枕之時矣。拿破崙得書大驚。乃微服訪獄中而慰諭之曰、朕必守卿之戒。不敢忘。未幾阿西尼遂斬於市。瀕死莞然而笑曰。拿破崙踐誓其言。吾死瞑矣。時加富爾方以全力交懽法國。驟聞警報。忐忑不自安。方致一極誠懇之慰唁書於拿皇。爲國民謝無狀。而拿皇自見阿西尼後。悚然若冷水澆背。以爲若不及今買民望於彼國。則第二之阿西尼。遂不可免。乃急召加富爾於布郎比里殿。相與結意法密約。嗚呼。瑪加二傑。雖曰政敵。而瑪黨之舉動。往往或以直接。或以間接。或以正動。或以反動。以助加富爾之成。此亦其一端也。君子觀於此。而益歎大易同歸殊途一致百慮之語之不吾欺也。

意法密約。以攻守同盟爲目的。其大意如下。

一戰勝之後割奧屬之倬尼西亞倫巴的使合併於撒的尼亞國。

一以此之故撒的尼亞將其所屬之沙波尼士兩地割讓法國以爲報酬。

一以達士加尼爲中心點而建設中央意大利國。

一合羅馬及尼布士爲一國使教皇主之。

一以撒王英瑪努埃之女某嫁於法帝拿破崙之從弟某。

割沙波割尼士固非撒的尼亞所欲雖然其地本犬牙錯於法境居於此者多屬法民以玆蕞爾者比諸倫巴的、倬尼西亞兩大地其得失非可同日而論至建一王國而屬諸教皇其爲後患固屬不小教皇常依法國以自重此實法人自植其勢力之陰謀也果爾則奧去而法來前虎拒而後狼進以加富爾之智寧不知之雖然彼以爲吾既乘戰勝之威併倫巴的倬尼西亞則土地人口皆已三倍於今日泱泱大國之基已立然後徐挑釁於中央中央之民其不甘服法軛也明矣加富爾既有成算定步步爲營得寸進尺之計於是遂徇法請。

第十五節　意奧開戰之準備

布郎比里密約除拿破崙加富爾英瑪努埃三人之外舉天下無知之者然英瑪努埃嘗語人云吾不久將定吾之位置不爲全意大利之國王則爲沙波之一平民聞者以其夙抱大志不之怪也未幾又爲千八百四十八年挪巴倫之役從先王死國難之戰士建一紀念碑鑄一勇士之像於絕頂揮劍以睨奧國而拿破崙亦汲汲修戰備不怠雖夢中之奧大利亦不問而知其故矣加富爾當此孤注一擲之時厲精殫慮不遑啓居內之防政府之

間生異議也自兼各部大臣使事權得歸於一外之懼革命黨之生支離也竭力與之交通周旋密告以大計令其少安毋躁又欲借英國之聲援也乃乞哀於巴彌斯頓侯當時英國首相也巴侯雖表同情然明告以不能兵力相助至是而戰機已迫眉睫矣

加里波的者素持共和論瑪志尼之黨人而加富爾之政敵也至是加富爾知挫奧之功非此君莫屬以書禮聘之使出共事加里波的天人也其心目中惟知有國家不知有黨派至是察大勢之所趨審機會之將熟乃欣然諾之蹶起於卡菩列拉之山澤著廣袖塵漬之赤外套戴緣纓下垂之破帽直抵焦靈王宮求謁相國問其名昂然不答閽者駭其形貌之瑰異也入以語主人主人曰『然是或我故鄉之貧兒欲有所請託而來其納之便』至是而意大利之大政治家與大將軍始相合幷讀史至此不禁爲彼數千萬苦壓制望自由之意大利人民浮大白而呼萬歲也兩雄相見其壯快固無待言加富爾卽以撒王之命命加里波的爲軍團長募阿布士山下之義勇兵以待時機雖然加將軍者尼士之產而拿破崙之所惡也加富爾知其然也故隱其任用加里波的之事而不使拿破崙知恐失拿破崙也又隱其割讓尼士之事而不使加里波的知恐失加里波的也嗚呼英雄之深算可敬英雄之苦心亦可憐矣

千八百五十九年一月拿破崙當賀年之際接見奧公使瞿然曰『縱使奧法兩國之關係不能如我所期然朕與奧帝之私交更無異疇昔』奧使以其言之閃爍也大詫異之然已察其用意之所存同時撒的尼亞王臨國會演說曰

我邦乎我邦乎以壤地褊小之我邦儼然列歐洲會議博信用而荷榮譽是我地雖小而所代表之理想所感

之同情實大且深也。雖然。今日非我君民上下高枕爲樂之時。吾儕深願遵守條約。但我同胞疾痛慘怛呼籲之聲。自意大利之各方面而來集者。吾不能充耳而不聞。於戲。我協我力。我正我權。尙其愼重剛毅。以敬俟皇天上帝之休命。

國會之歡迎此勅語。則何如。當時有目擊之者。紀其實曰『王每發一語。輒間以國王陛下萬歲！之聲。至疾痛呼籲之一句甫離王舌。滿堂若電氣刺激者然。其慷慨激昂之狀。非筆所能記。非口所能傳。上院議員、下院代議士、及旁聽者。皆蹴席騰躍。全身幾爲熱情歡聲之所破裂。法、俄、普、英、諸公使目擊此狀。心膽俱奪。尼布士大使面色忽蒼忽白。高聲喝、低聲語。曰、「嗚呼吾儕無告之流民！」曰、「記憶吾儕痛苦的國王！」曰、「約以國予吾儕的國王！」感動讚歎。語無倫次。和以狂不可耐之拍手。雜以洶潮飛瀑之老淚。意大利各地之代表者。旣已感激固結。描寫一意大利全國統一之共主於其胸中矣』

奧人聞此等言。固欲默不得默。前此旣建戰死之碑。今茲復爲挑釁之語。乃使公使質撤廷。促其回答。英國見事機之迫也。出而任調人之役。其調停之大略。曰奧法兩國皆撤去兵備。勿使在敎皇屬地內也。曰奧國將保護門的拿、巴馬之權。廢止也。曰奧人宜許意大利諸州以改革也。是實英人欲弱法奧勢力於意境。而使撤的尼亞鞏其實權之微意也。雖然。法奧豈能許之。奧人乃應曰。先使撤的尼亞撤戰備。乃議他事。而法帝拿破崙亦非利撤的尼亞國之得志也。又聞加里波的之在撤軍也。頗悔前約。而欲翻覆之。炯眼敏腕之加富爾窺其然也。乃急如巴黎。脅嚇拿王曰『事已至此。一旦退縮。功虧一簣。陛下席捲中原之雄圖。亦成泡幻矣。臣無已。請以布郎比里之密約。公之於世。以明其事之出於陛下』拿破崙之意。乃決。奧人聞拿破崙之躊躇也。謂機不可失。宜以今日先發制人碎撒的尼亞於一擊之下，則法人雖欲助，恐終袖手，乃以千八百五十九年四月二十三日，下哀的美敦書於撒政府，使其以三日內盡解兵備，撒人不應，戰端遂開。

第十六節　意奧戰爭及加富爾之辭職

拿破崙既受加富爾之責言，乃於月之二十六日，告其駐奧公使曰，若奧軍渡志西諾河，即以法蘭西之敵國論。逕宣戰。二十九日，奧軍果渡河，於是法意同盟抗奧之局成。五月二日，撒的尼亞王誓父墓下，詔布告戰事於國內，親率五軍赴前敵，瀕行以篋封遺詔以授羣臣曰：『朕若不生還，後事取決於此。』法帝旋自率近衛兵來會於治那亞，而加里波的亦奮其神變不可思議之運動，別為游擊隊，以五月九日，率義勇兵三千七百，發焦靈。同盟軍銳厲不可當，一月之間，勢如破竹，六月四日，捷於麥京達，八日入米倫，二十四日，大戰於梭菲里那，是役也，同盟軍十五萬，而奧軍又增之，雖然，加里波的也，英瑪努埃也，拿破崙也，皆一世之飛將軍，決非奧人之所能敵也，於是敵軍遂死傷一萬五千餘，卒退却。於斯時也，加富爾之雄心忽飛躍九天之上，彼其數十年來吞聲飲淚，停辛佇苦，晝想夜夢之事業，一旦湧現於眼前，英雄快心，孰有過此者耶。

月明何預，浮雲事偏，向圓時故故生，佳期易誤，好夢難圓，嗚呼，以一私人身世之經歷，猶且往往千波百折，且躓且進，且起且伏，若有造化小兒播弄之，試驗之，使之備嘗甘苦，而後達其目的，而況於建設一國者乎。加富爾之雄心，正達極點，無端意外一大波瀾又起，戰事正酣，軍中忽失拿破崙所在，咄、此公何往乎，蓋拿破崙非有愛於意大利者也，彼以為吾之所以挫奧者，苟如是，是亦足矣，過此以往，則撒的尼亞將羽翼大就，橫絕四海，而非復繒繳之所能施。於是乃微行入奧軍。與奧帝佛蘭西士會。賣撒王。賣加富爾。獨斷以結和約。所謂肥拉甫郎卡條約是也。其大略曰。

奧人割倫巴的之地。使合於撒的尼亞也。　於意大利之中央。戴羅馬教皇。而設聯邦也。　於達士加尼及門的拿諸地。逐革命黨。而還其舊主也。

依此條約。則俾尼士仍爲奧屬。教皇仍握重權。而其他意大利中央諸地之人民。日夜引領相望。謂當脫附庸奴隸之苦軛。以進入自由天國者。忽遇此報。歎息痛恨。殆將絕望。拿破崙歸自奧軍。齎此私約以示撒王。促其畫諾。不寧惟是。且更市恩而索沙波尼士之兩地。加富爾聞報。震怒欲裂。直馳入陣營。見兩君。不復顧外交之禮義。不復顧閣臣之節制。相如睨柱頭與璧其將碎。原軫唾廷。聲與淚而俱厲。以傍若無人之概。奮迅獅吼於兩君之側。汚辱嫚罵之聲。殆如雨下。最後乃要其君曰『必勿許此約。必勿受倫巴的。苟爾者。臣惟有披髮入山。不復能爲我王效馳驅矣。』王見法帝之意已變。而不可復挽也。又見獨力而不足以抗奧法也。卒不用加富爾之言。竟與奧平。加富爾遂挂冠去。復爲黎里一老農。

縱觀加富爾一生之歷史。其意氣用事。不能自制者。惟此一役而已。此役也。蓋英瑪努埃之判斷力。實遠優於加富爾也。雖然。是不足以爲加富爾咎也。彼其於開戰以前。積憂積患積思積慮積智積謀積勞積瘁。天下古今歷史上之人物。未見其比。彼以一身立於舉國怨毒最深感情最烈義俠最迫騷擾最劇窘厄最甚之盤渦中。內之壓制如沸如騰之革命。外之睨視如虎如狼之大敵。旁之應付如鬼如蜮之列邦。而又揣摩大勢。攫得千載一時之機會於其手中。故以至靜制天下之至動。以至柔制天下之至剛。始終以沈著愼重溫和忍耐之態度出之。沈著愼重溫和忍耐者實加富爾一生成功之不二法門也當是時也加富爾以眇眇之身兼任總理大臣外務大臣軍務大臣內務大臣之各要職構寢室於軍務省內夜則著寢衣自此省往來彼省處置警察之事務監督外交之文書指揮戰爭之準備衣不解帶目不交睫者殆半年故當時撒的尼亞人相語曰『吾儕有一政府有一國會有一憲法而其名皆名加富爾』嗚呼其堅忍若是其刻苦若是其勞瘁若是凡以收一大希望一大結果於今日也乃功已垂成一旦而敗之雖聖如孔子佛如釋迦猶將不能無失望無憤激而況於憂國如焚之加富爾耶君子觀於此而益歎外力之萬不可恃雖熱誠如加富爾機變如加富爾驚銳如加富爾猶且不免爲人所賣苟非有意大利全體人民之實力以楯其後者則此役其又將爲一千八百四十八年之續矣嘻可畏哉可畏哉

第十七節　加里波的之辭職

加富爾旣去王慰留不可乃以拉達志代之拉達志者無主義無定見因循姑息非亂世宰相才也受事之後即命撤散義勇兵（義勇兵愛國人民報效而來加里波的所統也）加里波的不可乃自下令於軍中曰

政事之方針非吾儕軍人所得與聞雖然今日何日今時何時此必非吾人可以釋兵甲拋宿志之秋也吾他無所知焉吾惟知奉我英明神武之陛下益討軍實使歐洲列國知我意大利男子決非一蹶卽挫之小丈夫嗚呼諸君其同斯懷抱乎吾敢信捲土重來之機會震天鑠地之奇觀其決不遠也

未幾撤王命往佛羅靈爲中央意大利軍總督加里波的旣至此地仰其威名望風歸附者絡繹不絕瞬息之間

而遂士加尼門的拿、巴馬、及敎皇屬地之一部。幾全落其手。當是時。加將軍之威望。如日中天焉。乃木秀於林。風則摧之。新任軍務大臣福安治拉達志內閣之軍務大臣等。嫉其能媢其功也。乃出陰險卑劣之手段。以防障其大業之成就。蓋自千八百四十九年以來。撒的尼亞之黑暗時代。莫此數月爲甚矣。加里波的乃長歎曰『已矣乎。吾其復爲卡菩列拉島之一老農乎。』撒王百計慰諭溫留之。莫能挽也。乃自解其御用常佩金裝燦爛獵鎗贈之。以志愛慕。而加將軍遂去。

將軍旣去。全意大利歎息苦悶之聲。徧於境內。其部下之將校。亦紛紛乞骸骨。將軍聞之。乃自卡菩列拉島發一書以慰撫之曰。

嗚呼中央意大利同志諸君。諸君勿以鄙人一時失職。而忘其神聖之主義。冷其如焚之熱心也。自鄙人之與所敬所愛之代表意大利自由諸君相分攜也。吾悲不自勝。雖然吾知我必有復與諸君握手戮力以成就我輩所夢寐不忘一大事之日。吾以是自信。吾以是自慰。諸君乎。諸君乎。頑陋之外交家。固不足以語國家之大事。或且目諸君爲輕躁爲冒昧。雖然彼外交家之休戰條約。決非可永續。吾儕固非欲侵略外國以自誇耀。至我祖宗我兄弟所固有之土地。雖尺寸不得以授人。吾儕以此決心。立於天地。其有犯不韙而與吾抗敵者。則吾與自由與彼俱斃。榮莫大焉。使彼公敵者知吾地雖可以力取。吾民不可以威服。諸君乎。諸君乎。我輩苟堅持此主義。雖復中道以死。而此同仇敵愾之念。猶將傳諸我子孫。我輩以槍礮與獨立心遺子孫。彼國仇民賊。決不能高枕而臥也。

第十八節　加富爾之再相與北意大利之統一

自千八百二十年燒炭黨革命以來．迄於今日．實爲千八百六十年．時瑪志尼五十五歲．加里波的五十三歲．加富爾五十歲．此四十年中．騷亂繼以騷亂．蹉跌繼以蹉跌．意大利志士之腦之血．亦既已絞盡矣．大業垂成．遂爲奸雄拿破崙所賣．名相名將．相繼辭職．意大利之黑暗．至是而極．雖然．積數十年來萬數千志士之腦之血．固斷非無結果以終古．至是而意大利統一之業．既已如壁上畫龍．鱗爪俱現．其點睛飛去．直需時耳．果也不數月而加富爾復相．

雖然．自肥拉甫郎卡條約以後．大局之形勢一變．既非復巴黎條約時代之舊．其在法國．務堅守肥拉甫郎卡約．使中意大利之附庸小侯王．皆復其舊．其在奧國．與法同意．而更促撒的尼亞以實行．其在英國．則漸解意大利之眞相．謂必當從民所欲以施政治．其在意大利人民．則切望統一．深恐復蹈千八百四十九年之覆轍．而惴惴皇皇．不可以終日．於是加富爾既再出山．有不可不含垢忍辱者一事．何以故．加富爾今日之政策．莫急於防奧法合縱．故防奧法合縱．則不得不踐前諾．割沙波尼士兩地於法．以買其歡心．故時撒的尼亞志士若達志格里阿若菲里尼之徒．游說奔走於四方．以鼓舞其人民．或往波羅格拿．或往門的拿．或往達士卡尼亞、巴爾摩、羅馬格拿諸地．慫慂其民．使圖自立．各地雲集響應．莫不執干戈以逐其傀儡之君主．而求合併於撒國．彼時爲撒國者．何以待之．亦一困難之問題也．其納之乎．是間接以蔑棄肥拉甫郎卡之條約．授強敵以口實也．其拒之乎．彼等之來．本出於加富爾輩所獎勵．始亂之而終棄之．是使撒的尼亞之威信墜於地也．加富爾乃說拿破崙曰．『今事勢已至此．且爲奈何．我直割沙波尼士與貴國．貴國其許我自由以處置彼等乎．』拿破崙猶豫而未應．加富爾曰．『事變終不可以無着．諸地憎奧既極．今非合於撒．則合於法耳．今革命黨既得勢力。雖其首領之意。多向我撒。然民心猶未可定。盍徵諸各地輿論。使人民各投一票。從法從撒。唯其所擇。三占決二。以多票爲衡。任之天運。不亦可乎』拿破崙曰諾。於是爲全國普通投票。卒以大多數而前舉之諸國悉合併於撒的尼亞。拿破崙愕然。而意大利萬歲萬歲萬歲之聲。遂震天地。

千八百六十年四月二日。意大利開第一次國會。凡新合併諸國。皆各選出代議士。齊集於焦靈。加富爾之喜可知矣。時沙波尼士雖割於法國。尙未實行。瑪志尼自故鄉志那亞。加里波的自故鄉尼士。皆選出爲議員。尼士之割。固加富爾所不欲。而加里波的所尤痛心者也。乃於四月十六日。在國會場。拍案厲聲。痛罵加富爾之無狀。詈之爲犬。詈之爲狐。詈之爲卑劣之奴。詈之爲意大利之敵。最後乃放言曰。『若加富爾者。以無情之手段。而賣國於外。以挑發我同胞相殘相殺之禍。以若此之政府。而欲使余與彼握手共事。余有死不能』而瑪志尼等復相與應和之。其咆哮無禮。實難名狀。加富爾初聞惡言。亦憤懣幾不自制。一刹那間。忽復其沈著之舊態。徐答言曰。『余知余與所最敬愛之加將軍。其間若有一深淵。使我兩人隔絕者存。余以割地之事。勸諸我王。質之我國會。是我最傷心之義務。而亦爲完我一生種種之義務。不得已而爲之者也。當日余之所經驗所悔恨。（案此指去年辭職之事也）亦不減於加將軍。余冀以此自解於將軍。若將軍必不解而不我恕者。然吾敬愛將軍之念。終不以此而稍渝也。』雖然。加里波的盛怒之下。終不可霽。其日國會議場紛擾。不知所極。議長乃命停議。自後各有志者頻出調和。而兩人之溝壑。終不可破。國王憂之。卒乃於焦靈城外之離宮。召二人密談。爲加里波的詳述國運內外之實情。辨明前此政府所取之方針不得已之故。加富爾亦披肝瀝膽。請將軍解怒顧大局。於是此第一大政治家與第一大將軍。復握手於其所尊所愛國王陛下之前。齊呼意大利萬歲。共戮力以圖將來。

第十九節　當時南意大利之形勢

北意大利統一大業成就既已過半雖然加富爾巴黎會議之宣言特指尼布士之慘狀以激衆怒而博同情今者尼布士之戴外族受壓制猶依然也當時意大利列邦之虐政雖萬方同慨而其尤甚者莫如尼布士當千八百五十一年英國名相格蘭斯頓游歷彼地歸而述其所見公諸報紙大攻尼布士政府之失政力言其地志士日日思爆裂良非無由而暗示歐洲列國當援手以解此倒懸之意時尼布士政府雖亦公布一書以致辯駁然愈辯駁愈以證其言之實耳論者謂讀格公書而知當時尼邦人民所以蓄怨積怒而欲一甘心於政府者必非好爲犯上作亂之徒可比也（案格公書文調甚優他書多有譯本以其太長故闕不錄）

是時尼布士王兼王昔昔里實代表波旁王統（法國路易第十四即屬於波旁王統）而依奧法兩強以爲奧援者也初歐洲中世之末自由主義之萌芽實自南歐起即南意大利之自由市府爲其最率先者而昔昔里、尼布士、即其市府之一也彼其在歷史上早已以自由獲名譽今也反爲外族傀儡所壓抑在全歐中爲第一無告之民族則其亟思一雪也亦宜

至是意奧方爭於此昔昔里、尼布士之民以爲若失此不圖則他日更無可以自立之望方將起事而北方和議遽定事爲尼布士政府所詗知勢將破裂則同志不得不束手就縛於是瑪志尼黨中有一豪傑曰格里士比者以爲先發制人事不可已乃首發難豎義旗於巴拉摩、蔑士拿、卡達尼亞諸地一面飛報瑪志尼加里波的二傑乞其來援實千八百六十年春也

第二十節　加里波的戡定南意大利

時加里波的方聞故鄉尼士被割於法憤怒塡膺往往竊歎曰『不圖今在故國乃反爲外國人』深不滿於加富爾著者案前第十八節所記加里波的在國會痛罵加富爾及撒王出爲調解之事實在千八百六十一年南北意大利全統一之後前誤據他書錄入彼處今合更正至是聞南意之亂也乃決意自投之自助之以達其志瀕行上一書於英瑪努埃曰

臣自知臣今所企畫者爲至危至險之事業雖然臣不敢避臣所志若成願以一更新且瑩之寶玉以飾王冕臣尤願陛下獨奮乾斷排斥樞臣之卑劣政策還我歌斯哭斯釣斯游斯之故鄉一片地勿使臣附屬彼以奴隸於他族臣不勝縷縷

加里波的既上書不俟報可竟率其麾下素共甘苦之「千人隊」發志那亞海岸而南嗚呼誰謂加將軍而徒勇者乎彼其時義不可與撒的尼亞政府相關涉與相關涉則是功未就而先陷撒的尼亞於荆棘也其此後又義不可不與撒的尼亞政府相關涉不與相關涉則是其統一意大利之目的終不可得達也於是加將軍先畫成竹於胸中乃以兔起鶻落之手段飄然乘長風以行實千八百六十年五月五日也

彼時之加富爾何爲者其許之耶利鄰邦之叛亂煽部民爲應援非政府所宜出也其禁之耶沮同志之大業任同胞之塗炭尤非政府所欲出也於是加富爾又出其外交手段而柴立其中央若爲不聞加里波的之陰謀也者不予節制而聽其自去隨布告各國聲稱嚴守中立彈壓暴民旋派海軍艦隊躡加里波的之後以行名爲追之壓之實則爲其後援也瀕行加富爾以至簡單之一言訓誡其海軍提督曰『此去宜航行於加里波的與尼

布士艦隊之間願足下解此意』提督比爾薩那亦爲至簡之答詞曰『吾已解君意吾若誤會請君獄余』遂去

加里波的之既行也此報達於各國外交界之激昂不可思議時惟一英國深愍尼布士塗炭之苦謂此舉不可已耳自餘各國則詈以海賊詈以狂人嫚罵之聲不堪入耳幸加里波的之地位爲外交干涉之所不能及而加富爾老練敏活之政略能以一身立於非難攻擊之衝而無所於動嘻、加里波的南矣南方積數百年水深火熱之慘至是既熟之又熟加以百戰飛將之威靈臨之如空捲殘雲風掃落葉東征而怨徯后蘇來時尼布士政府經練之兵雖有二萬莫不懾於先聲望風奔潰不出數日而昔昔里全定追逐所謂爆裂王佛蘭西士第二者於斯巴狄賓九月九日遂入尼布士尼布士以困獸猶鬬之勢抵抗頗力加將軍部將比奇志那曰『我等殆當少却以避其鋒』加將軍直前掩其口曰『噫、勿言我等到處皆可獲死所豈擇地耶』卒奮戰挫之不數日而加里波的及其同志之一隊遂爲南意大利全部之主人嗚呼奮七尺以先三軍未兩旬而舉萬乘此實有史以來震天鑠地之偉勳而後此雖有作者恐亦無復能望其肩背也於是飛報轟達於世界舉世界之人目眙而不能瞬舌撟而不能下如醒如夢如祝如詛相與奔走相告語曰『加里波的天人也非尋常有肉有血之人類也』嘻、此際之加富爾喜可知矣加富爾平昔最患加里波的等輕忽劇烈之手段懼其牽一髮而全身動以爲大局政策之累若夫當此等之時在此等之地演此等驚天動地之大活劇則雖有百加相國其不能當一加將軍之一指趾也於是尼布士昔昔里之舊政府既斃加里波的一躍而爲兩國之攝政官

第二十一節　南北意大利之合併

時瑪志尼方在加里波的軍中參預百事。見大功之既就也而加里波的自稱攝政官無獨立之意也。乃詰之曰。『何不布共和政。』加將軍固愛共和者。雖然其愛共和也不如其愛意大利。將軍之意以爲無統一則無意大利。苟應以共和而得統一者則吾犧牲百事以從共和。苟應以非共和而得統一者則吾犧牲百事以從非共和。所求者達此「統一」之目的耳。若其手段則無容心也。今日不可無一意大利。亦不可有兩意大利。今日撒的尼亞既具可以統一之資格以起於北。吾輩亦具可以統一之資格以起於南。是兩意大利也。眞有愛意大利之心。固不可不詘其一以伸其一。以彼經數十年厲精圖治兵強國富君明臣良之撒的尼亞。欲一旦使之棄其所據以從我。靡論不能也。卽能矣而共和政之前途又安敢保必有愈於彼。於是乎加將軍詘南以伸北之志遂確乎其不可拔。瑪志尼無以難也。遂聽其所爲。雖然加里波的瑪志尼皆崇拜古羅馬。數十年晝作夜夢未嘗去懷者也。其意以爲若無羅馬則意大利終不得爲意大利。彼等恐撒王之自足而苟安也。乃上書以要王曰『臣今權攝政官便宜行事。苟非至我王定鼎羅馬之日臣百事不敢奉詔。』此當時南部諸豪布畫之情形也。

加富爾旣聞加里波的之定南也。又聞瑪志尼之在軍中也。且喜且驚且懼。乃急下令於提督比爾薩那曰「意大利非脫離外族淩逼專制束縛狂人跳擲之三苦海則不能自存。」所謂狂人跳擲者。謂瑪志尼之徒也。曷爲目以狂人。加富爾(一)慮加里波的被惑於瑪志尼所迷信之共和主義。不肯相下。而遂致分裂。(二)慮彼等乘一勝之威。不自量力直進擊羅馬。苟爾則必招法國之干涉。而此區區民間義勇隊終不能與強國久練之師爲敵。而終取滅亡。故其焦急至不可思議。此當時北部諸豪布畫之情形也。

於此時也。意大利九天九淵之界線爭此一髮。加富爾畢生事業視此。瑪志尼畢生事業視此。加里波的畢生事業視此吾儕讀史者至此、則酣歌起舞、拍案浮白、而不知正諸豪絞腦髓嘔心血兢兢翼翼沈沈慄慄之秋也、於是加富爾出其熟練政略、務欲移此至艱至鉅之責任、出之於粗豪的俠士之手、而入之於沈穩的政治家之手、乃決派重兵向羅馬制機先以防加里波的之運動雖然當加里波的之南征也各國已紛紛責言謂其將則故撒將也其兵則皆撒民也其必爲撒的尼亞政府所唆使百口莫能辨也至是復以重兵向羅馬而各國其安能默焉、於是加富爾之外交政略又出

加富爾乃告駐劄各國之本國公使曰、『若我軍不能於加里波的軍未到喀德里卡以前而先占荷的夭那河、則我國必亡矣、意大利必沈於革命之苦海矣』法帝拿破崙第三聞之曰「爾撒的尼亞既知此之爲害乎、既知今日自救之不可以已乎、然則不可不賭孤注一擲之運命、以自制其所煽動之人」時拿破崙欣欣然若有喜色、而不知加富爾所求者、正在彼之此一言也、於是加富爾毅然告以一切責任、我悉負之、於是撒的尼亞之兵遂以九月拔隊而南、與羅馬教皇兵遇於卡士的菲達羅、大敗之、遂據安哥那之地

加富爾所慮第一事蓋過慮也、加里波的既早有成算也、至其第二事則不出所料、若非加富爾之急起直追、則前途遂不可問也、瑪志尼語加里波的曰「我軍非以二十日內直抵羅馬或俾尼士、則我輩之志終不得達」加將軍領之、急厲兵秣馬以行、幸也天相意大利、値尼布士收拾餘燼、距加里波的於荷的夭那河之北岸、十月一日兩軍始得決戰、尼布士軍大潰、其王走於基達、而撒的尼亞軍亦已渡河而南矣、此時之英瑪劣埃猶未知加將軍之意如何也、深懼兩軍之或有衝突也、何圖加將軍已整飭隊伍、仍被其廣袖塵漬之赤外套、手提其緣纓下垂之破帽、莞爾而出迎曰、『臣待我王久矣』王亦握其手而慰勞之曰「謝卿賢勞」於戲其磊落颯爽

之態度。千載下猶將見之。君子讀史至此。而歎意大利之所以興。蓋有由矣。

加里波的將以血汗所得之土地獻諸其王。乃於前一日爲告別之宣言曰。

諸君乎。諸君乎。明日實我國民之一大紀念日也。何以故。我共主英瑪努埃將抉破數百年來離間我國民之障壓而臨幸於斯土。故吾儕其竭誠盡敬以迎我王。吾儕其竭誠盡敬以迎上帝所畀我之王。吾儕之愛情能令王感。吾儕以「協同」之花撒於王路。能令王悅。自今以往。更無政治上之意見。自今以往。更無黨派。自今以往。更無競爭。更無不和。自今以往。我如錦如荼之意大利。統一於我英武仁慈之英瑪努埃王治下。意大利萬歲！英瑪努埃萬歲！

十一月七日。王與加里波的駢轡以入尼布士。此淡泊寧靜之將軍。舉全軍全土以獻諸王。於一切勳爵無所受。於一切賞賜無所受。不攜一騶從。不拾一長物。飄然一身。直歸臥於卡菩列拉島。嗚呼。吾徧讀古今東西數千年之史傳。欲求一人如將軍者。豈可得耶。無已則北美合衆國之國父華盛頓其近之矣。

第二十二節　第一國會

英瑪努埃既得尼布士。昔昔里。雖然。尼王法蘭西士。非所甘心也。乃訴撒王及加里波的之無道於各國。且乞援於奧法。奧王固欲救之也。然經梅特涅專制以後。國中反側大起。大軍一動。恐遂不免革命之慘。故不敢黷武於外。拿破崙直派軍艦聲言爲援。然不過恫喝而已。無必救之決心。加富爾乃白王曰。列國之意向可覩矣。天與不取。必受其殃。雖然。事有順序。今請仍依前者北部之例。爲全國普通投票焉。從之。卒以大多數合併於撒佛蘭西士大憤挑戰。一敗乞降。

千八百六十一年二月十八日。開第一次國會。除羅馬俾尼士兩地外。其餘意大利全國民皆各選代議士代表民意。齊集於焦靈。此國會開設於凱歌洋溢之中。以此思慶。慶可知矣。雖然。美猶有憾。憾者何。則羅馬俾尼士兩地。實意大利之脇腹。今則脇腹中猶張兩創口也。羅馬者。意大利志士所崇拜之偶像也。加里波的之熱力起點。於是。瑪志尼之熱力起點於是。彼二傑者。皆有不得羅馬雖死不瞑之決心。豈惟彼二傑而已。以加富爾之沈鍊慎重。亦常言『意大利非定都羅馬。則强國之統一終不可得』。又豈惟彼三傑。擧意大利有血有淚之男兒。固未有不歌羅馬哭羅馬拜羅馬。而夢羅馬者也。於是意大利之體既具矣。而若羣龍之无其首焉。故曰美猶有憾也。

第二十三節　加富爾之長逝及其未竟之志

第一國會開會數月後。而加相國遂長逝。相國畢生之志事。亦既十就八九矣。雖然。國之進步。靡有窮。人之希望靡有窮。故愛國志士之責任之懷抱之缺憾。亦靡有窮。於是加富爾遂自覺遺下無量數未了之緣。賷志以歿。其最大者則有二端。一曰尼布士善後問題也。尼布士雖合併。然其民未能同化。尼布士人久伏於專制政府之下。不知有法律。近以民氣大動之後。流於囂張。動輒以反對政府爲事。於是廷議有欲以嚴峻之手段治之者。加富爾大憂焉。常語人曰「若妄下戒嚴令。以威力治國。以軍政臨民。雖有智者。必不能善其後也。」加富爾深懼彼捐館舍之後。執政者以此墜其業也。其在病牀。如夢魘然。輒喃喃自語曰。「勿下戒嚴令。勿下戒嚴令。」如是日數十次。蓋憂之深矣。二曰教皇權限問題也。羅馬教皇。以千年來掌握意大利之大權。其權不徒在宗教教育而已。而兼及於政治。使教皇而認此半島（即意大利）為彼所轄之土地。則意大利王決不得為國民的政府之元首。其事理至易明也。然以教皇之尊嚴。固非能以待尼布士王之法待之也。而欲彼之甘自退讓。將千年固有之權力拱手以畀意王。又事之至難望者也。於是乎意廷不得不窮。當千八百六十年。羅馬康達之地之合於意也。教皇固已大怒。宣言屏逐其民於教外。夫使英瑪努埃加富爾卽見絕於教皇。亦不足以為二子損。無如彼君臣者。皆熱心於教會之人也。故常兢兢焉不欲有所犯。雖然。無一國之大計。又安得含忍以終古也。加富爾深知乎改革之業。非通於全局而不能為功也。彼常言曰。『凡擇一國之京師。不可不因人民之感情。羅馬者。實適於為大國之首都。徵諸歷史上。智識上。德義上。而皆然者也。為今之計。宜使教皇知教會之威力。不必依於政權而能獨立。教皇脫離政權。然後教會益以光榮。吾有一主義。欲宣布於意大利。卽「建設自由教會於自由國」是也。』云云。加富爾懷此主義。屢與羅馬宮廷懇篤協議。而事與願違。意大利每進一步。則教皇之執拗愈深一層。此等夢想。來往於此大政治家之腦者。殆數十年。而卒懷此夢想以入於地。吁可悲矣。

加富爾三十餘年之生涯。歷人類所不能歷之勤勞。荷人類所不能荷之憂慮。其晚年所經歷。至可喜之勝利。與至可悲之失敗。循環相續。而彼鐵石比堅金玉失瑩之軀體。亦銷磨盡矣。王英瑪努埃於其彌留前十日。寸步未嘗離側。易簀之時。無一言及他事。惟疾呼曰。

　下戒嚴令於尼布士。臣期期以為不可。期期以為不可。惟淸彼等。淸彼等。淸彼等。Lilavi, Iilavi, Iilavi!

最後之一刹那。猶顧其旁侍之愛弟而言曰。

吾弟乎吾弟乎自由國中之自由教會 Brate, brate, libera chiesa in libera stato,千八百六十一年六月五日意大利獨立大政治家宰相伯爵加富爾薨上自王下至士大夫農民商賈兒童走卒莫不悲慟如喪考妣朝爲罷朝野爲罷市全意大利國民沈於煩惱海者數月嗚呼意大利人之桎梏加富爾解之意大利人之荊棘加富爾鋤之意大利人之常識加富爾敎之意大利人之自由加富爾畀之意大利非加富爾之妻而加富爾之兒也加富爾之棄意大利也年僅五十一使更假以十年其未竟之業可以竟其未償之願可以償吾敢信意大利之國勢不止於今日也加富爾之造意大利與俾士麥之造德意志同而俾士麥之死後於加富爾殆三十年此德之所以能如彼而意之所以僅如此也此吾所以不得不重爲意大利人悲也雖然加富爾亦可以瞑矣林肯以放奴爲一生大事業南北美之難甫定而林肯逝加富爾以統一意大利爲一生大事業第一國會甫開而加富爾逝嗚呼加富爾其亦可以瞑矣

第二十四節　加里波的之下獄及游英國

此時之意大利實不可無一加富爾而加富爾遂逝舉國失望罔知所措幸也拿破侖第三猶表同情以六月下旬遂公認意大利獨立派公使駐劄意京而繼加富爾之後者爲男爵利卡梭里蕭規曹隨無特別之手段足以繫人望者其年一八六一年七月意大利政府草一與羅馬教皇交涉之法案託法國轉達於皮阿士第九許以教皇若放棄政權則以巨萬之資相酬且其教權仍得無限自由政府絕不干涉乃皮阿士固執不動宣言千年以來歷代教皇與其執政所領屬之土地雖尺寸不得割讓政府應付之策殆窮於是意大利人民大激昂革命黨又

蠭起所在出沒。加里波的乃擲長鑱手長劍。復蹶起於卡菩列拉。率義勇兵千五百由昔昔里登岸。僅一月。遂涉眉西奴海峽。進入敎皇境。意大利政府懼招物議。惹列強之干涉。爲社稷危也。急發兵堵之。八月二十九日。兩軍相遇於亞士菩羅門。互衝突。加將軍被傷。遂爲王軍所禽。此時之加里波的。上自王下至屠賈負販兒童走卒。莫不崇拜之若偶像然。徒以外交上之嫌疑。不得不幽之於巴力拿羅。而歐洲列國之輿論。益傾倒至不可思議。將軍之在巴力拿羅也。嘗偶語侍者曰。英人之聲。余所最樂聞。此語一出。各報館競播述之。英國之名媛名士。有欲一親其謦欬以爲名譽者。有欲以一語慰其岑寂而自以爲功德無量者。無貴無賤。無老無少。無村無俏。咸奔走趨集。若恐後。巴力拿羅之旅館。忽爲英客所占殆盡。就中有一老嫗。率其所愛之少女。亦自本國萬里渡海抵加將軍獄地。乞爲看護婦。使將軍日聞其聲以爲娛樂。將軍固遜謝不肯納。而彼母女者於他國語言一無所解。旅費既盡。煢煢無歸。以意國政府之救助。僅得返故土。而猶必欲達其目的而後已。此意達於將軍。卒許以一刻之頃入囚室。乞將軍手書之字一枚。斑白之髮一莖。狂喜以歸云。嗚呼。此雖小事。而加將軍之熱誠。吸攝一世。與夫西方民俗崇拜英雄迷信英雄之氣象。皆可想見矣。

未幾遂出獄。加將軍乃漫游於瑪志尼所謂第二故鄉之英國。將以喚起英人對於羅馬問題之熱情。英人素以好客聞天下。至其歡待之切誠。刺激之劇烈。殆未有甚於此時者也。將軍舟抵梭僧菩頓甫登陸。英人蟻集於江干者。忽以萬數。相握者手復一手。相接者吻復一吻。積半日猶不能行寸步。將軍試劍活潑之手。已攣腫而不能動。將軍風塵蒼古之面。已涎積其如欲滴。將軍數十年來出入必偕之深赤外套。爲熱狂崇拜者所摸竊所橫奪。撕裂爲百數十臠。各寶其一寸一縷。以相炫燿。英國全國之社會。無朝無野。無老無幼。皆如失其腦力失其心力。

其心中腦中不復知有職業不復知有學問不復知有娛樂不復知有煩惱而惟知有一加里波的將軍嗚呼大丈夫眞男子不當如是耶不當如是耶

拿破侖第三素不喜加將軍之爲人也聞其受歡迎於英國如是其劇且烈恐爲歐洲全局之影響也於是私於英相巴彌斯頓使勸上客之返國未幾而加將軍遂歸

第二十五節　加里波的再入羅馬及再敗再被逮

千八百六十四年王英瑪努埃復以羅馬問題與拿破侖有所協議其年九月兩國締約法人撤其戍羅馬之兵而意王仍不侵犯其政權此實外交漸進之政策不得不然也而熱誠如裂之加將軍至此益欲忍不可復忍彼其少壯以來如挾持之共和主義遂復出現以爲在此因循帝政之下終不足以奏統一大業乃宣言於衆曰今日我輩終不可不以共和國國旗豎之於巴的幹宮殿之上咄共和主義一日不可緩咄共和主義一日不可緩

時意王既失沈鍊敏達之宰相而在此有共和黨之急激運動在彼有山嶽黨之絕對反對（山嶽黨者主張教皇之政權者也）在外復有法帝拿破侖睥睨猜忌意王立於四面楚歌之中焦苦殆不可思議千八百六十七年秋復以政府之命突然逮捕將軍使蟄居於卡菩列拉交地方官管束未幾將軍之子名美那治者忽在外自招義勇隊復侵教皇境老將軍聞之勃勃不能自禁遂以十月十四日逃出卡菩列拉所至響應蝟附以風馳雨驟之勢忽達羅馬拿與其子遇老將軍小將軍駢轡以入羅馬與敵劇戰於門的郞大捷羅馬殆再落於加將軍之手而佛羅靈政府

意大利自千八百六十五年由焦靈遷都於佛羅靈懼執釁僨事已制機先急派兵於羅馬法蘭西軍亦踵至於是加將軍三面受敵進退維谷乃集麾下而申警之曰。

我輩以貴重之血購得此羅馬於意大利公敵之手今佛羅靈政府以兵力侵入之我輩深願以無上之愛情歡迎我同胞（按此指王及政府軍）相與戮力驅逐殘虐之傭兵（按此指法軍）於境外此區區十年以來所懷之素志諸君所共聞也雖然若彼卑劣巽弱之政治家仍挾其模稜兩可之政策欲維持繼續其所謂九月怪條約者（按此指一八六四年意王與拿破命所定之約）而強逼我輩使擲兵器以屈服於妖狐猾魔（按此指拿破侖及數皇）之下則當此之時余惟自認『以己之劍保護己所有屬地』（按此泰西通語也）之權利而已他非所聞也維馬之政府不可不以羅馬人民之公意投票而選之諸君乎諸君乎其有念我千年來祖宗所宅之首都欲建設自由統一之意大利於其上者乎如其有之則非待我新意大利去模稜主義之廢墟達良心自由之天國以後非待千年來公敵暴軍絕其跡於我國土以後我輩決不得釋兵而嬉也

由此觀之加里波的當時之地位可以見矣卽王師如與我同宗旨同手段也則以正當之方法相戮力以取羅馬而不然者王師若旁觀焉甚乃反對焉亦必以獨力而使羅馬終為羅馬人之羅馬蓋加將軍之事業實以羅馬始以羅馬終者也不幸拿破侖第三以護法為名早已派遣將軍壓境以進曾無所顧惜無所猶豫彼以衆寡之數既已相懸而加將軍麾下又皆無訓練無兵械空拳白戰之軍士徒以大將之威名魔力奔走羣集雖曰義勇究豈足以為百戰法軍之敵於是於綿達尼一小村落之旁兩軍相遇加將軍大敗士卒死亡逾半王英瑪努埃聞之肝腸寸裂痛哭不食者三日語近臣曰『嗚呼痛哉彼螺旋後膛之烈鎗毒我愛子斷我驕兒我之苦痛

視彈丸薄擊於我肢體爲尤甚也。嗚呼痛哉。百死莫贖。萬寃誰論。吾無暇哀感。吾惟沈痛。吾無暇憤恨。吾惟懺悔。』云云。雖然英瑪努埃固久受加富爾之薰陶沈穩歷鍊之人也。彼雖哀痛煎迫。腸斷九迴。然其外之對於法蘭西。內之對於本邦倡亂之義民。皆保其適當之威嚴。徐乃告拿破侖曰。『君爲德不卒。從前盛意。盡付東流。今意大利全國國民中。其念君舊德者。已無復一人。兩國同盟之誼。恐非復政府之力所能及矣。嗚呼奈何其以螺旋彈丸。濫擲於同盟國國民之頭上也。』雖然英瑪努埃仍自懲其首事之民。無所假借。於是加里波的復被逮。再命蟄居於卡菩列拉島。加將軍之事業遂終。

第二十六節　意大利定鼎羅馬大一統成

意大利之建國。以得羅馬爲究竟。而其得羅馬之時。彼三傑者皆未嘗直接有所效力。彼其時瑪志尼既廢。加富爾既死。加里波的既錮。前此絞腦髓擲頸血以易之。而經數十年不能得者。今乃若安然唾手以收其成。淺見者或謂是有天焉。非人力所能爲也。而烏知乎人事之盡。既達極點。如畫龍壁上不飛去者。只爭一睛。睛之點固有時。而畫師之心力。蓋益不可思議矣。自加將軍舉事以後。意政府常以左證以表明本國國民意嚮之所在。以布告於列國。列國亦憚意民之勇敢。而憐其熱誠也。表同情者日以益多。此驚天動地之大活劇。浸近團圓時節。千八百七十年。普法戰起。疾風暴雨。不旋踵而局遂定。歐洲形勢爲之大變。吞聲飲恨爲城下盟之法蘭西。已無復餘勇爲敎皇之保護主。至是意大利王再以滿腔之誠意。說敎皇使之讓步。皮阿士第九仍頑然不動。不得已乃以千八百七十九年九月二十日。王軍遂入羅馬。建三色旗於最高之神殿。翌日下令府中。使其民各以己意欲從王者欲從敎皇者自由投票票集櫝啓則從王之數四萬七百八十八從敎皇之數僅四十六翌千八百七十一年六月二日撒的尼亞王英瑪努埃遂爲意大利皇帝開國會於羅馬勅告國民所舉之代議士曰

於戲我同胞我輩數十年來萬死不顧一生所經營之事業今既成就閱無量數之艱難辛苦危險挫折卒乃使意大利返於意大利羅馬返於羅馬我數百年來蕩析離居肝膽秦越之父老之兄弟今乃得以代議士之名譽集茲一堂拭一掬感喜之淚以認識吾輩所思所夢之故鄉於戲此等經歷實告我輩以莊嚴神聖且以義務之觀念銘刻於我輩之腦中而使莫能諼也（中略）我輩以愛自由故故有今日自今以往我輩不可不生息於自由與秩序之中以「力」與「平和」二德爲保持生命之要具（中略）我輩之前途其幸福似海其希望如潮立於世界大國民之間而有代表意大利名譽羅馬名譽之責任我輩負此責任不可不養成其適應於此責任之實力於戲欽哉意大利萬歲!!!意大利國民萬歲!!!

至是新意大利統一之大業既已告成時去加富爾之卒既十年其翌年實爲一千八百七十二年二月瑪志尼卒年六十七更閱十年實爲一千八百十二年六月加里波的卒年七十五

結論

新史氏曰吾儕讀史何爲乎察往以知來鑒彼以誨我而已吾讀泰西列國近世史觀其事業及其人物無不使吾氣王而神往而於意大利建國史尤若養養然有所搔抓於余心趯趯然有所刺激於余腦使余笑使余嚱使余醉使余舞余求其故而不得余爲三傑傳乃始若化吾身以入於三傑所立之舞臺而爲加富爾幕中一鈔胥

手而爲加里波的帳下一騎從卒而爲瑪志尼黨中一運動員彼憤焉吾憤彼喜焉吾喜彼憂焉吾憂彼病焉吾病吾於是一擲筆西向望祖國乃沈沈焉睊睊焉曰嘻彼數十年前之意大利何以與我祖國相類之甚其爲世界上最古最名譽之國也相類其中衰也相類其散漫而無所統一也相類其主權屬於外族也相類其專制之慘酷也相類其主權者之外復有他强國之勢力範圍也相類勢力範圍不止一國國民舉動動遭干涉也相類嗚呼同病相憐豈不然哉而彼其不如我者更有數事曰土地之小不如我曰人民之寡不如我曰無中央政府不如我曰有政教之爭不如我吾昔論中國時局持之與十七世紀末之英國比持之與十八世紀末之美國法國比持之與十九世紀末之日本比皆覺吾之困難有甚於彼等數倍者輒以爲彼中豪傑之所以成就大業殆天時人事之相適而非我輩之所能企也及讀意大利建國史而觀其千回百折停辛貯苦呑酸茹險之狀自設身以當此境度未有不索然氣沮力竭聲嘶一蹶再蹶而若喪我者而今日之意大利何以能巍然立於世界上儼然廁於歐洲六大强國之列而一舉一動繫天下之輕重也嗚呼吾案意大利建國成績而乃始知天下果無易事而乃始知天下果無難事吾欲速之謬見一破吾厭世之妄念一破

意大利建國自發軔以至告成中間凡五十餘年大波折者六次小波折者十餘次其間危機往往在一髮使其氣一餒焉而卽敗使其機一誤焉而卽敗乃其敗也一而再而三以至於十數而餒焉者無一焉此或失機而常能有不失焉者與之相救合天下古今之壯劇活劇慘劇悲劇險劇巧劇以迭演於一堂嘻何其驚心動魄不可思議至於此甚也豈有他哉人人心目中有「祖國」二字羣走集旋舞於其下舉天下之樂不以易祖國之苦舉天下之苦不以易祖國之樂人人心目中有祖國而祖國遂不得不突出不湧現佛說三界唯心所造孔子曰

我欲仁。斯仁至矣。西哲曰。人皆立於所欲立之地。豈不然哉。豈不然哉。

吾今欲祝中國之爲新中國。吾不得不虔禱彼造物者。乞誕若三傑其人於我中國。雖然。吾又疑三傑其人者。非彼蒼之生是使獨而有以靳於我國民也。皆以三傑爲不可幾及。而三傑遂不可幾及。又其上焉者。或以三傑之性行之事業之志節。望諸他人責諸他人。而三傑遂不可幾及。故吾以爲欲造新中國。必有人人自欲爲三傑之一之心始。人人欲爲三傑之一。未必卽能爲三傑之一。而千百人欲之。則一二之眞似者必出焉矣。卽不能而合十人而得似其一焉。合百人而得似其一焉。則我有三十傑三百傑。而必可任彼三傑所任之事業。而何國之不能救也。雖然。我輩非徒曰慕之曰學之而已。慕其貌而失其眞。不有其所長而藉口於其所短以自固。則褊急任氣者。何不可自言學瑪志尼。輕舉妄動無忍耐性者。何不可自言學加里波的。持祿保位陰鷙取巧者。何不可自言學加富爾。以此學三傑。三傑不任受也。

善哉善哉善男子。彼三傑者。有如焚如裂之血誠。故是故當學。彼等心目中無利害。無毀譽。無苦樂。無成敗。而惟認定其目的之所在。以身殉之。人人不愛此國也。而我愛之如故。人人愛此國也。而我愛之如故。記不云乎。所謂誠其意者。毋自欺也。而今日中國之少年子弟。或滿腔利慾滿腹機械。而猶敢靦然以愛國二字爲口頭禪。此又與於亡國之罪魁者也。故不欲學三傑則已耳。苟欲學之。則第一宜下愼獨工夫。日必自省吾愛國血誠之程度。與彼相去奚若。吾之言愛國也。得毋爲名乎。得毋爲利乎。得毋爲事勢之迫不得已乎。苟其若是。則是與三傑之人格成反比例。而北轍而南其轅也。夫三傑之血誠。生而具焉。不知其然而然者也。我卽不能若是。而日日而省焉。昔昔而養焉。固未有不能幾者矣。況夫知與行合一者也。吾既知國之可愛。而所以實行其愛者不力焉。苟非知之未灼則必其自欺者也。故吾以毋自欺爲學三傑之第一義。

善哉善哉善男子。彼三傑者專一。故是故當學彼等之愛國也。舉天下之人之事之物。無足以易其愛撓其愛者。其例多不可具引。吾於其所以待其王者徵之。瑪志尼非有憎於其王也。以是多不足以達愛國之目的。故始終敵之。加富爾非有私於其王也。以是爲可以達愛國之目的。故始終奉之。加里波的亦非有憎有私於其王也。當其見爲可以達此目的也則奉之。當其見爲不可以達此目的也則敵之。彼等之視其王皆若無物也。非輕王薄王。以爲以王與國比較。其相去不可以道里計。不能以此分其愛也。有攫金於齊市者。吏鞫之。則曰只見金不見人。彼三傑之只見國不見王。亦若是而已。王與國之關係如此其密切。而猶不足以分其愛。他更何論矣。詩曰其儀一兮。其儀一兮。心如結兮。故精一爲學三傑之第二義。

善哉善哉善男子。彼三傑者有廉靜淡泊高尚之性質。故是故當學彼等無富貴心。無功名心。加里波的之脫屣爵祿。兔起鶻落於卡普列拉之一孤島。其高風亮節。爲史家所津津樂道。固無論矣。即如加富爾者。終身立朝與王室相左右。及肥拉甫郎卡之約成。則若忘其在臣位也。唾駡雜遝於兩君之側。不得請則悍然挂冠而去。彼立於此位。非自爲也。爲意大利也。苟不能行其志。則一朝不願居也。瑪志尼當千八百四十八年歸國。先王阿爾拔虛首相之位以待之。且許授彼全權。使制定憲法。而瑪志尼自以爲非行共和主義。則新意大利終不可立。毅然辭之。不以相位易所信也。凡此諸端。皆尋常人所萬萬不能。而三傑若行所無事焉。蓋其性質之高潔。其道力之堅定。實一切事業之總根原也。吾儕雖不能安而行焉。亦當勉强而行焉。毋曰我有所貢獻於社會。則雖厚受社會之酬償而不爲泰也。酬償非必不可受。而崇貴逸樂。最足移人。與之相習。浸假有喪其志者。而義務之觀念將日薄矣。浸假而有保持之之心焉。則任事冒險勇敢之精神。且日銷蝕矣。久而久之。將失其本來面目以自伍於流俗。彼其初志未必非也。牽於外而人格與之俱降也。吾見夫今日志士。往往自恣於聲色狗馬。而以爲不拘小節者有焉矣。干謁於公卿王侯。而以爲借途辦事者有焉矣。吾豈敢遽謂此中之必無人才。顧其不墮落者幸而已。故寡欲爲學三傑之第三義。

善哉善哉善男子。彼三傑者。沈毅堅忍。百折不回故。是故當學。綜觀歷史上建設之事業。其挫折之多。未有若意大利此時者也。瑪志尼終身未嘗成一事。然其革命暴動之舉。自二十歲以至六十歲。凡四十年間。無一日不口講指畫伺隙而實行也。加里波的。敗於始成於中而敗於終。其目的之極點。一日未得達。則一日不肯休。前後被逮十數次。無所於悔。無所於懼。而一惟貫徹其所志之爲務。加富爾足智而持重。事必求可。功必求成。然其失敗之役亦屢見不一見。愈摧而愈堅。愈拂而愈勇。至死之日。猶耿耿以未立之志爲念。忍辱負重爲成功不二法門於三傑見之矣。天下事順與逆相倚。難與易相乘。一事之始末。其順焉易焉者只有此數。其逆焉難焉者亦只有此數。卑屈怯懦之徒。一遇逆難而遂退轉焉。則事無論小大。而無一可成。而豈知過此逆而難之一關頭。則必有順而易者之在其後。苟一退轉。則並其前途之順者易者而失之也。故堅忍精進爲學三傑之第四義。

善哉善哉善男子。彼三傑者。閱歷甚深。學養有素故。是故當學。瑪志尼之事業。由於其哲學之深邃。理想之高尚。其主義言論所以能動天下。皆賴是也。加富爾之事業。自彼漫游英國時所察驗。臥隱黎里時所經歷。後此內治外交。皆舉而措之也。加里波的之事業。由彼在南美時。經百戰歷萬難。有以習於行軍之術。鍊其膽而神其用也。凡欲救國者。不可無其具。農夫出疆。猶不能舍耒耜。市儈營業。猶不能無資本。學問閱歷者。實吾輩之耒耜之資

本也。日言愛國而不汲汲於此措意。惟摭拾一二空論高談雄辯以爲快者。非欺人即自欺也。故預備工夫爲學（六）

三傑之第五義。

要而論之。彼三傑之人格。自頂至踵。無一指一髮而無可以崇拜之價值。此五端者。不過對吾儕之缺點而舉之。以相勸勉相警勵云爾。嗚呼。我輩勿妄菲薄我祖國。勿妄菲薄我眇躬。苟吾國有如三傑其人者。則雖時局艱難。十倍於今日。吾不必爲祖國憂。彼意大利之衰象困象險象。夫豈在吾下也。苟吾躬而願學三傑其人者。則雖才力聰明遠下於彼等。吾不必爲眇躬怯。舜何人予何人。有爲者。亦若是也。抑意大利有名之三傑。而無名之傑尚不啻百千萬。使非有彼無名之傑。則三傑者又豈能以獨力造此世界也。吾學三傑不至。猶不失爲無名之傑。無名之傑徧國中。而中國遂爲中國人之中國焉矣。

飲冰室專集之十二

近世第一女傑 羅蘭夫人傳

『嗚呼。自由自由。天下古今幾多之罪惡。假汝之名以行。』此法國第一女傑羅蘭夫人臨終之言也。

羅蘭夫人何人也。彼生於自由。死於自由。羅蘭夫人何人也。自由由彼而生。彼由自由而死。羅蘭夫人何人也。彼拿破侖之母也。彼梅特涅之母也。彼瑪志尼噶蘇士俾士麥加富爾之母也。質而言之。則十九世紀歐洲大陸一切之人物。不可不母羅蘭夫人。十九世紀歐洲大陸一切之文明。不可不母羅蘭夫人。何以故。法國大革命爲歐洲十九世紀之母故。羅蘭夫人爲法國大革命之母故。

時則距今百五十年前。實西曆一千七百五十四年三月十八日。於法蘭西之都巴黎之市。般奴佛之街。金銀彫工菲立般之家。有一女兒。揚呱呱之聲以出現於此世界。是卽瑪利儂名菲立般姓女士。而未來之羅蘭夫人也。其家本屬中人之產。父性良懦。母則精明有丈夫氣。父母勤儉儲蓄。爲平和世界中一平和市民。以如此之家而能產羅蘭夫人如彼之人物。殆時勢產英雄。而非種姓之所能爲力也。稍長受尋常社會之教育。雖然。彼以絕世天才。富於理解力想像力。故於規則教育之外。其所以自敎自育者。所得常倍蓰焉。年十歲。卽能自讀一切古籍。每好讀耶穌使徒爲道流血之傳記。亞剌伯土耳其內亂之劇本。文家旅行游歷之日記。荷馬但丁之詩歌。而尤愛者爲布爾特奇之英雄傳。按布爾特奇 Plutarch 羅馬人。生於西歷紀元後四五十年頃。其所作英雄傳。傳凡五十人。皆希臘羅馬之大軍人大政治家大立法家。而以一希臘人一羅馬人兩兩比較故共得二十五卷每卷不下萬餘言實傳記中第一傑作也其感化人鼓舞人之力最大近世偉人如拿破侖俾士麥皆酷嗜之拿破侖終身以之自隨無一日不讀殆與羅蘭夫人等也常置身卷裏。以其中之豪傑自擬。每從父母到教堂祈禱。必手此書偷讀焉。往往自恨不生二千年前之斯巴達雅典。則掩卷飲泣。父母詑之而不能禁也。彼其兄弟姊妹六人。不幸悉殤夭。故夫人少年之生涯。極寂寞之生涯也。惟寂寞故。故愈益求親友於書卷之中。感情日以增。理想日以邃。彼後日寄其夫羅蘭一書有云『妾之多感。殆天性然矣。生長於孤獨教育之中。愛情集注一點。愈熾愈深。歌哭無端。哀樂奔會。當尋常兒女忙殺於游戲。衎衎於飲食之頃。而妾往往俯仰天地。常若有身世無窮之感』云云。其少年奇氣。觀此可見一斑矣。

彼之熱心。先注於宗教。十一歲得請於父母。入尼寺（天主教之信女不嫁者所居也）以學教理者一年。出寺養於外祖母家者又一年。乃始歸家。以彼之慈愛謙遜敏慧。故舉家愛之。親友慕之。如是度平和之歲月者有年。

雖然。外界之生涯。則平和也。而其內界之精神。忽一大革命起。當時法國政界革命之前驅。所謂思想界革命者。已膚寸出沒。起於此女豪傑有生以前。至是愈漲愈劇。無端而滲入此平和家庭之戶隙。而彼神經最敏之一少女。已養成一種壯健高尚之原動力於不知不覺之間矣。彼其日以讀書窮理為事。已自悟遺傳權威習慣等為社會腐敗之大本。日益厭之。日益思破棄之。常有一種自由獨立不傍門戶不拾唾餘之氣概。於是乎其革命亦先自宗教起。彼於新舊約所傳摩西耶穌奇蹟。首致詰難。以為是誕妄不經之說。教會神甫勸讀耶教證據論等書。反覆譬解。彼一面讀之。又一面讀懷疑派哲學之學說。虛論不敵實理。彼女當十六七歲頃。終一掃宗教迷信之妄想。但不欲傷慈母之意。故猶循形式。旅進旅退於教會。蓋其磊落絕特之氣概。苟認為道理所否定者。雖臨以雷霆萬鈞之力。不能奪其志而使枉所信。彼之特性則然也。其後此所以能以纖纖一弱女之身。臨百難而不疑。處死生而不屈。放一文明燦爛之花於黑魆魆法國大革命之洞裏者。皆此精神此魄力爲之也。

彼其讀「布爾特奇」（布爾特奇英雄傳省稱布爾特奇泰西學界之常語也）而心醉希臘羅馬之共和政治。又竊睨大西洋彼岸模倣英國憲法新造之美國。而驚其發達進步之速。於是愛平等愛自由愛正義愛簡易之一念。漸如然如沸以來往於彼女之胸臆間。雖然彼之理想則然耳。至於言實事。彼固望生息於革新王政之下。爲王家一忠實之臣民。路易十六之卽位也。彼以爲維新之大業可以就。人民之幸福可以期。千七百七十五年。麵包之亂。彼猶咎國人之急激。而袒政府之政策。蓋彼慈愛之人。非殘酷之人也。樂平和之人。非好暴亂之人也。嗚呼。自古革命時代之仁人志士。何一非高尚潔白之性質。具視民如傷之熱情。苟非萬不得已。夫豈樂以一身之血與萬衆之血相注相搏相糜爛以爲快也。望之無可望。待之無可待。乃不得不割慈忍愛。茹痛揮淚以出於此一途。嗚呼。以肫肫煦煦之羅蘭夫人。而其究也乃至投身於千古大慘劇之盤渦中。一死以謝天下。誰爲之。而令若此。

未幾與羅蘭（名）福拉底（姓）結婚。羅蘭者。里昂市人。全恃自力以自造福命之人也。十九歲。卽孑身遊亞美利加。復徒步游歷法國一周。其後爲亞綿士之工業監督官。常著書論工商問題。嘖嘖有名於國中。好旅行。好讀書。宅心誠實。治事精嚴。操行方正。自奉質朴。然自信力甚强。氣魄極盛。亦自幼心醉共和政治。故與瑪利儂夙相契。至千七百八十年。乃舉結婚之禮。時羅蘭四十五歲。瑪利儂二十五歲。自此瑪利儂以羅蘭夫人之名。轟於世。

羅蘭夫人之生涯。以險急而終。以平和而始。結婚後二年。舉一女子子。未幾羅蘭遷里昂市工業監督官。舉家移於里昂。羅蘭之學識人物。大爲此地所尊敬。時當里昂工商業衰頽之極。羅蘭汲汲講整頓恢復之策。常有所論著。發表己見。輿望益高。而夫人實一切左右其間。羅蘭之著述。無一不經夫人之討論筆削。猶復料理家事。撫育幼女。又以餘力常從事於博物學植物學。蓋羅蘭夫人之一生。最愉快最幸福者。惟此四五年。

雖然。天不許羅蘭夫人享家庭之幸福以終天年也。法蘭西歷史世界歷史必要求羅蘭夫人之名以增其光燄也。於是風漸起。雲漸亂。電漸迸。水漸湧。譆譆出出！法國革命嘘嘘咄咄!!法國遂不免於大革命!!!

其時之法國。承路易十四十五兩朝之後。所播之禍種已熟。新王路易十六。旣有不得不刈其祖父餘殃之勢。火山大爆裂之期將近。此處見一縷之煙。彼地聞陰陰之響。大亂固已不可避。而新王之柔懦不能調和此破裂而反激之。雖有賢相尼卡亞。見事不可爲。引身而退。於是國王之優柔。內廷權奸之跋扈。改革之因循。賦斂之煩重。生計之窘迫。種種原因。相煎相迫。人民之忍之也。一次復一次。其待之也。一年復一年。卒乃於千七百八十九年。破巴士的之獄。解放罪犯。而革命之第一聲始唱。

巴士的破獄之凱歌。卽羅蘭夫人出陣之喇叭也。夫人以慧眼觀察大局。見尼卡亞之舉動。國會之舉動。無一可以躊躇滿志者。乃距躍忽起。以爲革命既起。平生所夢想之共和主義。今已得實行之機會。夫人非愛革命。然以愛法國故。不得不愛革命。彼以爲今日之法國已死。致死而之生之。舍革命末由。於是夫妻專以孕育革命精神弘布革命思想爲事。羅蘭首創一里昂俱樂部。夫人自著鼓吹革命之論說。撮集盧梭人權論之大意。印刷美國布告獨立文。無夙無夜。自攜之以散布於遠近。於是所謂羅家小冊子者。如雨如霰。散落於巴黎里昂之間。友人布列梭創一愛國報於巴黎。友人占巴尼創一自由報於里昂。夫人皆爲其主筆。呼風喚雨。驚天動地。號神泣鬼。駭龍走蛇。而法國中央之氣象一變。

千七百九十一年。里昂市以財政困難之故。乞援助於國會。羅蘭被舉爲委員。於是夫妻相攜。留滯巴黎者七閱月。彼等之到巴黎也。其旅館忽爲志士之公會場。友人布列梭比的阿布科羅拔士比等。相率引同志以相介紹。每間日輒集會於羅氏之寓。夫人於彼時其舉動如何。彼嘗自記曰『余自知女子之本分。故雖日日於吾前開集會。吾決不妄參末議。雖然諸同志之一舉一動一言一議。吾皆諦聽牢記無所遺漏。時或欲有所言。吾必嚙吾舌以自制。』云云。嗚呼當此國步艱難之時。袞袞英俊。圍爐抵掌。以議大計。偶一瞥眼。則見彼眉軒軒目炯炯。風致絕世。神光逼人。口欲言而唇微囓。眼屢閃而色逾厲之一美人。監督於其側。夫人雖强自制。而其滿腔之精神。一身之魔力。已隱然舉一世之好男兒而盧牟之亭毒之矣。

此七月間旣偏交諸名士。加盟於所謂同胞會者。又屢聽俱樂部之演說。與國會之討論。夫人憾革命進行之遲緩也。則大憤激。乃致書於布列梭曰『我所愛之士亞羅乎。（按士亞羅者羅馬民政之領袖也當時羅蘭夫人及其同志以心醉共和政治故往復書簡常以希臘羅馬共和時代之名人相呼）盍投卿之筆於火中。翩然以入於草澤乎。今之國會。不過腐敗壓抑之一團塊耳。今日之內亂。早已非凶事。我等固死也。有內亂或猶得而蘇甦之。今也無內亂則無自由。我等猶懼內亂耶。猶避內亂耶。』此實夫人當時急進之情形也。夫人旣怒國會之因循。遂憤然不復入傍聽席。其年六月。路易第十六竊遁去。被捕而再歸巴黎。夫人以爲當時當實行革命。而猶不實行。嗟惋益甚。竊歎息曰『我等今日必不可無一度革命。雖然。人民其果猶有此魄力與否。吾甚疑之。』自是怏怏然偕其夫共歸里昂。歸途撤布羅拔士比之革命檄。以激大衆。

夫妻歸里昂之月杪。解散國會。而別開所謂立法議會者。以七百四十五名之新議員組織而成。同時工業製造官之缺裁撤。羅蘭乃專從事筆舌。益盡瘁於愛國之業。十二月。舉家移於巴黎。

彼時法國之大權。全在立法議會之手。而議會中實分三派。一爲平原派。以其占坐席於議場平坦之地。故得此名。實平凡之人物所結集也。二曰山嶽派。以其占議場之高席。故有此名。實極端急激派。而此後以血塗巴黎之人。如羅拔士比丹頓馬拉亞輩。皆此派之錚錚者也。三曰狄郎的士派。以其議員多自狄郎的士之地選出。故有此名。此派當時最有勢力。布列梭布科魯卡埃諸賢。皆出於此中。其人率皆受布爾特奇英雄傳及盧梭民約論之感化。年少氣銳。志高行潔。以如鏡之理想與如裂之愛國心相結。而鼓吹之操練之指揮之者。實爲羅蘭夫人。狄郎的士派之黨魁。名則羅蘭。實則羅蘭夫人。此歷史家所同認也。

至是內外之形勢益急。禍迫眉睫。彼奄奄殘喘之路易第十六。乃不得不罷斥誤國舊臣。而代之以民黨。於是羅蘭以輿望所歸。被舉爲內務大臣。時千七百九十二年三月。夫妻受命移居於官邸。羅蘭之入謁內廷也。服常服。戴圓帽。履舊靴。如訪稔熟之親友者然。宮中侍者。莫不失驚。

昔也地方一小商務官之妻。今也爲將傾之路易朝內務大臣之夫人。羅蘭夫人之勢力。至是益盛。其家常爲狄郎的士黨之集會所。夫人日則招集諸黨派。夜則鞠躬盡瘁。以助良人之職務。羅蘭每與其同僚有所計議。必請夫人同列其席。內務大臣公案上。狼籍山積之重要文牘。一一皆經夫人之手。然後以下諸秘書官。凡提出於議會及閣議之報告書。皆由夫人屬草。凡政府出刊之官報。皆由夫人指揮其方針監督其業務。使當時新政府之動力日趨於共和理想者。皆羅蘭夫人爲之也。法國內務大臣之金印。佩之者雖羅蘭。然其大權實在此紅顏宰相之掌握中矣。

羅蘭夫人以爲改革之業。決非可依賴朝廷。故他人雖或信路易。夫人決不信之。彼嘗言曰『吾終不信彼生於專制之下以專制而立之王能實行立憲政治。』羅蘭之初為大臣也。見路易。則欣欣然有喜色。歸語夫人。夫人曰『君其被愚矣。政府不過一酒店耳。大臣不過王之一傀儡耳。』夫人不獨疑王也。無論何人。凡與貴族黨有關係者皆疑之。時有一老練之外交家焦摩力者。引其友以見夫人。既退。夫人語人曰『彼輩諸好男兒而有愛國之容。口多愛國之語。以吾觀之。彼等非不愛國也。雖然。愛國不如其愛身。吾不願我國中有此等人。』

以眇眇一羅蘭夫人。驅其夫。驅其他諸大臣。驅狄郎的士全黨。使日與王路易相遠。至是年六月。而王與新政府之衝突已達於極點。先是四月已與奧大利宣戰。戰不利。人心洶洶。而國內頑固教士多不肯誓守新憲法。事機愈紛紛岌岌。政府乃提出二大政策。一曰由巴黎各區募新兵二萬。以防內訌外敵。保衞都城。二曰凡不從憲法之教民。皆放逐之於境外。王路易不許。羅蘭夫人以為狄郎的士黨對於朝廷之嚮背。當以此方案之行否為斷。乃促羅蘭聯合閣員上書於王。言若欲安國家利社稷。宜速實行此案。不然。則臣等惟有乞骸骨。不復能為王驅驅矣。此奏議文筆精勁。詞理簡明。論者謂法蘭西史中公牘文字。以此為第一云。其屬稿者。實羅蘭夫人也。果也路易第十六剛愎自用。至六月十一日。新政府遂總辭職。

革命之勢。愈劇愈急。至八月初十日。路易第十六終被廢。幽閉於別殿。王政已倒。共和已立。立法議會一變為民選議院。遂新置行政會議。羅蘭亦復任內務行政官之職。廢王之舉。倡之者山嶽黨也。而狄郎的士黨亦贊成之。羅蘭夫人之理想。今已現於實際。以為太平建設。指日可待。豈意一波未平。一波又起。前門拒虎。後門進狼。在上之大敵已斃。而在下之大敵羽翼正成。今也羅蘭夫人遂不得不投其身於己所造出之革命急潮中。而被裹被挾被捲以去。

河出伏流。一瀉千里。寧復人力所能捍禦。羅蘭夫人既已開柙而放出革命之猛獸。猛獸噬王。王斃。噬貴族。貴族斃。今也將張牙舞爪以向於司柙之人。夫人向欲以人民之勢力動議會。今握議會實權者。人民也。飲革命之醉藥而發狂之人民也。夫人夙昔所懷抱。在先以破壞。次以建設。一倒專制而急開秩序的之新天地。雖然。彼高掌遠蹠之革命巨靈。一步復一步。增加其速力。益咆哮馳突。以蹂躪蹴踏眞正共和主義之立脚地。不及一月而羅蘭夫人及狄郎的士黨諸名士。皆漸不得不與巴黎之衆民爲敵。當此之時。其勢力可以彈壓衆民者。唯有一人。曰丹頓。丹頓者。山嶽黨之首領。而行政會議之一員。與羅蘭同僚者也。其在民間輿望最高。其資格正可以當此難局。雖然。羅蘭夫人不喜其人。謂其太急激。不適於今日之用。以爲必拒絕此同盟。然後狄郎的士黨之黨勢乃可以得安全。蓋夫人乃單純之理想家。闇於實用。故執拗若是。是亦無足爲怪者。丹頓初時熱心成就此同盟。每日必詣夫人之應接室。每官僚會集。常先期而至。至八月之末。共知同盟必不能就。遂相絕不復至。於是與暴民爲敵之羅蘭夫人黨。不得不更敵暴民之友之山嶽黨。

彼法蘭西史上以血題名之山嶽黨。以此年九月初旬屠殺巴黎獄中王黨之囚人。以爲無政府魔神之犧牲。至是羅蘭夫人始知爲山嶽黨所賣。月之五日。夫人與一書於友人曰。『我等今已在羅拔士比瑪拉等之刀下。』其九日復致一書曰。『吾友丹頓君。革命之公敵也。彼以羅拔士比爲傀儡。以瑪拉爲羽翼。握短刀。持藥線。以刺爆國民。嗚呼。妾之熱心於革命。卿所知也。雖然。妾恥之。革命之大義。爲無道之豎子所汚黠。革命實可厭也。數十年所經營。而今日使我國終於此地位。吾實恥之。』可憐志高行潔而迂於世務之狄郎的士黨。遂爲山嶽黨所掩襲。自茲以往。巴黎亂民與山嶽黨。以百丈怒潮之勢。猛撲彼共和之城。其立於城上之羅蘭夫人及狄郎的士黨遂不得不爲此狂濤駭浪之所淘盡矣。

時勢雖日非。而志氣不稍挫。羅蘭夫人愈奮力以鼓舞其麾下諸豪傑。常相語曰『我等今日既不能自救。雖然一息尙存。我等不可以不救我國』其時在議院有布列梭等。在政府有羅蘭等。皆以恢復秩序確立共和制止亂暴爲主義。雖然大事已去。不可復挽。羅蘭夫人之名。爲議院所唾罵。爲瑪拉等主筆之報紙所淩辱。屢構誣辭以陷羅蘭夫妻。常有刺客出入於彼夫妻之閾。至千七百九十三年一月二十一日。山嶽黨遂乘勢弒路易第十六之首於斷頭臺上。雖狄郎的士派爲激烈之大反對。終不可得救。其明日羅蘭遂辭職。

路易之死刑。實狄郎的士黨覆沒之先聲也。彼山嶽黨既久蓄勢力於巴黎市民中。立意先殺王。次刈狄郎的士黨。以快其亂暴專制之志。乃於五月晦日之夜。遣捕吏於羅蘭家。羅蘭聞變脫遁。而夫人遂被逮。以溫辭慰諭愛女及婢僕。乃入於遏比之牢。

夫人之在獄中也。曾無所恐怖。無所頽喪。取德謨遜之詠史詩。布爾特奇之英雄傳。謙謨之英國史。西里頓之字典等。置諸左右。每日誦讀著作。未嘗或輟。時則靜聽巴黎騷擾之聲。每到晨鐘初報。起讀其日之新聞紙。見國事日非。狄郎的士黨之命。迫於旦夕。則歔欷慷慨。淚涔涔下。此時夫人所以自娛者。惟書與花而已。夫人在獄中粗衣惡食。所有金錢。盡散諸貧囚。惟花與書籍。則愛若性命。蓋生平之嗜好然也。夫人幼時。每當讀書入定之際。雖何人若不見。雖何事若不聞。惟屢屢以其讀書之眼。轉秋波以向花叢。此兩種嗜好。至死不衰。

在獄凡二十四日。突然得放免之令。夫人從容辭獄囚。驅車歸家。何圖席尙未煖。忽復有兩警吏躡跡而來。出示一公文。則再逮捕之命令也。於是復入桑比拉志之獄。

凡知天命而自信篤者。舉天下無不可處之境。舉天下無不可爲之時。羅蘭夫人在此獄者凡四閱月。猶時時竊鼓舞其同志氣不少衰。嘗致書於布列梭曰『吾友乎君其毋失望。彼布爾達士在腓列比之野。遂嗒然發「不能救羅馬」之歎。妾之所不取也。』夫人在獄中。益以書與花自遣。又學英語學繪畫時或從獄吏之妻假鳴琴一彈三歎。聽者淚下。時千七百九十三年之秋。革命之狂瀾。轟天撼地。斷頭機厭人之血。布楞河塞人之肉。腥風颯颯慘雨濛濛之時節。而此以身許國之一烈女。在桑比拉志獄中。日長如年。身世安危。久置度外。乃靜念一身之過去。默數全國之將來。遂伸紙吮筆。草著「自傳」「革命紀事」「人物逸話」三書。時有英國維廉女史者。嘗訪夫人於獄中。歸而記其事曰。

羅蘭夫人在桑比拉志獄。於一身境遇。毫無所怨尤。在狹隘之獄室。爲壯快之談論。一如在大臣官邸時也。其案上有書數卷。當余入訪時。適見其讀布爾特奇英雄傳。聲出金石。余方欲有所慰藉。夫人以樂天知命洒然自得之義告余。及最後。余問及其十三歲之愛女之消息。則夫人忽飲淚。幾哽咽不能成聲。嗚呼。夫孰知轟轟烈烈威名震一世之羅蘭夫人。其多情其慈愛有如此也。

十月三十一日。卽狄郞的士黨之名士二十二人殉國之日。夫人自桑比拉志獄移於康沙士黎獄。自是受鞫訊者數次。其最後公判之前日。有某律師欲爲夫人辯護者。訪之於獄中。夫人以己之命運已定。勸以勿爲無益之辯護。徒危其身。脫指環以謝之。

其明日爲最後公判之日。夫人著雪白之衣。出於法廷。其半掠之髮。如波之肩。澄碧之兩眼。與雪衣相掩映。一見殆如二十許妙齡絕代之佳人。法官以種種之僞證。欲誣陷夫人。夫人此際之答辯。實法蘭西革命史。中最悲壯之文也。其大旨以狄郎的士黨之舉動。俯仰天地。無所愧怍。最後乃昌言曰。

凡真正之大人物。常去私情私慾。以身獻諸人類同胞。而其報酬則待諸千載以後。余今者謹待諸君之宣告。無所於悔。雖然正人君子獻身於斷頭臺之日。是即正人君子置身於凱旋門之日也。今日此等汚濁混亂以人血為酒漿之世界。余甚樂脫離之。無所留戀。余惟祝我國民速得真正之自由。蒼天蒼天。其眷然下顧。以救此一方民哉。

此熱誠切摯之言。彼非法之法官聞之。皆咋舌不知所對。卒以預聞隱謀。不利於共和政體。宣告死刑。夫人肅然起立曰。

諸君肯認余為與古來為國流血之大人物有同一價值乎。余深謝諸君。余惟願學彼大人物從容就義之態度。毋為歷史羞。

是日歸至獄中。收攝萬慮。作書數通。以遺親友。其所與愛女書之末句云『汝宜思所以不辱其親者。汝之兩親。留模範於汝躬。汝若學此模範而有得焉。其亦可以不虛生於天地矣。』

翌日為千七百九十三年十一月九日。羅蘭夫人乘囚車以向於斷頭臺。其時夫人之胸中。浮世之念盡絕。一種清淨高尚不可思議之感想。如潮而湧。羅蘭夫人欲記之。乞紙筆而吏不許。後之君子憾焉。

泰西通例。凡男女同時受死刑。則先女而後男。蓋免其見前戮者之慘狀而戰慄也。其日有與羅蘭夫人同車來之一男子。震慄無人色。夫人憐之。乃曰『請君先就義。勿見余流血之狀以苦君。』乃乞劊手一更其次第云。嗚呼。其愛人義俠之心。至死不渝。有如此者。雖小節亦可以概平生矣。

刀下風起血迸。一個之頭已落。夫人以次登臺。猛見臺上一龐大之神像。題曰自由之神。夫人進前一揖而言曰。

嗚呼。自由自由天下古今幾多之罪惡假汝之名以行。

如電之刀一揮。斷送四十一年壯快義烈之生涯。於是羅蘭夫人遂長爲歷史之人。夫人殉國後。其一婢一僕自投法廷。請從夫人以死。夫人殉國後。狄郎的士黨名士布列梭昏絕不省人事者經旬。夫人殉國後數日。由巴黎至盧安之大道旁。有以劍貫胸而死者。則羅蘭其人也。

新史氏曰。吾草羅蘭夫人傳。而覺有百千萬不可思議之感想。刺激吾腦。使吾忽焉而歌。忽焉而舞。忽焉而怨。忽焉而怒。忽焉而懼。忽焉而哀。夫法國大革命。實近世歐洲第一大事也。豈惟近世。蓋往古來今。未嘗有焉矣。豈惟歐洲。蓋天下萬國。未嘗有焉矣。結數千年專制之局。開百年來自由之治。其餘波亙八十餘年。其影響及數十國士。使千百年後之史家。永以爲人類新紀元之一記念物。噫。何其偉也。而發起之者。乃在一區區纖纖之弱女子。吾壹不解羅蘭夫人有何神力。乃能支配狄郎的士全黨。支配法蘭西全國。且支配歐羅巴全洲百年間之人心也。嗚呼。英雄造時勢耶。時勢造英雄耶。吾以爲必有能造出「造時勢之英雄」之時勢。然後英雄乃得有所造。不然。羅蘭夫人以如彼多情。如彼慈善之絕代佳人。當路易十六卽位之始。且殷殷望治。謳歌政府政策者。何以卒投身於最慘最劇之場。以不悔也。雖然。羅蘭夫人竟以是死。夫旣以身許國矣。則死國事者。夫人之志也。乃其不死於王黨。不死於貴族黨。而死於平民黨。不死於革命失敗之時。而死於革命告成之後。則非夫人之志也。夫人能造時勢。而何以能造之使動。不能造之使靜。能造之使亂。不能造之使平。曰。是由民族之缺點使然。不足爲夫人咎也。竊嘗論之。法國千七百八十九年之革命。與英國千六百六十年之革命。其事最相類。其禍機伏於前王專制時代相類也。（英之有額里查白女皇。猶法之有路易十四也。）其激變由於今王之僞改革相類也。其動力起於王與議會之爭相類也。其王逃而被獲。獲而被弑相類也。革命後改爲共和政治相類也。共和政治旋立旋廢相類也。惟其國民幸福之結果。則兩國絕異。英國革命之後。則憲政確立焉。民業驟進焉。國威大揚焉。法國革命後。則演成恐怖時代。長以血跡汚染其國史。使千百年後聞者猶爲之股慄。爲之酸鼻。若是者何也。英國人能自治。而法國人不能也。能自治之民。平和可也。破壞亦可也。平和時代。則漸進焉。破壞時代。則驟進焉。（條頓民族之自治力遠過於拉丁民族故能驟强不獨英法兩國爲然也荷蘭與比利時同居奈渣蘭半島同經三十七年戰爭之亂而荷蘭人於戰後民生日優國運日强比利時則彫落無復舊觀日耳曼與意大利同在南歐其建國情形亦相類而德國今爲世界第一等强國意國則薾然不能有所進皆條頓拉丁兩族得失之林也）不能自治之民。則固不可以享平和。亦不可以言破壞。平和時代。則其民氣惰而國以敝。破壞時代。則其民氣囂而國以危。孔子曰。爲政在人。豈不然哉。故以無公德無實力之人民。而相率以上破壞之途。是不啻操刀而割其國脈也。然則相率馴伏以求平和可乎。曰是又安能。世界政治之進化。既已進入第二級。其風潮固欲避不可避。而豈能以一二人之力捍之。事機既迫於無可望。平和亦敝。破壞亦敝。此孔明所以有「與其坐以待亡孰若伐之」之論也。不然。法國大革命之慘痛。雖以今日百年以後。我遠東之國民聞之猶且心悸。豈其當時歐洲列國而無所鑑焉。而何以全歐洲紛紛步其後塵。直至十九世紀下半紀。而其風猶未息也。蓋民智一開。人人皆自認其固有之權利固有之義務。則有非得之非盡之而不能安者。使當時法之王法之貴族而知此義也。則法國何至有此慘劇。使後此歐洲各國之君主貴族而知有此義也。則後此歐洲各國何至有此慘劇。彼其君主。彼其貴族。既不知此義矣。使其民復相率馴伏以求平和焉。則歐洲各國。亦至今爲中世之黑暗時代而已。乃往車已折。而來軫方遒。歐洲中原之各君主貴族。未嘗不知查理士第一路易第十六之事。而偏欲躡其後以弄威福於一日此所以擾攘亙七八十年而未艾也。嗚呼。有讀羅蘭夫人傳者乎。其在上位者。持保守主義者。當念民望之不可失民怒之不可犯也如彼苟其偷安苟且彌縫掩飾朘削無已箝制屢行則必有如法國一日中刑貴族王黨千餘人斷屍徧野慘血塞渠乃至欲求為一田舍翁而不可得上蔡黃犬華亭鶴唳能勿驚心。自造此因自刈此果豈人力之所能避也。其在下位者。持進取主義者。當念民氣之既動而難靜民德之易渙而難結也如此。苟無所以養之於平日。一旦為時勢所迫。悍然投其身投其國於孤注一擲則必有如法國當日互相屠殺今日同志明日仇讐爭趨私利變成無政府之現象雖有一二志芳行潔憂國忘身之士而狂瀾又安能挽也。嗚呼。破壞之難免也如彼。破壞之可懼也又如此。人人不懼破壞而破壞遂終不能免矣。何也。上不懼破壞則惟愚民焉壓民焉自以為得計而因以胎孕破壞。下不懼破壞則以談破壞為快心之具弁髦公德不養實力而因以胎孕破壞。然則欲免破壞舍上下交相懼其奚術哉。嗚呼。念銅駝於荊棘。能不愴然。見披髮於伊川。誰為戎首。羅蘭夫人。羅蘭夫人。魂兮有靈。當哀鄙言。

飲冰室專集之十三

新英國巨人克林威爾傳

敘論

游英國國會之下議院。見其堂之中央有巍巍然一絕大之畫像。氣宇嚴整。精神峭健。隆準而深赤。左目上點一黑子。髮鬖鬖垂背際者。誰乎。則克林威爾其人也。克林威爾何人。彼十七世紀革命之健兒。英國王室之大敵。親鞫暴君查理士第一而誅之者也。今英王臨議院時。日對此前代跋扈將軍之遺像。猶將出入必式。竭誠盡敬。以吾東方人之眼視之。以吾東方人之臆測之。其殆不可思議乎哉。其殆不可思議乎哉。顧克林威爾果有何魔力而使全英人民馨香之歌舞之崇拜之若此。

吾儕每讀史。每讀政治學書。輒有一國焉使吾敬慕之情突浮現於腦際者。誰乎。必英吉利也。何以故。英吉利爲民政之祖國。其立憲政治爲世界之模範。故吾儕每繙地圖。讀地志。必有一國焉使吾羨妒之情勃鬱而不能自制者。誰乎。必英吉利也。何以故。英吉利之國旗。橫絕大地。舉日所出入。無不有此大帝國之痕跡。故吾以此兩種感情。故吾每一讀史。一讀政治學書。一讀地圖地誌。而輒有聯想而及之一巨人突兀於吾前。其人爲誰。則克林威爾也。無克林威爾。則英國無復今日之立憲政治。無克林威爾。則英國無復今日之帝國主義。克林威爾者實英國羣雄之雄。而盎格魯撒遜民族獨一無二之代表也。

國民不可不崇拜英雄。此蘇國詩人卡黎爾之言也。卡黎爾曰『英雄者上帝之天使。使率其民以下於人世者也。凡一切之人不可不跪於其前。爲之解其靴紐。質而論之。宇宙者崇拜英雄之祭壇耳。治亂興廢者壇前燔祭之煙耳。』嘻。殆非過言。殆非過言。徵諸古今東西之歷史。凡一國家一時代社會之汚隆盛衰。惟以其有英雄與否爲斷。惟以其國民之知崇拜英雄與否爲斷。吾於法國大革命。而見無英雄之時代也。奈何其以驚天動地之大事業。卒以恐怖政治武人政治爲終局。龍其頭而蝎其尾也。吾於蘇格蘭之清教徒。而見無英雄之時代也。奈何其以同志而自相踐踏。卒被敵人征服之於棼棼泯亂之間也。然則吾將皇皇焉求英雄。夢英雄。吾以環游地球之目。旅行於數千年歷史中。吾遇摩西。吾遇摩訶末。預言之雄也。其人高。吾遇索士比亞。吾遇但丁。吾遇彌兒頓。詩歌之雄也。其人深遠。吾遇波爾。吾遇路德。吾遇諾士。宗教之雄也。其人勁烈。吾遇約翰遜。吾遇盧梭。吾遇本士。文學之雄也。其人奇若夫政治之雄。戰陣之雄。其姓名錯錯落落於歷史上。大者小者。正者奇者。成者敗者。殆不下百數十。而眞使吾儕有崇拜之價値者。幾何人哉。自羅馬大帝康士但丁以後。歷一千六百年。大小二百八十餘戰。人民爲治亂之犧牲。土地爲政府之墳墓。舉汗牛充棟之歷史。殆可一括以「相斫書」三字。雖然。遂不獲見一義戰。遂不獲見一英雄。彼以帝王之名而戰者果何物。彼以宗教之名而戰者果何物。抑彼以人民之名而戰者果何物。僞善之世。黑闇之代。萬事皆一戲劇耳。所謂仁君。所謂忠臣。所謂俠士。所謂熱信。一旦洗落其塗畫之假臉。剝去其優孟之衣冠。則除獸性野心之外。一無復存者。吾旅行於昏昏長夜中者千餘年。吾乃遇克林威爾。吾安得不拜。吾安得不拜。

拜英雄者必拜其本色。吾拜華盛頓。吾拜林肯。吾拜格蘭斯頓。拜其爲成功之英雄也。吾拜維廉額們。吾拜噶蘇士。吾拜瑪志尼。拜其爲失敗之英雄也。雖然。吾不拜拿破侖。不拜俾士麥。不拜加富爾。何也。其表可拜。而其裏之可拜與否。非吾所敢言也。若克林威爾之歷史。則披腸瀝臟以捧現於吾前。吾拜之。吾拜之。吾五體投地拜之。雖然。此吾儕之感情耳。若夫二百年來鄉愿之史家。其所上克林威爾之徽號。則曰亂臣。曰賊子。曰奸物。曰兇漢。曰迷信者。曰發狂者。曰猛獰之專制者。曰陰險之僞善者。茸茸焉集矢其如莽也。顧吾謂克林威爾之所以爲英雄。所以爲代表英人種之英雄。所以爲卓絕萬古之英雄。則正以其能使百千萬鄉愿之史家目彼爲亂臣爲賊子爲奸物爲兇漢爲迷信者爲發狂者爲專制者僞善者之故。彼行其所信。而不惜現亂臣賊子奸物兇漢迷信者發狂者專制者僞善者之身以自污。彼之現此身也。則磊磊落落。不復自掩飾。以求使人諒其非亂臣非賊子非奸物非兇漢非迷信者發狂者專制者僞善者。嗚呼。東西古今之英雄。其名而亂臣賊子奸物兇漢迷信發狂專制僞善其實者何限。而彼等顧不肯尸此徽號。而獨以讓諸克林威爾。克林威爾之所以爲英雄者在此。克林威爾之所以爲聖賢者亦在此。

語曰。蓋棺論定。吾見天下有棺已朽而論猶未定者。若克林威爾是其例也。彼其人物之眞價值。歷二百年。當至今日。始漸爲其本國人民之所認識。近數十年來。非笑之聲。殆爲謳歌之聲所掩盡矣。而彼後進國之評論家。猶或拾百年以前之牙慧。相隨以爲吠影吠聲之語。若是者於克林威爾則何損焉。克林威爾嘗使畫工爲圖其形。畫工見其左目上黑子不適於美觀也。爲闕去之。彼諦視。乃呵畫工曰。『畫我當畫如我者。』Paintme as I am 蓋其生平不欲一毫有所掩飾。不欲以一毫虛假之相以與天下相見也。夫克林威爾一生之言論行事。豈不歷歷在人耳目耶。彼鄉愿之史家與我輩皆得同讀之同見之。若者爲大醇若者爲大疵章章明甚也。公等之所以訢病克林威爾者。不過徒見其左目上之黑子而已。使克林威爾而欲徼譽於公等。則亦何難聽畫師之去其黑子而自示美姿容也。而彼顧不爾。然則克林威爾豈求公等之諱之。又豈求我之讚之。吾願我身化爲恆河沙數一一身中出一一舌。一一舌中發一一音。以辯護克林威爾。雖然於克林威爾何加焉。吾又願公等之身化爲恆河沙數。一一身中出一一舌。一一舌中發一一音。以呪駡克林威爾。雖然於克林威爾又何損焉。

天下事有所私利於己而爲之者。雖善亦惡。何也。彼蓋以行善爲一手段也。無所私利於己而爲之者。雖惡亦善。何也。凡爲一事必有一目的。目的非在私。則必其在公也。惡者亦善。而善者更何論焉。故夫克林威爾非可學者也。苟其學之。則拿破崙學其一體而爲野心。彼得學其一體而爲殘酷。羅拔士比學其一體而爲狂暴。梅特涅學其一體而爲專制。彼克林威爾一生之歷史。苟移以植諸他人。未有不爲天下僇者也。而克林威爾渾金璞玉之人格。舉凡百罪惡。不足以爲汚點於萬一。何以故。彼心目中惟知有國不知有我故。

抑克林威爾。又惟知有我不知有人。何以故。彼自信此國非我不能救故。

惟不知有我也。故不知有利害。惟不知有人也。故不知有毀譽。韓昌黎曰。『今世之所謂士者。一凡人譽之則自以爲有餘。一凡人沮之則自以爲不足。』志行薄弱。而能任天下大事者。吾未之聞。若克林威爾。則一家非之。一國非之。舉世非之。萬世非之。其視之猶蚊蝱也。舍吾身而有利於國。則吾身犧牲焉可也。裂吾名而有利於國。則吾名犧牲焉可也。天下古今豪傑之自信力。未有若克林威爾之偉大焉者也。

史家每以拿破崙比克林威爾。顧拿破崙何敢望克林威爾。彼其內戢大亂相若也。外揚國威相若也。政治之能力相若也。戰爭之才略相若也。雖然。英國之專制政體。由克林威爾發難以摧倒之。法國革命。非拿破崙所自始也。其不逮者一也。拿破崙用政府兵力以起。克林威爾無憑藉而興。其不逮者二也。拿破崙以將官始。以帝王終。克林威爾以下民始。以平民終。（雖爲大統領猶之平民也）其不逮者三也。拿破崙耀武不戢。卒爲俘囚。克林威爾治定功成。國威無損。其不逮者四也。拿破崙死後。法國雖由帝政復爲民政。而國既以敝。克林威爾死後。英國雖由民政復爲王政。而國日以强。其不逮者五也。故吾以爲克林威爾決非拿破崙所能望也。拿破崙功名之士。而克林威爾有道之士也。

吾生平最好言王學。雖然。吾讀傳習錄百徧。讀明儒學案千徧。不如讀克林威爾傳一徧。吾生平最惡言宗教迷信。雖然。吾讀克林威爾傳。吾欲禮拜。吾欲祈禱。吾欲歌讚。詩有之。高山仰止。景行行止。雖不能至。心嚮往之。聞者疑吾爲阿好乎。請讀本傳。

第一章　克林威爾之家世及其幼時

噫嘻。地理之影響於人物。豈不鉅哉。豈不鉅哉。熱天爍地之亞刺比亞。實生摩訶末。玄冰凍雪之北日耳曼。實生路德。凡開拓千古。推倒一世之偉人。其所產之地形勢。往往有異於尋常者。而偉人之性行。亦恆與之相應。若雄健堅忍。陰鬱沈摯之克林威爾。亦其例也。英倫之北。一都會。沿大烏士河之岸。東連沼澤。蘆荻掩地。西北川原雜遝。一望無際。蕭條寂寞。雖在盛夏。猶若凜烈。金風一扇。肅殺氣滿。白草黃日。四顧淒涼。天下之秋。疑悉集此。雖號都會。而其民樸而僿。質而無僞。田野之歌。聞於廛市。嘻。此即英人所常紀念之恆殑頓市。而絕世英雄克林威爾之故鄉也。

克林威爾 Cromwell 名阿利華 Oliver 生於千五百九十九年四月廿五日。實當彼光華紇縵之額里查白女皇中興政治之末運。專制君權已成強弩。人心厭倦。海內騷然之秋也。後此與彼爲大敵之頑固柔脆紈袴公子查理士第一。亦生於其翌年。十七世紀開幕之風雲。如是如是。

克林威爾。英國之名門也。其先世效忠王室。代有名臣。父名羅巴。叔父哈們。皆爲王黨占士第一常行幸其家。說者謂查理士與克林威爾少年時嘗共游戲云。父爲國會議員。爲州內保安委員。有正直之譽。母名額里查白。富家子。年十八。與羅巴結婚。舉子女十人。阿利華其季也。父悉世教育之事。惟母是賴。史家謂克林威爾之性行。受諸母者爲多云。年十七始入中學。是爲初離鄉關入社會之首歲。其年絕世文豪索士比亞沒。史家謂索氏結額里查白朝文學之終。克氏開十七世紀政治之始。一偉人去。一偉人來。實爲代表兩極端者云。十八歲卒業入大學。深好拉丁文。且以數學名。後此敵黨之史家。深文巧詆。至謂其目不識丁。不學無術。吁其善誣也。克林威爾少年之歷史。實最簡單最沈靜之歷史也。欲知其人物之所以養成。宜觀其時代。

第二章　克林威爾之時代

英人常自誇於天下曰『我之民權。自然發生之民權也。』噫。此言信耶。以云非自然也。則民族進化之定例。一非由野蠻之自由。以進入於野蠻之專制。由野蠻之專制。以進入於文明之自由。雖謂凡今世有民權之發達。皆由自然可也。以云自然也。則所謂民權者。何國非經百數十年之呻之囈之哭以達之。擲百千萬人之汗之淚之血以易之。而英國其亦安能免也。吾請語克林威爾以前之英國史。

當千五百八十八年。西班牙艦隊之蔽海入寇。氣吞三島也。以額理查白女皇之威靈。一舉而殲滅之。赫赫國旗。輝映於凱歌聲裏。英國國民恨不得自頂至踵捧而呈之於「焦陀」Tudors 王朝之脚下。其時制度文物悉大發達。黃金時代之頌聲。徧於國中。國會虛設若贅疣焉。英之有額里查白。其猶法之有路易十四。中國之有乾隆也。其時君權達於極點。而國民政治能力殆消滅以盡。雖然。平陂往復。人事之常。專制之氣燄既極盛。人民厭倦呻吟愁懟之聲。徧伏於草莽。而所謂達官貴族者。益復酣嬉墮落。道德思想掃地。及其末年。而反動力遂漸起。此爲克林威爾事業之遠因。

使額理查白而能長在王位也。彼以其女性之才略。陰柔之手段。猶可以操縱國會。籠絡輿情。以講挽救之策。乃未幾而女王卽世。「士跳活」Stuart 家最初之二王。闇愚無識。不能消禍未萌。乃反從而煽之。於是不平之聲始瀰漫全國。千六百三年。占士第一卽位。其時新舊兩教之衝突日劇日烈。彼忠勇純潔之淸教徒。揭櫫人權自由正義回復之旗幟。以奔走呼號者。所在皆是。民間之所謂「非政府黨」者。已巋然組織成一鞏實之團體。權力日以益張。國會亦常爲激烈之抗議。正如爆藥滿地。待線乃迸。使占士而賢也。能取前王所欲許未許之民權。一舉而畀之。則國民多年之期。可以慰藉。而革命可以消弭。占士不悟。怙其積威。反以君權天受神聖不可侵犯之謬論。宣諸議會。謂國民無論貴賤。苟有抗此主義者。卽坐以大不敬之罪。於是民情憤怨。洶洶相告語曰。『國王謀叛』『國王大逆不道』。破壞之機。徧國中矣。此爲克林威爾事業之中因。

其時國會下議院之代議士分兩派。曰政府黨。曰非政府黨。非政府黨復分爲二。一爲各地自由民所選舉之有力紳商，一爲高材碩學之士由各地方團體選出者。國會與政府之衝突，自前王時已開其端。所謂「國會特權」問題，經幾度議會，猶未能決。王之辱詈鞭撻國會也，不遺餘力；國會之彈劾近侍攻擊權貴也，亦不遺餘力。競爭之極，乃卒逮捕清敎徒之領袖數人下獄瘦死，至有所謂火藥隱謀之事件起。

自千六百六年至七年，凡開國會者六月，因英蘇聯合問題與王反對。千六百九年二月，復極論王之專制，全院一致提出議案，直鳴王抑壓言論自由陰謀不軌之罪。千六百十一年，國會又被解散。

千六百十年之國會，所謂無爲國會也。占士王以民間橫議之故，捕議員四名下獄，輿論益激昂。自此次國會解散以後，不復召集者七年。及三十年戰爭起，以財政困難之故，復召集國會。時正千六百二十年，克林威爾甫弱冠，旦夕牧羊於故鄉大澤中，養翮厲鍔，以觀天下之變。

此次國會之成立，初以平和穩重爲主義。及老名士遏活曲振臂一呼，倡議舉委員以調查弊政，委員奉命盡瘁，察得王占士罪惡多端。於是下議院明目張膽以糾摘王之失政，取二百年來久廢不用之彈劾法而復用之（案英國議院有彈劾法，專以糾王之近臣也，自千四百四十九年以來久不用）。舉國會悉爲非政府黨所占領，凡政府提出之法案，不論是非利害，無不否決者。政府與國會既儼然爲宣戰之勢，全國人民戰慄危懼，朝不保夕，自由掃地，蠻勇橫行。嗚呼！至此而不生英雄，則英國之陸沈矣。此爲克林威爾事業之近因。

由此觀之，英國人之自由權，豈天故厚之而使雍容和平得以自致者耶？彼當其二百餘年前憔悴呻吟於虐政者，與法國革命前何以異？與十九世紀上半大陸各國何以異？與中國數千年歷史之怪影又何以異？顧彼獨得翹然享自由祖國之名譽，而莫與京者，彼其人人知天賦權利爲神聖不可犯，苟有犯者，雖雷霆霹靂盤旋頂上，而必悍然毅然抗之而不疑也豈惟一克林威爾而克林威爾不過全英人種中最高之代表人云爾。

第三章　克林威爾之修養

學伊尹者當學其耕莘時代學諸葛者當學其臥廬時代何也英雄必有所養惟能守如處子乃能出如脫兎也。故讀克林威爾傳者於其十餘年之沈默生涯不可以不察也。

恆殑頓之地與彼有名之門治斯達市相望在今日既爲一繁盛之都會雖然當克林威爾時蕭蕭一村落耳寒雲沈鬱平野如瞑濁河混流天低欲壓克林威爾之遺宅臨河爲屋環以畜牧場數畝日夕與羣兒牧羊爲業每當黃日將夕萬象慘淡輒欷歔感喟印鑄一陰沈之社會現象於其腦中雖然彼最純潔之淸敎徒也其胸襟磊磊其風骨稜稜嫉惡若仇慕義如渴堅苦刻厲克己力行彼以宗敎嚴肅之觀念自鑄其人格而因以鑄一國鑄天下彼實近代之摩西而西方之墨子也彼養其大雄大無畏之力自行其所信苟有反所信者必竭全力以與之相搏其治己也如是其待人也如是故其言曰

非以血洗血則不能改造社會而發揚世界之大精神而欲改造社會必先自改造我躬始。

克林威爾抱此主義故先以自造而因以造成三千鐵騎之子弟而因以造成全英之國民而因以造成十八世紀以後之世界大勢推其原動力所自發實由彼三十年來之沈默始克林威爾之所以爲克林威爾者如是二十三歲之八月與巨商某之女類理查白結婚家庭之間藹然如春云每來復日集市民於教會堂爲說今世社會之腐敗危險而告之以安心立命之法敎以犧牲身命爲上帝爲國民盡力每當克林威爾之演說或祈禱

座衆罔不感動。若有電力刺激其腦中。往往有感泣者云。其他日相率披堅執銳縱橫無敵於天下者。皆此最樸僿最謹嚴之市民。而於此時受克林威爾所鑄者也。如是者六年。

第四章　查里士與國會之初衝突

爲改革者革命之媒也。求諸萬國往史。不乏成例。而查里士第一其最著名之龜鑑也。初查里士之父占士第一。與國會既屢衝突。其最後之國會。實惟千六百二十三年。議員激昂。殆如疇昔。時則皇子查里士與其近臣赫京罕。乃陰援下議院。主張與西班牙開戰。且煽動議員。使以納賄案彈劾戶部尚書蔑德錫氏。蔑氏者實主張英西同盟策者也。查里士故有憾於蔑氏。特假公義以復私仇。國民不察。謂儲君之右我也。輿情驩虞。澤腹泮解。顧作法自斃。後此卒還入甕以覆其宗。占士知之矣。謂查里士曰。吾兒毋爾。行見赫京罕爲蔑德錫之續。而彈劾之案。不久將山積於兒案也。查里士不悟。既乃卒如其言。（附注）英國議會彈劾大臣之案久廢不用前次議會雖用之以劾倍根然其權利猶未確定也自查里士慫恿國民行之後乃以爲成例矣

翌年。占士崩。查里士嗣立。國民習於前議會之同情也。則大喜。奔走相告語曰。天賜我賢王。天賜我賢王。於其加冕之典。舉國中歌者。舞者。醉者。躍者。張綵者。獻花者。闤闠溢巷。懽聲動天地。雖與王室爲世仇之清教徒。亦瀝誠獻頌。以表歡心。謂積旬之陰霧。今殆一掃也。恫哉。天未厭亂。失望與希望爲緣。而其程度相爲比例。舉國顒顒。惟新王之初政具瞻。豈意其第一著。乃以特權與舊教徒。又不經議會協贊。而私與世仇之法國結婚。英例國王結婚必先經議院許諾其限制君權可謂至矣實則外交政策所關有不得不爾者非無理之干涉也國民覩其專恣情狀。舉如冷水澆背。憬然於我王之將賣我也。憤怨

之情乃十倍疇昔。一千六百二十五年。開第一次國會。君民之間始杌隉矣。以納稅義務易參政權利。此泰西各國爭民權之不二法門也。而其成例之最顯著者。莫如英之查里士時代。查里士藉口於西班牙國交之將破裂也。乃召集國會。求國用供給之加增。（即增稅）顧其豫算表既不發布。其新稅之用途。疑莫能明。國民知所可持以要挾者。惟茲一事也。乃毅然靳之。其所謂噸稅斤稅者。只許供給一年。其他稅則非俟弊政悉除之後。決不奉詔。茲議既決。適以避疫故（其年倫敦患疫為全世界空前之大疫云）停會。其間查里士復擅貸軍艦於法政府。為其撲滅新教之後援。及八月再開會。衆怒益不可遏。議員腓立布突然開攻擊王室之端緒。侯詛侯呪。相率響應。議員西摩乃代表全院之意見。厲聲曰。『負其責者不可以不任其咎。公爵赫京罕王之重臣也。今日之罪。惟赫氏實尸之。』於是悉置他事。惟以彈劾赫京罕案提出上奏。王大怒。遽命閉會。是為查里士第一次解散國會。

王欲洩民氣於域外。乃為卡的島之遠征。未幾敗歸。復以國費問題。不得不再集國會。英例凡有職於行政部者。不得復占席於立法部。（政府大臣例外也）王乃利用此例。舉民黨中最有力者遏活曲、西摩、腓立布、溫得倭士、及其他二人強授以官。使不得立於議場。雖然民黨之勢不緣茲而殺。老名士伊里阿德崛起為平民黨首領。反對滋益烈。伊氏本屬溫和派。前議會且嘗為赫京罕辯護者也。使查里士於改革之業有一線可期。則伊氏必非王之敵。而王之友也。徒以王之信用全已墜地。乃自樹敵而壞其長城。開會之始。伊氏大聲疾呼曰。『國亡在旦夕。而嘵嘵奚為。為今之計。速設調查宗教弊政會。弊政不悉革。則吾民之血汗雖銖黍不得以畀獨夫也。』全院一致贊成。恐後。乃設三大委員。一曰調查宗教施政。二曰調查民間疾苦。三曰調查弊政來源及其救濟之法。調查之結果。

乃更決認赫京罕爲罪惡之府。（實則謂王也王不可指名乃蔽罪赫氏抗世子法於伯禽之意也）於是、下議院以正式復提出彈劾赫京罕案。謂茲案不決則金錢案不得置議。以此意要求於王。英例行政裁判權在上議院。王與赫京罕。初希冀上院之否決此彈劾案也。既而知上院之不爲己援也。（其理由亦頗繁今避贅不引）運全力以阻止彼案之提出。終不克。遂以五月八日提案於法庭。議員的奇士先極論責任大臣之原理。錫爾丁次說赫京罕政府海軍失政之情形。格蘭威里極言政府待東印度公司之苛虐。與貸軍艦於法國之非宜。哈拔復論赫氏以一身兼數職之叢脞誤國。其餘激昂怒罵。四座閧然。不可嚮邇。赫氏乃夷然盛服華飾。坐於大臣席。微笑以睥睨議場。一議員憤然指之以語於衆曰。『諸君諦看。彼何人斯。彼何爲者。』萬喙齊和。萬掌如雷。最後伊里阿德及的奇士更昌言先王占士之崩逝。疑莫能明。聞諸道路。謂遭毒弒。而直接或間接行茲逆謀者。則赫京罕其人也。此語一出。如晴電刺激。全院俱默。赫氏面無復人色。王大怒。直命逮伊的二氏下諸獄。下議院以二氏不在。則諸務不能執行。強迫於王。王不得已。免之。而彈劾案日益進。不數日得旨閉會。是爲查里士第二次解散國會。實千六百二十年六月十五日也。

第五章　查里士與國會之再衝突及克林威爾之初爲議員

查里士之屢解散國會。苟以避困狀於一時。此無異飲鴆以療渴病也。何也。解散之後。不再集則已。苟再集。則其得選者。必强半仍爲前會之人物。而以倍徙之敵愾心對於政府。未有不瘉接而瘉厲者也。故後此格拉蘭頓氏著英國革命史。謂查里士之失策不一端。而解散國會之頻數。實爲其尤。知言哉。知言哉。抑查里士每經一度解散之後。其專制之燄愈增一度。而喚起衆怒亦愈高一度。此其所以不至自戕而不止也。蓋自第二次解散。而英國國民參政權全被褫者。二十一月而强。此二十一月中實查里士實行「朕卽國家」主義之時代也。未幾以黎島遠征之大失敗司農仰屋。不得已復俯首以與民庶交涉。遂有千六百二十八年三月之國會。查里士至是謂國民終非吾敵也。悍然復無所於憚直以政費增給之名目命令於議員。顧民黨領袖於開會前數日已集議於羅拔噶頓之家定此次之方針。將彈劾赫京罕之案暫置之而先以剝奪臣民權利之一問題問罪於政府。開會之日朝士方提出要求案。溫得倭士遽起抗言曰『公等何更不憚煩以商權於吾儕小人爲公等實行盜賊主義。將及兩年。一國之脂膏掠奪罄矣。吾儕小人其奈公等今且凍餓委溝壑。所餘更何長物之與有予取予攜公等自爲之。何勞更曉曉相慁爲也。必不獲已者政府其先償吾儕前此之所失。吾儕乃徐應政府後此之所求』。自是爭鬨之聲忽沸騰全院。競起以鳴政府之不法。其條件不下數百十。而爭論殆逾浹旬。卒乃提出弊政匡救案上奏於王。一曰政府視成文法若無物不經國會協贊而擅徵祖稅。二曰政府違反法律妄逮捕無罪者。三曰政府不問人民之願否而擅屯兵隊於民宅。四曰政府非有內憂外患而妄行軍政於國中。凡此諸端。皆對於神聖之國民而犯大不敬之條者也。自今以往。以國王之誓勿復蹈之。此卽所謂有名之「權利請願」The Petitions of Right 而後此英國憲法之源泉也。

此權利請願之旣奉稟國會。私謂王之殆將悔禍。而有以慰民望也。喁喁以待好音。翌日詔下。而所要求者全被拒絕。於是國會失望落膽之狀。不可思議。三百餘名之鬚眉丈夫潸潸咽暗淚。作兒女子態。議院寂然無聲者殆半時。最後腓立布乃悄然起立曰。『吾輩贅疣於此間。復奚爲者。諸君諸君歸去歟休。歸去歟休』。其聲沈顫。殆不堪聽。

於是伊里阿德欲起立有所陳說議長芬儲氏遽揮淚禁止之曰『余新受命於王凡議員中有攻難政府者其禁止之』伊氏不獲已悄然歸坐蓋發言權之自由既喪滅也良久的奇士乃申腓立布之言曰『吾輩贅疣於此間復奚為者諸君諸君歸歟去休歸歟去休』此實國會最哀痛之言而亦國會最得意之言也何也王非有求於國會則擾擾焉旋解散旋召集何為也

芬儲氏伺隙趨朝面奏現狀議院遽開委員會再提彈劾赫京罕案議員遏活曲直引前此彈劾蔑德錫故事經查里士所贊成以為議院應有此權利之實據查里士乃悟自繩自縛之孽報大驚失措不得已乃裁可其所謂「權利請願」者實千六百二十八年六月九日英國民一大紀念之日也至是議院乃承認五種之新賦以為王報酬

雖然彼之裁可權利請願非其本心也意欲既得所欲而棄其要盟國會察其然也以風行雷厲之勢要求實行王不應爭論復起查里士復行其所慣用之自殺政略突然命停會（停會與解散異停會延期而解散再選也）此停會期中種種大事件相繼發生（第一）則赫京罕乘衆怒之最高潮忽被刺殺自茲以往王與民之間障壁全撤國民知種種虐政全出於王之一身非關執政者之煬竈其間也（第二）民黨中溫德倭士及其他有力之三人為王所賣投於王黨倒戈以為民敵也於是王於權利請願中所禁絕諸弊政繼續不衰明年（一六二九年）正月二十日停會期盡再開會而新問題之起者逾夥

此際王室與國會之衝突無日無之而停會亦復經兩次今避繁不復徧述惟記其最後之一事即永世紀念之國會笑柄所謂拘留議長事件者是也查里士之第三次命停會也議長芬儲傳旨於院中一議員突起立曰『

國會非王之國會王停我不停也』於是「不停」「不停」之聲和之者起於四座向例凡議長去席則不得復議事芬儲既傳王命旋去其席伊里阿德方欲起言以是中止何圖有何禮士威連頓兩議員者突起摟芬儲一扼其腕一搵其胸舁而置之於其席樞密顧問官之王黨數輩起而救之遂相搏於議院兩議員以格鬬故無力以守芬儲芬儲伺隙狼狽思遁羣議員圍之復致之其座議院之外戶遽閉伊里阿德始起立求演說之許可於議長議長以王命拒絕之他議員有繼請者亦然於是大紛擾起全院騷然曰議長黨於王當科以極刑執行卽在今日芬儲垂淚曰『余寧好爲是余之職權不得不爾抑余更爲諸君一言余懼英國國會以今日强迫余之故而遂亡滅也』最後以錫爾丁之提議謂議長放棄責任舉伊里阿德爲臨時代理議長且使朗讀其動議案之原文

事機銜接間不容髮伊里阿德方就議長席王已遣憲兵麕集巴力門門外見其嚴扃剝啄殊厲伊里阿德以嘈嘈急雨之聲誦議案始畢贊成贊成一語錯落起四座國會以自身之決議停延卽此刹那間憲兵破戶入遽以王命命解散而別逮伊里阿德錫爾丁等六人下詔獄伊氏遂瘐死其餘皆在獄中以迄千六百四十年是爲查里士第三次解散國會

此次之國會彼巨人克林威爾者始出於恆殑頓之沼澤以其野愿之道貌出現於巴力門其初次演說實爲宗敎問題蓋克林威爾始終舉其身以獻於上帝者也故於內政外交軍事上懷抱雖多以爲末節不屑厝意而獨探本於宗敎彼之初演說則二十八年之二月二十一日也其演說之筆記至今猶寶存於倫敦博物館中蓋極幼稚極粗野云然幼稚粗野之中自有一片沈毅誠懇之氣使聞者生感一議員指克林威爾以問哈布丁曰彼

何人者。哈布丁曰吾甥也。君子曰。克林威爾有舅。哈布丁有甥也。（哈布丁之事蹟詳次章）

第三次國會既解散。克林威爾亦燮然歸故里以牧其羊。自茲以往英國無國會者且十一年。於是克林威爾乃起。於是克林威爾乃不得不起。

（附言）所據諸家克氏傳。於此三次國會。記載皆甚簡略。今雜采諸史補述之。自知失於枝蔓。但非此無以見國會勢力之漸進。吾國人得他史參考蓋不易。故寧詳毋略也。讀者亮之。

第六章　無國會時代之克林威爾

彼時之英國。為無國會之時代者十有一年。此十一年中。則歐洲最有名的「三十年之役」。其戰爭正酣正劇之時代也。（查里士解散國會在一六二九年至一六四〇年始開三十年戰爭則起一六一八年訖一六四八年）全歐大陸。如糜如沸。靡有寧日。其時之英國則何如。其時英國巨人克林威爾則何如。英國苶然。其疲呻吟於專制軛下。蓄千萬人之積憤而末由一洩。何以故。以英國為國會萬能之國。無國會則一事不能為故。（無國會則一事不能為此英國之常諺也）克林威爾穆然其靜。率其子弟族黨。日日祈禱演說於上帝之堂。何以故。克林威爾為宗教獻身。非為政治獻身故。

吾有一識想。常沈沈焉蟠際予腦。吾每讀克林威爾傳記一度。輒養養焉瘉浮現者一度。其識想維何。曰宗教迷信與革命精神相關係之一問題是也。以歐洲歷史大勢論。全體之政治革命。皆以宗教革命為其原動力。盡人所同知矣。以國別論。則造意大利者。（加富爾）迷信家也。造奈渣蘭者。（荷蘭之維廉額們）迷信家也。造美利堅者。（最初之清教徒殖民次則華盛頓後則林肯）迷信家也。而其最著者。莫如造英國之克林威爾。吾於是竊疑無宗教迷信者不可以言革命。乃吾觀俄羅斯之虛無黨。大率標無宗教之一旗幟。而何以其堅忍不拔也如是。猶得曰彼固至今未成就也。乃吾觀法蘭西大革命時代其主倡者皆懷一切破壞之思想並宗教而唾棄。而何以波瀾之壯闊動世界也。猶得曰彼固方成而旋蹶也。乃吾觀於日本尊攘之徒。眞未嘗有一毫宗教臭味者也。而今之日本何如也。吾於是又疑迷信不可不有。而所迷信者不必惟宗教。虛無一迷信也。破壞一迷信也。尊攘一迷信也。由前之說。則以宗教思想孕政治。由後之說。則以政治思想代宗教。吾彷徨於兩義之間而至今未能決也。雖然。迷信爲萬力之王。則通前後兩說而無以易矣。吾欲以是觀迷信之克林威爾。

克林威爾既去國會。坦然若平時。千六百三十年。任本縣之保安委員。蓋三老嗇夫之職也。遇王室慶典。不肯出賀。罰金十磅。去位。乃賣其恆殑頓之田園。移居於聖埃布。聖埃布者。臨威士大河。最宜牧畜。至今猶以獸市聞者也。克林威爾者。牧人也。日夕居此地。與老妻幼子同追逐牛羊羣。攖長鑱以刈豐草。荷箬笠以甜甘木。自播自耨。自刈自穫。自栽果實。自藝園蔬。自翦羊毛。自朘牛乳。無冬無夏。無風無雨。日日勤動。靡有時息。夕則集家族鄰里鄉黨於豆棚瓜架下。唱讚美歌。讀舊約。最喜言摩西提以色列族人排萬難冒萬險出埃及向迦南徘徊沙漠忍飢耐寒奮戰勇鬭盡摧魔敵之事。日必道一次。蓋十年千日未嘗間云。其簡單也若彼。舉國中無或知有克林威爾。而克林威爾亦殆若與其國相忘也。久矣。其間惟盡力於慈善事業。恤老憐貧。所居百里內。蓋仰克氏夫婦如慈父母云。此固亦鄉黨自好者所優爲也。卡黎爾狀之曰『以彼古香古色之貌。加以十一年之襤褸櫛沐。益凛然其蒼黝然其鷙儼然一舊約中之人』吾不獲見克林威爾。吾瞑目彷彿之。躍然如將遇之。

此十一年間。表面上之克林威爾。其聲希味淡也若此。而後此轟天裂地之克林威爾又何以稱焉。諦思之諦思之。彼千六百四十年以後縱橫大陸之三千鐵騎。孰綱維是。孰孕育是。噫嘻。此皆十一年間瓜棚豆架之產兒也。彼不徒自爲舊約中之人物。乃更製造其家族鄰里鄉黨使悉爲舊約中之人物彼其所製造之人非必有軍事上之學問。非必有軍事上之經驗而獨有軍事上之品性之精神。而此品性此精神。又非必專爲軍事上之預備而養成之也亦曰使之學爲人而已學爲上帝之選民而已而其結果之震盪天下也遂若彼。何以故以迷信故。摩西自言爲上帝牧其羊克林威爾乃爲英國牧其鐵騎。十一年之牧牛郎。則其爲天下人牧之資格所由成立也。

於其時也。有歷史上所謂空前絕後之一大抗議起焉。則船稅問題是也。千六百三十五年。以查里士之勅命課船稅。舉國莫敢爭時則克林威爾之舅曰哈布丁。當課十二先令。（約今中國銀四兩）毅然曰。船稅非古也背成法之賦稅。一銖不能畀也。抗不納。政府乃訟之於法廷。凡亙三年之久哈氏蓋費三千餘磅之訟費。經兩博士六日之辯護。而卒不得直。終畀其十二先令於獨夫。自是哈氏之名動天下。以吾東方人之眼觀之。以三千磅易十二先令。天下之大愚莫過是也。而豈知此區區者。實權利思想之最好模範。而盎格魯撒遜民族特性所由表著也。哈布丁訟雖不直。然抗議之影響動全國。所至風起水涌。攘臂張目。馴至哈氏以外無一納船稅之人。船稅以外。無一人納他種非法之稅。於是十一年來朕卽國家之查里士。乃不得不降心以再集其所厭惡之國會。是卽國會軍之起點。而克林威爾事業之最近因也。

（附言）『不出代議士不納租稅。』之一格言。實各國民求自由之最要關鍵也。蓋專制政府雖極狠毒。無租稅則一事不能辦。故民得以持其急以有所易也。以租稅挾制政府之思想。吾中國人有之乎。曰有之矣。有之而何以不能有所易曰。我不納租稅。而政府可以强迫使納。彼則不能。此其所以爲異也。抑吾之不受强迫者。且有焉矣。其對之之法奈何。小則罷市。而大則揭竿也。罷市一偏區之影響耳。無足以嚇中央政府也。揭竿極矣。然亂事既定。而租稅仍一惟他之强有力者所命。無以異於未揭竿以前。則安用此擾擾爲也。一言蔽之。則惟知逃義務。而不知以權利爲義務之報酬。實中國人之最大缺點也。自其始未嘗曰吾將有所易。故其究竟不能有所易。此因果必至之符也。安足怪耶。吾國人不改此舊思想。則自由之福。終無幸矣。如其改之。則雖爲無血之革命焉可也。

第七章　短期國會與長期國會

蘇格蘭淸敎徒。憔悴有信仰專制下者既久。及爲船稅抗議之影響所盪。遂起暴動。謀離英爲獨立國。王師鎭之。敗績三四。而司農仰屋。無復銖金。嗚呼。十年塵滿之巴力門。乃始拂拭見天日。雖然。以十餘載之滄桑。民黨形勢迥異疇昔。前國會最有力之名士伊里阿德者。既瘐死倫敦塔中。作鬼雄於地下。溫德倭士則翻雲覆雨。一躍而入君側。助天爲虐。爲民黨勍敵。於是哈布丁以黨魁資格立於議院。而克林威爾以哈氏之吹嘘。被選於金布列市。大學選舉區也。爲議員。此次國會開於千六百四十年四月。其態度初極沈著穩重。惟於提議供給政費之先。照例要求宗敎上政治上之改革。使查理士而稍知讓步者。則積旬妖霧。一旦掃之。非難也。豎子不悟。猶用其自殺之慣技。於五月五日遽命解散。是爲查里士第四次解散國會。蓋開會僅二十三日云。史家字之曰短期國會。解散則解散矣。舍國會外。而政府更有籌款之道乎。無有也。咄哉駿豎。查里士於解散後六閱月。終不得不靦顏以開第五次國會。而此國會者。卽後此亘十三年之久。以無上之威力。支配全英者也。史家字之曰長期國會。長期國會之選舉。克林威爾再爲金布列區之代表人十年前之名士。凋殘既盡。獨一約翰謙讓。戴盈顛白髮。就議長席。而哈布丁維安法格蘭荷爾棱士埒諸君子輔之。而克林威爾。亦非復十年前村樸之態。常以大海潮音震盪議場。今茲國會之組織。非議院而軍隊也。國會之言論。非討議而裁判宣告也。壯哉國會。克林威爾非辯才家也。非議院首領之人格也。雖然其一種嚴肅之氣。盎於面。使人目眴而不能正視。其一聲兩聲之獅子吼。如電流激刺六百議員之耳。常能使本黨增萬丈氣燄。使敵黨瞠噤於不自制。時則倫敦萬五千市民提出請廢國敎一案。棱士埒提出每年例開國會一案。皆克林威爾首贊之。而有名之十一月廿二日大抗議。微克林威爾無以底其成。大抗議者何。國會軍是已。自此以往。而全英國乃爲克林威爾獨占之舞臺。

飲冰室專集之十四

波蘭滅亡記

吾聞之。波蘭之再亡於俄也。俄人窮治倡義之黨。凡迹涉疑似稍預其謀者。皆解往西伯利亞及靠喀蘇山。勒令充兵。遷波人三萬至靡喀蘇開墾荒蕪。無許隨帶眷屬。其人皆權爵紳富及爲士者。檻車纍纍相屬於道。如驅羊犬。田產沒於異族。妻子夷爲奴匄。一千八百三十年三月。俄王諭波人自七歲以上凡窮困及無父母者。徙置邊地。初則夜拘幼孩。繼則白晝刼奪。其年五月十七日。有長車一隊。內置孩提無數。將解往西伯利亞。展輪之際。其父母號哭攀援。願與偕行。軍士怒毆傷踣地。或入車下甘爲輪蹍蹂死。血肉狼籍。闐衢溢軌。孩童途中僅食粗饅。有病卽棄置於路。旣斃。其饅尙在其側。乃至禁士民言語用波士音。令悉從俄人方言。書院學塾咸習俄文。時有士子及少年潛聚偉埒那。用波士音問答。爲邏者所執。遂科重罪。嗚呼。國之不競。而受人縛軛。其荼毒之苦。豈可言哉。豈可言哉。波蘭當一千六七百年間。固歐洲之雄國也。旣而內政不修。君民上下習於疲軟。在官諸臣貪惰失職。民亂毛起。不能自救。公私困窮。日甚一日。至一千七百六十三年。俄命甘斯臨爲駐波公使。大出金帛以賂波人。於是波廷諸臣皆有倚俄之心。甚至百姓欲爲俄民者過半。是年十月。波王卒。俄遂以兵强立所愛爲波王。復與布立密約。有波蘭王位不得循世及之常。王死則令百姓公舉。如有擅立。吾兩國共廢之等語。六十五年。波國民亂。乞兵於俄以遏寇虐。俄兵乘勢入波。焚戮甚慘。是時波蘭孱弱已極。廷臣皆俄所命。所以波百姓尙多固結。陰以賄結其豪。使各相攜貳。波廷懲兵亂之事。下令凡士民聚會。講論政學者皆禁之。民氣益衰。一千七百七十二年。俄奧布共立約。分波蘭地。俄得一萬九千八百方里。奧得一萬三千五百方里。布得六千三百方里。强使波王。上書獻地求和。所餘之地。僅四萬二千方里而已。土耳其特倡義師遏强扶弱。旋爲俄所敗。歐洲諸國皆懼俄威。惴惴自保。無復有過問波事者。一千七百八十九年。俄與布廷私議。欲盡滅波蘭。免至遺民蠢動。九十三年。率兵八萬壓波境。波弁哥斯甚烏鎖起義拒俄。不克遁至意大利。九十五年。俄奧布再分波蘭地。逼令波王遜位。許歲給銀二十萬。以資食用。官欠債項。悉爲代償。波蘭遂亡。及亞歷山德卽俄王位。噢咻波民。疊沛恩施。視俄人有加。一千八百十八年三月。親至波蘭闢議院。諭於衆曰。爾國先世本有議部。今所以復設者。因爾民智慧能識大體。故以此權相畀。吾非不欲使俄民共循此例。奈粗忽愚頑。不敢遽授以柄也。波人悅其言。深相信愛。時俄以柴洪石爲波蘭總督。監理國政。而王弟君士但丁公爲大將軍。鎭守其地。間一歲再聚議。波人訴曰。吾等徒列議會。而權不少假。惟大將軍總督之命是從。是受欺於王也。不省。又廢波人新聞紙館。無許印售。波民之充兵者亦皆散歸。波蘭全土。既歸三國版圖。及拿破侖起於法。嘗許波人自立。稱華沙侯。拿破侖敗。各國大會於維也納。議定爲王國。以俄帝兼之。其後波民屢懷再造。一千八百三十年至三十五年。一千八百六十三年至六十五年。兩次倡義。血戰頻年。或以將帥失機。或以軍民不習。或以衆寡懸殊。卒被强俄摧陷廓淸。廢波蘭總督。爲聖彼得堡直隸。波蘭再亡。

論曰。俄之鯨吞蠶食諸國。以自廣大。雖由兵力。抑亦有權謀焉。或尊其教門以誘之。或結爲婚姻以伺之。或通其權貴以脅之。以此道墟人國者。匪一姓矣。波蘭既內政不修。積弱滋甚。家有狐鼠。乃欲倚虎狼以自壯。乃至擇肉以食始相顧失色無可爲計諡爲至愚不亦宜哉大地兵氣日結日深好仁之士倡爲公法學冀以大義遏強暴扶弱微余觀俄布奧三國結無道之約出無名之師瞷然取二十四萬里之地而瓜分之諸國袖手莫敢誰何烏覩所謂公法者乎不圖自强而欲庇大國之宇下藉他人之保護嗚呼則足以速其亡而已今夫鄰俄之國若瑞典若丹麥其地其民未有以逾於波蘭而至今歸然尚存然則波蘭者其亦自亡而非俄之亡之也

飲冰室專集之十五

斯巴達小志

發端

歐西惟古代近代有歷史，而中世無歷史，非無歷史也，其歷史黑闇而不足道也。故讀歐西中世之歷史，與讀中國數千年之歷史無以異。若其古代近代，則爛然放大光明矣。古代歷史國別雖多，要其中心點，不外希臘羅馬。希臘歷史建國不尠，要其中心點，不外斯巴達雅典。

論者曰：雅典爲文化之祖國，斯巴達爲尚武之祖國。斯固然也。又曰：雅典爲自由政體之祖國，斯巴達爲專制政體之祖國。似也，然未得其眞也。斯巴達之專制，與東方所謂專制者大異，彼蓋民權之專制，非君權之專制也。斯巴達置兩王，置五執政官，置元老議會，國民議會。置兩王者，使互相牽倚，不能獨行其專制也；一國主權，全在五執政官之手，而此執政官每年更任，由元老國民兩議會選舉之。其民權之昌明何如也。近世立憲君主國，皆以「君主無責任」之文，載諸憲法，且言君主不能爲惡。夫君主何以無責任？何以不能爲惡？其責任皆大臣代負之也。普魯士憲法第四十四條云：各大臣代國王負責任，凡關於政務之公文，必使責任大臣一名連署，方爲有效。其餘各國憲法，亦大略類是。故憲法立而革命之慘劇可以永絕。所革者責任大臣，而於君主無與也。此誠過渡時代絕妙之法門也。而其精神其體例，實自斯巴達啓之。斯巴達實今日全世界十數强國文明國之祖師也。

墨子非攻。春秋無義戰。雖然、此自宗教家救時之言。大同太平以後之義。而決非可以施諸今日。且按諸天演物競之公例。其勢抑有不能至者也。故尙武精神。爲立國第一基礎。識者所同認矣。而自今以往。二十世紀之世界。更將以此義磅礴充塞之。非取軍國民主義者。則其國必不足以立於天地。然則今後有國民之責任者。徒法雅典而不足以自善。其不能不兼法斯巴達。昭昭然也。故雅典爲十九世紀之模範。斯巴達爲二十世紀之模範。（十九世紀民族主義時代也其所爭者在國內君與民之間故當法雅典二十世紀民族帝國主義時代也其所爭者在本國與他國本族與他族之間故當法斯巴達）安在乎斯巴達之可以岐視也。

凡世界之文明國。未有不爲『法治國』Constitutional State 者也。但其民智開民德盛者。則其民不假他力而能自範於法之中。故監督之責可以稍殺。其民智稚民德弱者。則其民未能由自力以與法相浹。故監督之權不得不嚴。但使其法爲衆人而立。經衆人所認。而與衆人共守之。則以專制之手段行法。乃正所以進其民而成就其可享自由之人格而已。中國以專制聞於天下。然專制尙非所患。所患者彼非有法之專制。而無法之專制也。故四萬萬人若散沙然。暴君汙吏。得以左右其手。强鄰外敵。得以吮剝其膏。然則救今日之中國。莫急於納一國國民於法之中。夫古今中外之『法治國』。其整齊嚴肅。秩然不可亂。凜然不可犯者。孰有過於斯巴達乎。斯巴達實今日中國之第一良藥也。作斯巴達小志。

第一節　斯巴達立國起原

希臘人凡分四族。曰德利安族。Dorian 曰渥奇安族。Achaean 曰埃阿尼安族。Ionian 曰伊阿里安族。Æolian

而斯巴達實德利安族之代表也皮羅般尼梭 Peloponnesus 之南岸本希臘全國發祥古地而渥奇安族所居也至紀元前一千一百年頃德利安族侵而代之歷史上名爲希臘人種大遷徙之時代德利安人既宅斯土於其間有三國起焉曰亞哥士 Argos 曰米士尼亞 Messenia 曰斯巴達而亞哥士襲前王正統之名得地最廣乃數傳以後亞哥士以占形勝而轉弱斯巴達以處多難而獲强則亦有故蓋斯巴達國雖小而在夭羅達河之下游宅於平地加以四面環山常保持德利安人强武之舊習又其地土人勢甚猖獗全州皆爲渥奇安舊裔所分布斯巴達人如以軍隊屯營於敵國中刻苦稍弛則滅亡相隨其所以不能不實行專制政治者以此其所以能養成尙武之習以霸全希者亦以此

第二節　來喀瓦士之立法

紀元前八百八十年斯巴達有大立法家來喀瓦士 Lycurgus 者起時去斯巴達建國百餘年矣來喀者斯巴達之王族也斯巴達本爲兩王合治政體蓋德利安人之侵入斯土也與土著雜居凡爲六族無所統一後乃於六族中選其二爲王來喀卽其中一王之子也少時被讒去國歷覽外邦先往格來特島此島者『德利安』族原居之地也政治最美或謂後此來喀所定憲法多取則於是云其後復往埃阿亞尼又往埃及（或言曾往印度）在外十餘年乃歸國人民歡迎之使佐王改革國政來喀乃託於天神所命以制定法案雖反對者不少卒排萬難以行之如是者有年猶欲舍其身以成就此制使垂久遠乃告國民曰吾受神命當復游外國但非待吾歸來勿改斯法則國家之福永無疆矣遂去不知所之竟不歸也或言實自沈以死云而斯巴達人遵其敎不敢紊易者五百

年。遂使斯巴達爲世界空前絕後第一完備之軍國。常執全希臘之牛耳。噫嘻。哲人之功在社稷。不亦偉乎。

案凡所謂國家者。必立法、行法、司法、三機關具備。若缺一者。不得爲眞國家也。中國數千年來無立法之事。惟姬公之周禮頗近之。然亦僅有行政法之一部。不足爲國法之全體也。歐西則當數千年前。卽有來喀瓦士、梭倫、兩人傑專任立法。其政治之日漸發達。不亦宜乎。

又案凡人終身不出國門一步者。則只有本羣之智識。而無他羣之智識。且旣無他羣之智識。卽本羣之智識。亦不完備矣。來喀所以能爲斯巴達創此大業者。皆由放逐居外十數年之賜也。

第三節　斯巴達之政體

斯巴達之政權機關有四。一曰王。二曰元老議會。三曰國民議會。四曰執政官。而王有二人。執政官有五人焉。皆來喀瓦士之憲法所明定者也。

(一)王　斯巴達之王。其主權悉如荷馬時代。荷馬者希臘古代之詩人也古代事跡不可考荷馬詩所載者史家稱爲荷馬時代王也者。國民之祭司長也。每月必代人民祈禱於『焦士』之壇。全國中到處有其采地。且常受人民之貢獻。其死也。布告全國。數千人相會。以十日間行大葬禮。雖然。其名則高。其權實微。一國政權實在五執政官之手。要而論之。王者祭司長也。裁判長也。外征時之元帥也。於元老議會則爲議長也。於國民議會則有發言權也。至其所以必置兩王者何也。蓋利其互相軋轢。以王制王。希臘諸邦欲坊專制而廢君主政體。斯巴達則增益利用之。至其所以爲坊一也。二王之制。恰與羅馬之廢君而置兩『孔蘇』Consuls執政官之意也者相同。又斯巴達之王。不許與外國結婚。亦不許兩王室互相爲婚。蓋一則防其與他王族相結託。藉聲援以增其權也。一則使兩王族永不歸於混一。長保其對峙之形也。然則斯巴達政體名爲君主制。而實則貴族共和制也。

案斯巴達政體爲天下古今最奇之政體。無一不與尋常異。而二王亦其一端也。中國古訓曰。天無二日。民無二王。豈不以二之則國不能立乎。而斯巴達行之數百年。爲上古第一強國。則又何也。國爲王之國。則一而不能二矣。國爲民之國。則一之亦可。多之亦可。有之亦可。無之亦可。故觀今日美利堅法蘭西政體。而知無主乃亂之言不足信。（書經所言謂君主也非謂主權也若指主權言則固無以難矣）觀上古斯巴達羅馬（指『孔蘇』時代）政體。而知民無二王之說不足憑。此豈目論之儒所能解也。雖然。吾中國固未始無之矣。周人流厲王於彘。而周公召公執政。號稱共和者十四年。此正與羅馬之『孔蘇』若合符節者也。

又案斯巴達之王。實與今世英國之君主無異矣。雖謂民權發達之極點可也。

（二）元老議會　斯巴達之王。一如荷馬時代有元老議會以爲之輔弼。所異者。彼則一切政事由王決定而授意於元老。此則王不能專斷而已。凡審判重罪。權悉在於元老。王不過爲之議長耳。其資格與他元老無以異。元老議會之議員。併兩王而其數三十人。人民統分三種族。每族復別十部。部各出一人爲代表。二王實代表其中之二部也。其任議員終其身。由國民議會選舉之。非六十以上免功役者不得與選。此議會之職掌。兼立法行政司法三權。每一法案。由元老會議提出。非已表決者不得提之於國民議會。其所最要者。則審判重罪。關於斯巴達人之生命者也。又有監督人民品行之權利義務云。

（三）國民議會　斯巴達王每月最少必須以一次集會全國民。凡自由民得以其時露集於天羅達河濱之大地。共議決國家大事。凡與外國宣戰媾和締約。及元老議員高等官吏之選舉。憲法之應否修改。其權皆屬於國民議會。就其外觀之。似全握一國之主權。雖然。實非也。蓋此議會無權以提出各種法案。惟於元老議會所已決之案。或贊成或反對而已。既無修正之權。復無討議之權也。非得政府之許可。無論何人不得演說。其取決也不以投票。依軍隊之例。舉手以示可否。故國民議會實則爲元老議會所操縱也。年在三十以上者。未經犯罪剝奪公權者。皆得與選。

（四）執政官。執政官號曰『埃科亞士』Ephors 譯言監督也。凡五員。任一年爲期。每歲由人民公舉之。此官自昔已有。後經來喀新法。職掌大變。權力益加。主擁護國法。監督國家一切公私權。以維持公共之秩序。檢察羣吏。有賞罰之全權。審判民事。斷重大之訴案。乃至人民日用飲食之事。一切得干預之。可以隨時召集元老國民兩議會。提出種種法案。凡國家財政外交一切最高權。均歸其掌握。國王每月必向『埃科亞士』以守憲法行特權自誓。『埃科亞士』則代表國民而奉答曰。王若不背此誓。我等決不侵犯王權。如是者以爲常。又每九年則以王之有無過舉。筮諸神祇。若有災異。則『埃科亞士』提議使元老議會糾察王慝。國中一私人皆有權訟王於『埃科亞士』。『埃科亞士』有權聽其訟。且得據法律停王權若干月若干年。其重者或逮王而寘諸理。王之見『埃科亞士』。例須起立。當『埃科亞士』任內。其權蓋無限也。然所以限之者。則其任期不得過一年也。非五人悉畫諾。不能辦理各事也。要其立法之主腦。在張民權而已。

案古今言專制政體者。必數斯巴達。就此觀之。可見斯巴達果非君主之專制。而人民之專制也。（但其所謂人民者國民中一小部分耳）質而言之。則斯巴達民權之盛。殆有非今日歐美諸國所能及者也。夫立憲君主者。過渡時代之政體也而此之過渡直亙數千年遠溯斯巴達近洎英倫彼之所以戴此共主者其精神一也夫所謂『埃科亞士』者與英國首相以巴力門 Parliament 多數黨之領袖爲之者何以異也而英皇以神聖不可侵犯之條著諸憲法斯巴達則王可以被逮焉非英國君權强盛之徵而實其馴服之徵也

又案漢制天子爲丞相起天子爲丞相下輿亦頗與斯巴達相類

第四節　斯巴達民族之階級

凡區國民爲三階級第一級曰『斯巴忒亞泰』Spartiatæ 第二級曰『巴里阿以概』Periœci 第三級曰『黑埒士』Helots

（一）斯巴忒亞泰　卽所謂斯巴達人『德利安』族之子孫有完全之公民權者也一國官吏惟彼等得任之彼等居於斯巴達而得名田於附近黎哥尼亞之諸地使『黑埒士』耕作之而歲徵其貢租但須守二律乃得享其公權以傳諸子孫二律者卽（一）服從來喀瓦士之訓練法、（二）負擔公共食場之費用是也（食場制度詳見下）彼等有權以名最良之田但不得增加（謂兼吞他人者以歸己）不得賣售不得贈與人借與人子孫世襲其產絕嗣則以歸諸國家歸回國家後授之誰某則王之權也惟各人於所有土地區域例附屬以兵役之義務『斯巴忒亞泰』人凡分三族族各三十部部各三十黨黨各三十戶其在本級之人本皆平等也其有不能守前二律者則降其權一等故有優等公民 Homoioi 劣等公民 Hypomeiones 之分焉然劣等公民亦可以復其權凡斯巴忒亞泰人例不自耕穡至商工業則尤其所禁也案此制酷似周禮管子其族部黨戶卽鄰里鄉鄙卒伍連正之類也凡名田者必帶兵役之義務卽鄉出兵車若干乘甲士若干人之類也民名田而不得自私卽井田貢徹之類也蓋封建制之完備者也

(二)巴里阿以概　住居邊徼之義也黎哥尼亞州之沃壤悉歸斯巴忒亞泰人所有而『巴里阿以概』居其周圍山地專從事開礦及工商故得此名此種人無參與斯巴達國政之權利亦無服從來喀訓練之義務有時爲重鎧兵以從軍役故兵事上之訓練亦受一二焉彼等皆自由民得任意名田而貢稅於國王雖然不得有完全之公民權不得與『斯巴忒亞泰』人通婚

(三)黑埒士　『黑埒士』者農奴也隸屬於土地而爲『斯巴忒亞泰』人服勞作者也雖然與尋常奴隸稍異不能隨意買賣惟隨土地土地之主權易人則此種人亦因而易主蓋『黑埒士』者非斯巴達人私有之奴隸實斯巴達國家之奴隸而分布之於各人之土地者耳故雖在豐年地主不得逾額以徵其貢稅凡『黑埒士』皆冠皮冠服毳衣以示別他公民戰時則攜輕兵器以從斯巴達人之後此種人本前此之土著也初時抵抗『德利安』族最力雖力屈爲奴其恨未嘗一日忘斯巴達人爲防其謀叛故行軍國主義以壓制之來喀瓦士之制度皆爲防制彼等而立耳

以上三級其位第一者有完全之公民權者也位第二者雖不有之然尙有幾分之公民資格者也位第三者無權利之奴隸也其人口多寡之比例第一級最少第二級三倍之第三級二十倍之其後『斯巴忒亞泰』人日漸減少至阿里士多德時僅餘千人後竟以此致衰亡

第五節　斯巴達之國民敎育

來喀瓦士之立法，其重且要者，不在政體，而在人民之日用飲食及其教育也。蓋斯巴達之建國，本紾他族而奪之地，環其臥榻者，皆仇讎也，故非常戰常勝，則不能保其主權；而非身體精神皆優於所敵，則亦不可以蘄戰勝。來喀有察於是，故取教養之權，全歸於國家之手。凡『斯巴忒亞泰』人之初生也，先由官檢察其體格，不及格者，則委棄諸山中，故身體稍弱之嬰兒，非死則亦夷於第二第三級之列而已。其意以爲凡公民者，生而有護國之責任，苟不堪此責任者，而猶煦育之，是危國之道也。其及格者，復以葡萄酒浴之，是亦羸弱之嬰所不能受者也。兒童生六年，受家庭教育，及至七歲，則使離家以入所謂幼年隊者，有特別官吏保傅指揮，而受元老議會之監督焉。其教育專重體育，翦髮使短，跣足裸體，以爲游戲，睡則疊蘆爲榻，衣則冬夏同服，食則賦以最薄之廩，使游獵山林以自給補務，養其耐寒暑耐飢渴之習慣。其有過失，則施以極嚴酷之鞭撻，以驗其能受與否。往往絷縛於神壇之前，集其父母宗族而笞楚之，雖血濺祭壇，而顏色自若，從未有一發呻吟之聲者。蓋以流血爲榮，以流淚爲恥也，所以教之者使然也。

案：立於生存競爭優勝劣敗之世界，豈惟智力之爲急，抑體力亦特重也。近世各國學校，以體育爲第一要著，雖不如斯巴達干涉之甚，然其精神則不相遠矣。中國以善傳種聞於天下，然爲父母者率皆羸弱，猶復早婚早育，男女皆未成熟而生子，其所生者羸弱又必加甚焉。惡種相傳，每下愈況，人數雖多，半奄奄無生氣，不待敵國之蹙之而已萎黃憔悴，凋瘵零落，不能自存矣。安得有來喀瓦士其人者起而一掃其毒也。

年三十始爲成人，則使之結婚，得參與國民會議，可被舉爲官吏。雖結婚後，仍不許食息於家中，日則就公共食場以會食，夜則入營帳以就寢，其夫婦得相合并者，常不過一兩刻間耳。其妻常爲男裝，然後得見夫於兵營，史家布特嘗言斯巴達人往往有旣舉子二三。而夫婦未嘗相見於日光之下者。非過言也。雖然。旣成年者。毋許不結婚。蓋以爲結婚者對於國家之義務也。護國之要圖也。或有因人地之宜而兄弟共娶一妻者。又旣婚後若干年而不育。則國家例得使其離婚。凡此皆所以爲「斯巴忒亞泰」人種計也。自七歲以上至六十歲以下。皆依此嚴格以訓練之。

斯巴達人雖在平時。一如戰時。雖在鄉里。一如臨陣。凡男子皆須會食於公共食桌。Syssitia 每桌額定十五人。有新來者。必須得全桌員之同意。乃許加入。一國人除『埃科亞士』之外。皆有會食之義務。雖國王亦不得自別異。各員每月須納一定之食物與些少之貨幣。以爲食場之費。其不納者則剝奪其 Spartiatæ 之公民權。惟國王之食費。則以國帑支辦之。在食桌時。縱談國事。頗極自由。少年子弟。每從此得政治上之智識焉。

文學者。斯巴達人所最蔑視也。彼以此爲武士道之蟊賊。故演說雄辯。亦斯巴達人所不喜。其發言也。惟以簡潔詞達而已。今日歐西稱此種論辯。爲黎哥匿派（斯巴達所在地總名黎哥亞尼故）雖然。彼等未嘗吐棄詩歌。荷馬之詩。斯巴達人所常諷誦者也。此外復有侑神樂歌。軍中鐃歌。日夕高吟。以爲娛樂。若夫詞賦戲曲。則視爲下等社會行樂之具。無屑意者。農事則委諸『黑埒士』。工商則委之『巴里阿以槪』。其斯巴達公民。專從事於武藝及田獵。其赴戰場也。服深紫之馬褂。捲勇壯之美髯。攜笛及絃。鼓勇前進。其臨敵也。恰如赴宴。盛裝美飾。和樂融融。同食桌之友。相提攜以共生死焉。

案觀此而斯巴達軍隊之精神。從可見矣。彼蓋以軍事爲國民唯一之責任。以軍事爲修身唯一之目的。以軍事爲人生日用唯一行樂之具。其訓練也。自有生而已然。其團結也。自平昔之親愛。其以軍國主義雄視千古。

不亦宜乎。

斯巴達教育制度。不徒在男子也。而尤在婦人。其於女子也。不視爲家族之一部分。而視爲國家之一部分。故男子之尊重婦人有非自餘各國所能及者。而婦人亦深自重自知其責任之所在。史稱有他邦一貴族婦嘗語斯巴達王黎阿尼他之后曰『惟斯巴達婦人能支配男兒』后答曰『惟斯巴達婦人能生男兒』夫婦人亦孰不產男兒。而后之爲此言也。蓋以必如斯巴達之男兒乃眞男兒也。又以斯巴達之男兒無一人而非男兒也。故其婦人皆以代一國產育勇壯之國民。爲修身大事業。至如女紅烹飪之事。非其所屑意也。凡女子皆與男子同受嚴格之教育。專以蹋踘角觝鬪拳各種體操術使之相競爭。少女之體操場使少男圜堵而觀焉。少男之體操場使少女圜堵而觀焉。其技術之高下優劣則互相讚美而指摘之。以是爲激勸。以是爲訓練。雖然其男女之別肅肅如也。婦女人格之高尙純潔。舉希臘諸國未有能斯巴達人若者也。

斯巴達婦人愛國之心最重。妻之送其夫母之送其子以臨戰場也。輒祝之曰『願汝攜楯而歸來。不然則乘楯而歸來』有一母生八子者蔑士尼亞之戰。悉死於國難。而斯巴達卒以大勝。及奏凱招魂。其母不濺一滴之淚。乃高聲而祝曰『斯巴達乎斯巴達乎吾以愛汝之故生彼八人也』當時以此名語。被諸詩歌。傳爲美談。卽此亦可見斯巴達婦人以愛國心激勵男子。而其所以立國之精神。亦於此可見矣。

案讀斯巴達史而不勃然生尙武愛國之熱情者。吾必謂其無人心矣。吾嘗讀杜詩曰『爺娘妻子走相送。塵埃不見咸陽橋。牽衣頓足攔道哭。哭聲直上干雲霄』又曰『肥男有母送。瘦男獨伶仃。白水暮東流。青山猶哭聲。莫自使眼枯。收汝淚縱橫。眼枯卽見骨。天地終無情』又曰『聽婦前致詞。三男鄴城戍。一男付書至。二男新戰死。存者且偷生。死者長已矣。』又曰。『今君往死地。沈痛迫中腸。』讀之未嘗不嗒然氣結。黯然魂傷也。夫同一送子也。同一死難也。而此斯巴達婦人之言。何其悲壯淋漓。使千載下讀之。猶凜凜有生氣也。雖曰民賊使戰。與國民自爲戰。其道大異乎。而吾國人之弱柔巽葸。爲數千年歷史之辱者。其果何日而始能一雪也。嗚呼以二萬萬堂堂鬚眉。其見地曾無一人能比斯巴達之弱女耶。嗚呼。

又案史記斯巴達女子愛國美談甚多。錄其一二。波斯之役。敵帥嘗遣說客賄賂斯巴達王格黎阿迷尼。王將許之。王有八歲之女在側。厲聲曰。父王乎父王乎。豈可以五十打靈（一打靈約當中國一千兩蓋當時敵將以此數賂王也）之阿堵物。而易斯巴達乎。王乃悚然謝來使。又有波里尼亞者。嘗謀反敗。逃入某神廟之一室。國人圍之。其母憎其不忠也。率衆人運石堵其門。以致捕焉。皆歷史上之佳話也。又羅馬史中之愛國婦人。亦先後輝映。今擇取其一事與此相類者附記之。以資觀感。……紀元前四百八十八年。羅馬有倭西亞之難。其原因由羅馬一貴族名戈利阿拉拿者。欲廢護民官。爲市民所逐。奔倭西亞國。說其王假其兵以攻羅馬。殆將陷矣。遣人求和於戈利。使者三反不許。最後乃決議遣其母及其妻子乞哀焉。戈利之母服衰絰。（示國哀也）率貴族閨秀百數十人往敵壘。戈利雖殘暴。然爲天性所動。一見便欲與母接吻。母肅然正容。却退。峻詞拒之曰。『爲敵人耶。爲骨肉耶。今尚未分明。將軍安得近妾也。』於是乃率衆人納頭三拜。爲羅馬請命。戈利放聲大哭曰。天兮母兮。兒以母之故救羅馬。母以羅馬之故殺其兒。雖然。兒知罪矣。遂班師。

第六節　斯巴達行政瑣紀

來喀瓦士所行善政不一端。於前節所舉之外。其最著者曰均田法。蓋來喀以前。斯巴達國情。棼亂無紀。而其原因率起於財產之不均。國中土地皆歸少數富人之掌握。其餘多數無立錐地。來喀瓦士乃分斯巴達所屬之土地爲九千區。凡『斯巴忒亞泰』人人占一區焉。（來喀時代斯巴忒亞泰凡九千人）分斯巴達屬以外之黎阿尼亞土地爲三萬區。凡『巴里阿以概』人人占一區焉。無大小無貴賤。一切平等。

案近世哲學家論自由平等兩義。如狼狽之相依而不可離。然來喀瓦士之制度。其不自由。千古無兩也。其平等亦千古無兩也。斯巴達之治。無一不奇。此亦其一端。

斯巴達之土地財產。皆公物也。人民不有私財。故法律不禁盜竊。非惟不禁。且獎勵之。蓋將以此練其術智云。但盜竊而爲人所覺。則責其不智。而嚴罰之。嘗有一少年竊一狐。隱諸懷中。至被狐抓破其臟腑。終不肯放露之使人見。泰西至今傳爲談柄。

案此等法律。眞非異邦人言思擬議之所能及。然其人重名譽尊法律之心。亦可見一班矣。

斯巴達所行用之貨幣。皆以鐵錢。其金銀一切禁之。或曰。是亦來喀瓦士所制定。或曰。不然。來喀以前。固未嘗一用金銀也。

懋遷居奇以求贏利者。斯巴達人所最賤也。故此等事業。一委諸『巴里阿以概』人。當時斯巴忒亞泰之所以强在此。後此斯巴忒亞泰之所以衰。亦未始不在此。

來喀瓦士爲欲保存其質樸武勇之國風也。故嚴禁內外交通之事。凡『斯巴忒亞泰』人。不許移住他地。移住者處以死刑。蓋彼之政體。軍政也。移住者視之與逃營無異。亦固其所。又不惟移住而已。卽游歷國外。亦非得政府之許可。不能妄行。而其游歷有大不易易者。蓋國幣之外。不許攜帶。而其國幣則鐵幣也。不能行於國外。凡攜帶金銀者。處以死刑。要之皆以限制國民之他適而已。其他國人亦非受政府之許可不得入境。逮其後也。斯巴達之諸港。無外船之帆。斯巴達之諸邑。無外客之跡。皆來喀瓦士制度之結果也。

第七節　來喀瓦士以後斯巴達之國勢

以來喀瓦士之訓練。遂能使九千之斯巴達人。成爲一人。以九千之斯巴達人。而制二十餘萬之低級人。以九千之斯巴達人而雄長數百萬之希臘人。以九千之斯巴達人。而能統率列邦。以挫勢力滔天之波斯人。近世國家學者。常言必須有二萬人以上。乃可以成一國之資格。若斯巴達者。以此區區之衆。而輝國民之名譽於一時。而垂歷史之光榮於萬世。嗚呼。可不謂盛耶。可不謂異耶。

當波斯王德雷亞士之再舉以伐希臘也。（紀元前四九〇）擁十餘萬之精兵。汎數百艘之戰船。先遣使風諭希臘列邦。使獻水土以納降。列邦皆望風而靡。及至斯巴達。斯巴達人則責其無禮。縶使者。投之於井曰。汝欲我水土。吾今以與汝。嘻。何其壯也。以常理論之。此豈非所謂以卵禦石。以螳當車者耶。而彼毅然行之而不憚者。有所恃也。所恃者何。曰軍國民之精神是矣。

案波斯遣雅典之使者。雅典人亦投諸深溝。蓋亦針對其水土之言也。當時有敵愾之氣魄者。惟此兩國耳。其狎主希盟。蓋亦宜哉。

斯巴達之國都。不設城堡。（至紀元後四百年頃馬士德尼亞時代始設之蓋其時來喀瓦士之精神已喪失矣）惟以斯巴達人之愛國心以爲之防。古語曰。

衆志成城其能實行之者惟斯巴達人耳（近世各國之無城堡不在此論蓋非以爲不必恃實以城爲不可恃而設防之具有較城爲尤優勝者耳）斯巴達人常挑戰於其敵曰『君胡不射吾正苦炎熱願於君等萬矢如雨之下稍殺烈日之威以得一酣戰君胡不射』此非客氣也非大言也蓋以斯巴達人之眼睨其敵無所謂衆無所謂寡無所謂弱無所謂强一與相遇則所向無前蓋斯巴達人之尚武習也而幾於性也器械的也而幾於理想的也吾無以名之名之曰武德

當來喀瓦士時代斯巴達之領土不過黎哥尼亞之一小部分恰如屯營於敵國之中央然藉此訓練之成績未幾遂併吞全土（黎哥尼亞全土）其勢如旭日升天更不可遏復求新地於他方於是黎哥尼亞之北有亞爾哥士一國者其國王富海頓威名素著握皮羅般尼梭半島之霸權其後因祭典之爭兩國開戰端斯巴達人大破之略其地之大半於是始定霸於皮羅南北岸時紀元前八百年頃也

得隴望蜀人情之常斯巴達既振威於皮羅猶以爲未足窺其西鄰蔑士尼亞國之饒沃也乃以疆場民婦爭鬩事藉口開戰端自紀元前七百四十三年至七百二十四年凡亙二十年間蔑士尼亞人知斯巴達之志不滅國不休也故出死力以抵抗而卒不能敵遂舉國以入斯巴達之版此後蔑人潛謀獨立再血戰者四年遂無成功（紀元前六八五年）亞爾哥士亦一度謀恢復亦爲斯巴達所敗（紀元前五四七年）於是斯巴達遂爲南希臘最强之國執牛耳以盟諸侯

當時與斯巴達並起其勢力各蒸蒸日上爲兩平行線形者則雅典也雅典爲遏狄加 Attica 之首府自梭倫 Solon 克里士的尼 Clisthenes 制定憲法實行自由平等政體鼓舞國民愛國精神駸駸乎爲中希臘之主盟兩雄相遇其衝突安可得免當雅典人之得志於比阿西亞也（紀元前五六〇年）斯巴達會合同盟軍欲問其罪戰雲慘

淡。殆將破裂。忽有波斯人來侵之警。鬩牆之爭立解。同仇之念旋興。遂各捐私嫌。組織大同盟以拒强敵。時雅典以海軍著。斯巴達以陸軍名。兩者勢力不相上下。然以令出兩途。兵家所忌。乃推斯巴達爲盟主。海陸總督之權悉歸其手。此雖由雅典能讓之美德。而斯巴達人浴來喀瓦士之遺澤。實力震於殊俗。亦可概見矣。是役也。波斯人於撒拉迷士、布拉的亞、迷茄兒諸地。三戰三北。自玆以往。不能復引兵而西。斯巴達國勢之盛。至是達於極點。案讀此可以見當時希臘人公益之心矣。對於內而甲團與乙團之爭。寸毫不肯讓。一旦異種大敵起。則忽棄小忿握手同胞。文明國民。不當如是耶。使希臘而能永保持此精神也。則希臘雖至今存可也。末葉不悟。自相攜貳。以取滅亡。悲夫。

第八節　斯巴達之缺點

凡天下事倚於一偏走於極端者。其所成就之結果。必較尋常爲加良。而其所受之流弊。亦較尋常爲加劇。於議論有然。於制度亦有然。故斯巴達之缺點。不可以不論。

（第一）重體力而輕智力。　德育智育體育三者爲敎育上缺一不可之物。彼斯巴達人自有斯巴達之道德。今勿深論。至其蔑視智育太過。則立法人有不得辭其咎者。彼恐文學爲武事之累也。雖然。卽以武事而論。非有達觀之智識。則其武功亦不可終。不觀夫紀元前四百七十九年馬德尼亞人率波斯以陷雅典之役乎。斯巴達人背盟約而不相救。惟握哥靈士海峽以求自固吾圉。彼非畏敵也。實其闇於大局。昧於戰略使然也。而斯巴達自玆以後。遂不振矣。此不過其現象之一端。偶然表見者。實則其受病早自數百年以來。而末流特承其敝而已。

（第二）務內治而忌外通。　人之不能以區區一小羣而孤立於世界也勢也。羣與羣相通。則能吸取他羣之智識之力量。以自利其羣。而斯巴達忌之如蛇蝎焉。我雖不往。終不能禁人之不來。況我正欲有所大往。而烏可以不利用人之小來哉。斯巴達人自造出一種特別人格於天地之間。高自位置。而不欲易種於茲邑。志固可嘉。而無奈其終不逃於天演之公理。故後此與雅典相遇。而終不能不爲之下也。

（第三）善保守而乏變通。　來喀瓦士之制度。治來喀時代之斯巴達。而利賴無窮。然來喀所以立此制者。有其目的所在。目的既達。斯百尺竿頭。當進一步矣。而斯巴達不然。則徒法之弊也。不法法固不可以治國。法不法尤不可以治國。來喀之制所以法法也。數百年後。而來喀之法。已成不法矣。彼英國之能以『法治國』爲一世師也。爲有法乎。抑有更存於法之外者乎。英國以『不文憲法』高視闊步於世界。蓋所重者法之精神。非法之機械也。而斯巴達則機械焉者也。彼斯巴達數百年之歷史。實來喀瓦士一人之傳記而已。舍來喀則無斯巴達。來喀不可復生。而斯巴達遂長此終古。吾聞來喀之功成身退也。誡國民曰。非待吾歸。勿改斯法。吾甚惜夫來喀之往而不返也。

以上三者。其弊同源。當波治的亞之役之起也。（紀元前四三二年）皮羅般尼梭諸邦。迫斯巴達人使開聯邦總會於其都城。哥靈士之總代人起席而責之曰。『雅典人果斷敏捷。天然具改革家之資格。而卿等（指斯巴達人）反之。惟務保守既得之事物。遂至其應盡之責任。必不可缺之事業。棄而不爲。雅典人有學識以佐其膽略。雖至危險之事業。毅然赴之。處非常之逆境。無所於撓。而卿等反之。以尺寸之事業自畫。遭遇艱鉅。失望落膽。不知所爲。雅典人決不退轉。卿等決不前進。雅典人常欲馳域外之觀。卿等惟知有閫內之略。雅典人常思以新運動得新利益。卿等常恐以新運動失舊利益』云云。此實可爲當時斯巴達人當頭一棒之言也。夫斯巴達人昔時之意氣。何以雄傑如彼。今也何以銷沈如此。毋亦世運進地位進。而羣治之實力不能與之俱進。故優勝劣敗之公例終不可逃。而九跳十擲之乳虎。遂不免於蹶僨而無從復振也。雖然。此豈來喀瓦士之罪哉。

結論

新史氏曰。吾讀斯巴達史。怪其以不滿千里之地。不盈萬人之族。而赫赫然留絕大之名譽於歷史上。至今二千餘歲。論政體者必舉之。論教育者必舉之。論軍事者必舉之。髫齔之子。入學校則必呫嗶其詩歌。而記誦其實錄。何其榮也。吾更不解乎有人民四千萬倍於斯巴達。土地二千萬倍於斯巴達之一國。而乃不列於公法。不儕於人道。演說家引爲腐敗之例證。報紙上借爲笑談之詞柄。舉數千年來上下古今之歷史。無此奇醜殊辱。斯巴達處四面楚歌之裏。而日闢百里之國者則並臥榻而不能保也。斯巴達當十數倍敵軍壓境之際。敢毅然戮其來使。之國者則如客子之常畏人也。嗚呼。人之度量相越。乃至是耶。是不能言其所以然。吾惟讀斯巴達史。而若有物焉怦怦而來襲余心。使吾噓。使吾汗。使吾懼。使吾慄。使吾笑。使吾啼。吾不知果何祥歟。

新史氏又曰。吾聞之前世紀之哲學家曰。政府者爲人民而立者也。人民者非爲政府而生者也。吾心醉其言。而竊不解乎反於此公理之斯巴達。何以能立國於天地。何以能垂名於歷史。吾今乃讀夫所謂帝國主義者所自出之學說。吾今乃知斯巴達之魂魄。歷二千餘年後。從冢中起。而復生於今日。而徧生於大地。吾又聞之先史氏曰。使斯巴達而能兼吸雅典之所長以自營衞。則全希臘將入於斯巴達。全歐洲將入於斯巴達。顧吾竊睨夫眈眈逐逐於吾旁者。爲斯巴達還魂者若干國。爲雅典還魂者若干國。數十年前。尚猶斯巴達自斯巴達雅典自雅典。今則斯巴達無一不雅典。雅典亦無一不斯巴達。一雅典足以亡我。而奈何雅典無量也。一斯巴達足以亡我、而奈何斯巴達無量也。僅雅典足以亡我。而奈何其雅典而斯巴達也。僅斯巴達足以亡我。而奈何其斯巴達而雅典也。斯巴達而雅典雅典而斯巴達者。徧滿於大地。於是乎不斯巴達不雅典者遂無所容。吾昨夜無寐而夢何夢。夢毀黑羹。吾不知果何祥歟。

飲冰室專集之十六

雅典小史

發端

新史氏曰：國無大小，要在其國民所以用之者何如耳。今日言世界史者，必嘖嘖道希臘。希臘之地，不足以當吾一小省也。言希臘史者，必嘖嘖道雅典斯巴達。雅典斯巴達之地，舉不足以當吾一大縣也。斯巴達當來喀瓦士時代，其有完全公民權者，不過九千人。雅典當克里士典尼時代，其有完全公民權者，不過萬六七千人。以視吾一大鄉鎮，猶相懸絕也。而令數千年讀史者，無論言政治、言法律、言教育、言軍事、言生計、言學術、言技藝，皆不得不鼻之以爲祖，嚮之以爲鵠；而令數千年讀史者心目中，懸一偌大之雅典，偌大之斯巴達，一若其廣土衆民，與今日之英俄德美相等者然。而豈知其版圖不過我古代一侯封，其戶口不過我古代一師團也（萬二千五百人爲師）。嗚呼！果持何術而能致此。

雅典與斯巴達，反對之兩極端也。斯巴達主干涉，雅典主自由；斯巴達重階級，雅典重平等；斯巴達善保守，雅典善改進；斯巴達右武，雅典右文；斯巴達貴刻苦，雅典貴樂利：此其大較也。顧猶有當注意者二事：一曰斯巴達驟強而雅典漸進也；二曰斯巴達之建國，專賴一豪傑之力，而雅典之建國，則由民族全體運動力使然也。斯雅二邦優劣得失之林在是焉矣。

史家常言古代希臘者今世歐洲之縮本也。吾以爲古代希臘之雅典。又今世歐洲之英國之縮本也。其爲海國也相類。其以商務致富强也相類。其思想發達也相類。其民以自由爲性命也相類。其由專制政治進爲貴族政治由貴族政治進爲完全之人民政治也相類。其進之以漸也相類。雅典之視英國。殆所謂具體而微者也。雅典立國之精神。歷數千年繼續不斷以傳至今日。雖其間或稍銷歇。要不過如黃河之有伏流。蓄其潛勢力於歷史之紙背。及其一出積石。則千里一曲。沛然莫之能禦也。十九世紀正雅典文明出伏流之時代也。豈惟英國。即今日世界上諸有名譽之國。皆移植雅典之花以自莊嚴者也。作雅典小史。

第一節　雅典立國起原

希臘四大族。其最强武者爲德利安族。其最文明者爲埃阿尼安族。（參觀斯巴達小志第一節）彼則以斯巴達爲代表。此則以雅典爲代表也。雅典霸於遏狄加 Attica 遏狄加者。中希臘偏東之一洲。而突出東海之一半島也。有大山脈障其後。與大陸相隔斷。全州濱海。海灣多而水深。適於碇泊。其平原開擴。延亙於海面。交通最便。而雅典實爲遏狄加之首府。初立國於高丘。其古城下距海平六百英尺。城下市街下距海平三百英尺。丘上平坦。東西袤一千英尺。南北廣五百英尺。爾後戶口日繁。始廣布於丘下之平原。

太古之事。不可深考。據其神話（希臘人最尊鬼神。歷史名荷馬以前爲神話時代）則西曆紀元前一千七百九十五年。有阿啓基者。始治遏狄加。逮紀元前一五五〇年。有啓克立布者。始爲王。劃遏狄加州爲十二國。各有酋長。其五代孫西士亞者。始統一十二國名曰雅典而諸市邑之貴族悉爲雅典之貴族西士亞復分民爲三階級一曰貴族二曰農民三曰工匠凡貴族皆埃阿尼亞人也而其中復分四族此等族制至克里士典尼改革時代歸然尙存

第二節　王政之廢止

當德利安人移住之際西曆紀元前千一百年頃埃阿尼安人之居皮羅般尼梭半島者皆被逐而遁入渴狄加有米蘭沙士者遂爲渴狄加王其子哥特拉士卽雅典最後之王也相傳當時斯巴達人侵雅典師將出先祈於神神託言曰若不殺雅典王則戰必利斯軍壓境國垂破矣王哥特拉士聞敵人之受此神託也乃微服夜入敵軍斯巴達人不知其王也殺之翊晨視其鎧中印識審爲雅王則大駭氣沮謂拂神意將遭顯罰遂班師而雅典獲安雅人追念王之爲國家流血也謂此後嗣王亮無能追其盛德者不足以瀆茲大位遂廢王號 Kingly Rule 而置所謂「阿康」Archon 者以爲一國之元首「阿康」者執政官之義也是爲雅典王政廢絕之始

案哥特拉士之盛德史家或謂爲齊東野語信否未能確定要之希臘各國當時皆厭君主專制之政而貴族權力日漸增長雖微此盛德之王而雅典王政亦當漸就衰滅矣但得此則益增其國史之名譽耳

第三節　由一人政體進爲寡人政體

雅典王號雖廢然猶沿家族國體 The Family State 之舊習未能遽變故其王權之消滅則以漸進哥特拉士殉國後而『阿康』之職乃由子孫世襲終身在職其主權所在未嘗有變也雖然其精神固異於昔時矣疇昔

之王。不徒握政治權也。實爲一國之祭司長。而主宗敎之事。蓋地球上無論何國。其原始時代。莫不皆然。案中國亦然。孟子曰使之主祭而百神享之。其餘見於傳記者指不勝屈。蓋以王爲神裔。而其位爲天授。此實擁護王政之甲冑也。雅典之廢王不置。非直變更其名號而已。實決破神權專制之護符。故哥特子孫任『阿康』職者。雖實際與從前君主無異。然已失『神聖不可侵犯』之資格。後此民政基礎。實開於是。哥特之子米頓爲第一代『阿康』。官其後世及者十三代。等是君權也。而昔也無限。今也有限。昔也無責任。今也對於議會。貴族議會而不得不負責任。貴族之權。日昌一日矣。紀元前七百五十二年。遂改終身在職之制。定「阿康」之任期。以十年爲一任。然猶限米頓之子孫。方得就職。如是者復經四任。至紀元前七百十四年。始改定一切貴族。皆得有任「阿康」之權利。同六百八十三年。復大變革。改任期十年爲一年。改「阿康」一人爲九人。公任庶職。同稱「阿康」。蓋由世襲君主制一變爲終身「阿康」制。由終身制一變爲十年制。再變爲一年制。遂至爲九人合議制。至是而王權之跡始熄。雅典之有正史。實起於此時。今將九「阿康」之名稱職權略述之。

第一阿康　稱「阿康伊坡尼瑪」Archon Eponymos　蓋用其人之名以爲年號。故得此名。希臘各國皆以君主之名爲年號　其職權爲阿康會議之議長。代表國家威嚴。判決族制爭訟。

第二阿康　稱「阿康巴士利亞」Archon Basileus　蓋行古代王者之職權。爲一國之祭司長。凡關於宗敎及殺人罪之爭訟。由其判決。

第三阿康　稱「阿康坡里瑪加」Archon Polemarchos　掌軍政。爲一國元帥。凡本國人與外國人之爭訟。由其判決。

自餘六阿康 統名的士摩的。Thesmothetai 立法者之義也。雖然。其職權非主制定法律。而實專任司法之事。凡爭訟之案。不屬於前三人者。則由此六人決之。

第四節 平民與貴族之爭

前此政權之變遷。由世襲而選舉。由永任而限期。由獨裁而合議。皆貴族之力爲之也。至是遂爲貴族共和制。所謂「歐巴特列士」 Eupatrids 即雅典貴族之名第一章所謂貴族四族皆以此爲總稱 者握一國主權。其餘人民憔悴更甚於昔。蓋昔者君主雖以無責任之神權臨民。然獨夫之勢力終不敵多數。故其施政尚往往公平順民所欲。及貴族政治興。全注重一階級之利益。且恃其團體。無所忌憚。行政司法之權。皆在彼輩。自餘人民學識寡淺。不知法律。一任其所左右。人民多陷於農奴之地位。受地於貴族而代之耕。舉債以自給。債不能償。則自鬻其身及其妻孥以爲人役。至是階級之間懸隔益甚。平民之憾貴族。深入骨髓。革命之機。日急一日。

案貴族舉債於民而壟其利。古代萬國所同也。戰國策稱孟嘗君使馮諼持券往薛索逋。皆此類也。

當時遏狄加之人民。因其土地自然之結果。其職業大別爲三種。（第一）居於山谷者。其地產少。其牧場乏。故其民瘠貧。稱爲山谷黨。（第二）居於海濱者。從事造船航海製鹽漁魚諸業。其生計稍裕。稱爲海濱黨。（第三）居於平原者。遏狄加全州之利益。皆在平原。其附近多海灣諸島。橫接於海岸。農業商利。皆集於是。而貴族實壟斷其間焉。稱爲平原黨。三黨之利害苦樂。既已懸殊。而古代法律所以保護債主權利者特重。債權者得沒收債務之財產子女及其本身。債權者謂有索債之權利者也即債主也債務者謂有償債之義務者也即負債人也此二語爲日本法律上之名詞今以其確切故采用之 平原黨利用此法律。益高其息率。務使負債之人民。無力負擔。因以籍沒其產。奴隸其人。兼併盛行。中產之家。不能自活。束縛日甚。自由殆漸滅亡。

雖然。埃阿尼亞之人民。最愛自由者也。必非能忍此而終古者也。於是紀元前六百二十一年。競爭之潮。達於極點。其山谷黨激昂已甚。亟欲行破壞手段以達改革之目的。其海濱黨稍持溫和主義。欲以正義要求貴族。使之承諾。至其敵愾之精神。則兩者相均。先是雅典之法律。皆不文之法律也。（不文者謂未嘗著之竹帛制爲定本者也如英國之憲法卽所謂不文憲法也）人民概無所知。一任貴族之上下其手。以故民益無所依賴。無所控訴。至是彼兩黨所以要求於平原黨者。其第一事曰『當先使我輩知法律之爲何物』。平原黨財力雖厚。至其人數。實不逮彼等遠甚也。故不得不有所憚。於是舉「阿康」中之一人名德拉康者。使之制定法律。後世所稱『德氏律』是也。德拉康非草制新律。而編纂舊律也。採集前代野蠻殘酷之制。而引申發明之。自德氏律布。而人民之無告益甚。史家某嘗言德拉康之法律。非以墨書者。而以血書者也。其刻薄寡恩。可想見矣。雖然。法律之公布與否。實爲人民權利之第一關頭。德氏律雖不足道。然自有此舉。而人民得有所憑藉以爲競權之的。實開梭倫立法之先河。而雅典政治。自茲一進步矣。

案法律公布。實爲保護國民權利之最要著。能得良法律者上也。卽不能。猶勝於無法而任暴君汙吏之意也。蓋法律既已公布。則無論治人者與治於人者。皆不得不同受治於法律之下。孟子曰『夫舜惡得而禁之。夫有所受之也。』卽其義也。（我國民間俗諺有二語云天子犯法庶民同罪此語實含至理惜乎吾國未嘗勒定君民共守之法律如何而謂之法如何而謂之犯其界說淡然不分明故此言不過一空言耳）故泰西國民之爭權利者。必以求得一公布之法律爲起點。希臘羅馬之前事。莫不皆然矣。（羅馬自立十二銅表頒行法律後民政乃立國日以强　近世各國之流血以爭憲法。亦推此意而光大之者也。故英國有「大憲章」「權利法典」等而立憲之基礎以成。匈加利有「金牛憲章」而自治之根芽不滅。推原其始皆由治於人者與治人者爭權限而經千辛萬苦以得之者也。而今日歐美國民所以日進者。實皆賴是矣。吾國周禮言懸法象魏使民讀之。左傳鄭子產答晉韓起語。亦言國君有與商人立約事。蓋春秋以前其法律尚時或有與民同之之意焉。洎後世專制政體日益進化。馴至一朝律例不許民間窺誦。則非直君權無限。並吏權亦無限矣。

第五節　大哲梭倫之出現

德拉康之新法。既不能宜民。亂機益磅礴。勢將破裂。不可終日。於是有救時之大豪傑出焉。曰梭倫 Solon 梭倫者。賢王哥特拉士之苗裔。而雅典之名門也。生西曆紀元前六百三十八年。正全國黨爭萌芽之時也。稍長。家中落。因從事商業。徧歷埃及及亞細亞諸地。覽其文明。大有所心得。好爲詩歌。長於哲學。歸國後。以撒拉迷士島之役立戰功。撒拉迷士島者本雅典屬地後爲米加拉邦所略取雅典人初屢與爭不能恢復敵愾之念漸銷失至設禁令謂有言用兵此島者處以死刑梭倫以此島爲遏狄加第一海港其得失爲雅典命脈所關乃自作詩佯狂行歌於市中謂與其爲失地蒙垢之雅典人不如爲希臘一僻邑之民於是人心大感動解除此禁卒使梭倫爲大將征撒島而恢復之紀元前六百年頃之事也　名譽益高。梭倫見國中商業日興。中等社會勃起。因知夫前此貴族獨握政權之制之不可以久也。以爲非調和階級之爭。不足以致治。慨然有以此事爲己任之志。屢游說貴族間。使漸感悟。至德氏律發布後三十年。即紀元前五百九十四年。貧民之情狀。實不堪命。貴族若不讓步。則恐有梟雄乘之以行僭主之制。危機迫於一髮。於是乃公舉梭倫爲第一「阿康」。畀以全權。使爲國家制定改革方案。人民咸歡迎之。各黨派顒顒屬望。梭倫乃得大行其志。自是雅典開一新天地。

案各國改革之業。其主動力者恆在中等社會。蓋上等社會之人。皆憑藉舊弊以為衣食。其反對於改革。勢使然矣。下等社會之人。其學識乏。其資財乏。其閱歷乏。往往輕躁以取敗。一敗矣。即不能復振。故惟中等社會為一國進步之機鍵焉。梭倫之能成大業。亦由洞悉時勢。而順應此原動力使然也。中等社會者何。則宦而未達者。學而未仕者。商而致小康者。皆是已。

飲冰室專集之十七

朝鮮亡國史略

章臺柳。章臺柳。昔日依依今在否。縱使長條似舊時。也應攀折他人手。吾以中日戰爭前之朝鮮與中日戰爭後之朝鮮比較。吾更以中日戰爭後之朝鮮與日俄戰爭後之朝鮮比較。而不禁淚涔涔其盈睫也。今者朝鮮已矣。自今以往。世界上不復有朝鮮之歷史。惟有日本藩屬一部分之歷史。記曰。喪禮哀戚之至也。君子念始之者也。今以三千年之古國。一旦溘然長往。與彼有親屬之關係者。於其飾終之故實。可以無記乎。嗚呼。以此思哀。哀可知耳。

第一期　朝鮮爲中日兩國之朝鮮

吾讀李文忠外交函牘。見其二十年前與朝鮮王之交涉。於其詞氣於其稱謂間。穆然想見上國之位置之威信。嗚呼。此如潯陽江頭琵琶婦。向人絮絮道其鈿頭銀篦血色羅裙時代之聲價。吾今羞言之。且不復忍言之。吾今惟舉中國始失保護朝鮮之資格託始焉。則光緒十一年中日所訂天津條約。其濫觴也。約文云。

嗣後朝鮮有事。中國當發兵前往。先咨照日本。日本派兵前往。亦必咨照中國。

此等語句。自國際法理論之。朝鮮既成爲中日兩國共同保護之國明甚也。甲午之役。遂以朝鮮之爲藩屬爲自主一問題。至兩國以干戈相見。今補述其戰前之交涉如下。

（中國公使汪第一次照會日本外部）　我朝素宏字小之仁。斷難漠視藩服之難。

（日本外部陸奧第一次照覆）　本大臣查貴國雖指朝鮮爲藩服。然朝鮮王從未自承爲屬於貴國。

（總理衙門第一次照覆日使小村）　查我朝以朝鮮王申請救護。業已派兵前赴該國。此係按照撫綏藩屬之例。不容稍有延緩。

（日使小村第二次照會總署）　本國歷來未認朝鮮爲貴國之藩屬。此次派兵前往。一係按照日朝兩國在濟物浦所訂之約。一係按照中日兩國在天津所訂之約。妥愼辦理。

（日本外部第二次照會中使汪）　亂事既定。所有朝鮮內政亟應代爲修整。兩國擬各簡命數大臣前往朝鮮。同心稽察各弊。其分應整頓俾朝鮮日起有功者。如國庫出納款項。如遴選大小官吏。如募練彈壓內亂陸兵等皆是。

（中國公使汪第二次照覆）　但其內治作何整頓之處。應任朝鮮王自爲之。卽我中國亦不願干預。至貴國既認朝鮮爲自主之國。豈能干預其內政。其意不辨自明。

（日本外部第三次照覆中使汪）　查朝鮮王常蓄陰謀。致釀禍亂。大爲敝國之害。乃其自主之力。又屬太薄。不足以膺重任。其關係於敝國者。不特通商一端而已。地之相去甚近。又有干涉遠方之處。敝國萬難坐視。（中略）且妨敝國之榮名。是以決計代爲設法。以保太平之局。

由此觀之。朝鮮對於中日兩國地位之變更。略可覩耳。中國以不明國際法上對於屬國之權利。許朝鮮以與外國締結條約之權。授日本以口實。且使中日一役。日本大得列强之同情。所謂合九州鐵鑄一大錯也。天津條約。純使朝鮮立於中日公同保護之地位。開戰前之交涉。全以此問題爲爭點。及兩國公同干涉內政之議不諧。日本已悍然露獨占之勢。觀最後兩次之照會。其肺肝如見也。更述當時兩國宣戰之詔勅。

（中國宣戰書）　朝鮮爲我大清藩屬二百餘年。歲修職貢。爲中外所共知。（中略）乃倭人無故派兵。突入漢城。嗣又增兵萬餘。迫令朝鮮更改國政。種種要挾。難以理喻。我朝撫綏藩服。其國內政事。向令自理。日本與朝鮮立約。係屬與國。更無以重兵欺壓。强令革政之理。（下略）

（日本宣戰書）　（前略）緬惟高麗爲獨立之邦。而與各國結約通商。實由我日本勸導之也。然而清國恆稱高麗爲藩邦。干涉其內政。（中略）茲按高麗獨立之地位。原係日本維持之方。各國條約所公認。清國非但謀損高麗之地位。兼且置條約於不顧。（下略）

此藩屬與獨立之一問題。以口舌不能解決。而至求解決於干戈。自開戰以後。而朝鮮與中國恩斷義絕矣。甲午七月二十六日。卽開戰後未及一月。日本駐韓公使與朝鮮外部大臣締結所謂日韓協約者。

（第一款）　本約之設。專爲維持朝鮮之獨立。日朝之利益。清兵在朝者。宜逐出境外。

是朝鮮與中國斷絕關係之始。然其第三款猶云中日休兵後。此約作廢。則其地位猶未確立也。及馬關條約第一款云。

中國確認朝鮮爲完全無缺獨立自主之國。凡前此貢獻等典禮。損害其獨立自主之實者。全廢之。

朝鮮王旋布告誓廟文。其第一條云。

割斷依附清國之思想。確建自主獨立之基礎。

中日和約既定以後。中國遂派徐壽朋爲駐紮朝鮮公使。純立於平等國之地位。而韓王亦進而皇帝矣。自茲以往。遂入於第二期。

第二期　朝鮮爲日俄兩國之朝鮮

中日媾和以後。漢城咫尺之地。遂爲日俄外交競爭之燒點。於是韓廷有俄日兩黨。日黨擁大院君以清君側而戕閔妃。（光緒廿一年西曆十月八日）俄黨旋奪門挾韓皇及世子幽於俄使館。（廿二年西曆二月十一日）廿二年西曆五月十四日。駐韓日使小村與俄使威爾拔。遂爲日俄協商之約。

（第二條）　日俄兩國代表者。當隨時忠告韓皇。使以寬大待其臣民。

（第三條）　日本以保護電線之故。得置二百名以內之憲兵於韓境。

（第四條）　有事變之時。日本得在韓京置兵二中隊。在元山置一中隊。俄國亦得置衞兵保護外交官。惟所置不得過日本之人數。

因此條約。日俄兩國在朝鮮之地位。恰如天津條約時代（光緒十一年）中日兩國在朝鮮之地位。其後日本山縣有朋以賀加冕使俄。與俄外部大臣魯巴諾甫更申協約。

（第一條）　日俄兩國政府。以救濟朝鮮困難之目的。當勸告朝鮮政府。省一切冗費。且保其歲出入之平衡。若從事改革而須募外債。則兩國政府合意救助之。

（第二條） 朝鮮若不爲財政上及經濟上所困。得以本國人組織軍隊及警察而維持之。使至於不藉外援而能保國內之秩序。則兩國政府皆勿干涉之。

（第三條） 日俄兩國皆得設電線於朝鮮。

自茲以往。俄人益運陰謀於韓廷。以聘用教習聘用顧問兩問題。幾舉全韓勢力胥入俄手。（此等現象凡一年有奇其事實頗繁今避冗不備徵）於是日俄幾決裂。卒以光緒廿四年西曆四月廿五日。日本外部與俄使羅善。爲第二次之協商。

（第一條） 日俄兩政府確認韓國之主權及其完全獨立。且相約於其內政不爲直接干涉。

（第二條） 若韓國將來有向日俄兩國求助之時。凡練兵教官及財務顧問官之任命。苟非經日俄兩政府先行互相商妥。不得以一國擅處置。

自茲約後。俄國在朝鮮之勢力稍被限制。而日本勢力。駸駸益盛。不數年。遂入於第三期矣。

第三期 朝鮮爲日本之朝鮮

一 預備時代

日本處心積慮以謀朝鮮者。既數十年。其第一著。則謀離朝鮮於中國。其策源在天津條約。其收果在中日戰爭。其第二著則謀併朝鮮於日本。其策源在日英同盟。其收果在日俄戰爭。吾觀於此。而歎日人外交之略。至遠且大。至敏且鷙也。日英同盟約文第一條云

兩締約國互相承認中國及朝鮮之獨立。當聲明於此兩國。全然不爲侵略的趨向所制。然據兩締約國之特

別利益。（中略）在日本則以於中國既有之利益以外。又於朝鮮有政治上及商業工業上之特別利益。若此等利益被損害。不得不干涉之時。兩締約國爲自衞起見得執行必要不可缺之處置。

自此同盟成立。日本乃益有後援。以揮手段於韓半島矣。其約文中聲明日本在朝鮮有政治上之特別利益。蓋朝鮮爲日本人之朝鮮。既已經英國之默許。所謂維持其獨立者。特表面上一空談耳。自去夏以來。遂因滿洲問題。釀成日俄之役。然其爭點。不徒在滿洲。而更在朝鮮也。俄人所最重者在滿洲日人所尤重者在朝鮮當時日本政論家。有倡滿韓交換之議者。雖其目的不免局縮。未見採行。然日人之重視朝鮮。不惜犧牲他種利益以易之。可概見矣。今將日俄戰前交涉往復文書。摘其關於朝鮮者譯要如下。

（第一號日本外部致其駐俄公使）　使俄國駐據韓國之方面。則韓國之獨立。必爲之頻被侵迫。卽不然。亦必至使俄國在韓半島占最優之勢矣。夫韓國原爲我國防禦線最緊要之前哨。故於其獨立爲我國之康寧及安全計。實最爲必要者。且我國在韓國所有政治上及商工業上之利益與勢力。實卓絕於他國。而此利益與勢力。我國爲自己安固起見。斷不肯交付於他國。或分與於他國者也。（下略）

日本對韓政略之方針。略具於是。其舉全韓以置於日本勢力範圍下之野心。直揭之不自諱也。於是日本政府提出協商案。尙以滿韓交換爲一手段。今記其原文如下。

（第三號日本政府提出協商案）　（第一條）相約尊重淸韓兩帝國之獨立及領土保全。（第二條）俄國當承認日本在韓國之優勢利益。日本則承認俄國在滿洲經營鐵道之特殊利益。（第三條）日本在韓國。俄國在滿洲之商業的及工業的活動之發達。相約不爲阻礙。（第四條）日本之於韓國。俄之於滿洲。遇爲自衛起見必要之時。可以派遣軍隊（第五條）爲韓國改革或行善政。而與以助言及援助（應於必要且得爲軍事上之援助）者。屬於日本之專權俄國當承認之。

由此觀之。日本之視朝鮮。更重於其視滿洲也。章章然矣。使其時俄政府能慨諸此協商。則此次戰役。可以潛消於樽俎間也。而乃遷延復遷延。齟齬復齟齬。其後俄國卒欲以滿洲問題。置於日俄協商範圍之外。蓋俄人亦深察夫日之視韓尤重於滿也。顧日人所以不得不始終斷斷爭之者。則以滿不保而强俄鼾睡於韓榻之側。坐是而韓亦遂非日所能有也。故其爭滿問題。凡以爲韓問題也。觀其宣戰書。此意甚明。

（日本宣戰書）（前略）我帝國之以保全韓國爲重也。非一日之故矣。此不徒因兩國累世之關係而已。韓國之存亡。實帝國安危所攸關也。然彼俄國者。雖嘗與清國有明約。且對於列國爲累次之宣言。然猶占據滿洲。益鞏固其地步。終欲併呑之。若滿洲歸俄。則韓國之保全無由支持。極東之平和不可復望。（下略）

此日俄開戰之眞原因也。其所爭者在滿洲。而所以爭滿洲者。仍在朝鮮也。自日俄戰開。而朝鮮爲日本保護國之地位遂定。

日俄以陽曆二月八日始交綏。以十日互宣戰。十一日俄國駐韓公使巴布羅福。遂下旗出境。俄韓之國交。隨俄日之國交同時斷絕。其與中日戰役時。袁世凱之由韓撤歸。絕相類也。二十三日。日本駐韓公使林權助與韓外部訂立所謂日韓議定書者。與中日戰役時之日韓協約又絕相類也。今譯其議定書之要點如下。

（第一條）日韓兩帝國。因欲保持恆久不易之親交。確立東洋之平和。自後韓國政府。當確信日本政府。

凡其關於政治上之改革有所忠告皆聽從之。

（第三條）　日本政府於韓國之獨立及其領土保全爲確實之保障。

（第四條）　韓國若遇第三國之侵害或遇內亂日本政府可執行臨機必要之措置而韓政府對於日政府之行動許以完全便宜行事之權（日本政府因欲達此項之目的凡軍略上必要之地點皆得臨機收用。）

此議定書既發布英國倫敦泰晤士報從而論之曰『朝鮮以此條約之故遂永爲日本之附庸今後朝鮮之在日本其猶埃及之在我英也其權能同其效力同其性質亦同質而言之則朝鮮之獨立形式上之獨立也日本所謂忠告權實蒙一薄紙之命令權也』可謂知言光緒十一年以來之朝鮮問題至是遂揭曉開戰之初數月日本政府全副精力悉注於軍事上其於干涉朝鮮內政蓋未遑也至近兩月乃始入於實行時代。

（附言）著者之述本論原爲有感於近兩月來日本在朝鮮之舉動欲詳記之以爲吾國龜鑑但非詳敍前此之經歷則無以見其處心積慮之漸故不辭陳沓特補敍之實則所注重者全在實行時代。

二　實行時代

日俄開戰後數月日本之在朝鮮除軍事外未有特別之舉動韓人坦然安之而日本國中輿論頗有以對韓政略之遲緩責備政府者至最近兩月而霹靂手段遂迭見。

長森案　長森案亦名韓國荒蕪地開墾問題蓋日人長森藤吉氏以私人之資格欲壟斷朝鮮全國荒蕪地以

從事開墾也。其契約之要點如下。
（一）韓國內府所屬土地及官業民業土地未經開墾者。悉歸長森氏集資本從事開墾。
（二）長森氏開墾以上之土地而改良之。以後種植牧畜漁獵等有利事業。悉歸長森氏全權辦理。且有完全使用之權。
（三）開辦五年。不納租稅。五年以後。若所經營事業既有利。則與現在已開闢之土地。納同率之稅於朝鮮政府（但遇天災地變水旱之類收穫不足。則其租稅或減或免）
（四）本約由所經營各部分已經完成之後起算。凡五十年爲滿期。滿期之後。商議再續。
此等契約。吾無以評之。若欲强評者。則如漢武之語田蚡曰。君何不遂取武庫而已。而日本政府乃爲之代表。將全案提出於韓廷。而韓廷怵於其勢。亦殆將應之。實陽曆　月　日也。是爲日本實行日韓議定書所得權利之第一著。
韓人之激昂及其運動　此案既提出於韓廷。舉國譁然。於是朴箕陽李宗說等。首倡異議。聯合搢紳士夫抗疏爭之。以宗濵李乾夏首署。其疏略曰。
（前略）韓國地形山多野少。環海三千里。山澤居三之二。凡此山澤。皆荒蕪地也。今乃一舉而割國土三分之二予諸外人。天下可駭之事。孰有過此（中略）且以日本人言之。二十年來。號稱扶我國家之獨立。證我領土之保全。今玆憤强俄之侵略。動全國之師團以爭之。其以信義自暴於東洋。非一日也。今以義始而以利終。名實相悖。情僞互眩。臣等以爲此殆不過起於一二商民私利之見。在日本政府之老成謀國者。未必弁髦信義至於如是也。今若束手聽從。則割肉飼虎。肉有盡時。而虎無饜期。臣等誠不忍見祖宗之疆土日蹙。不忍與賣國之徒同立於陛下之本朝也云云。

其言慷慨激昂。聲淚俱下。韓廷亦大有所感悟。而諸人者。又非徒抗疏而已。一面傳檄四方。激動全國公憤。一面倡立所謂農礦會社者以相抵制。以宮內省大臣朴陽圭尙禮院卿金相煥中樞院副議長李道宰等爲首領。號稱集資本一千萬元。分爲二十萬股。每股五十元。其股東惟朝鮮人乃得充之。其經營事業之第一著。卽從事於荒蕪地之開墾。而全國荒地之先占權。皆歸該會社所獨有。此其手段與吾湘人創礦務總公司以圖挽將失之礦權者。何其相類也。韓人以是爲抵禦外力之不二法門也。官紳倡之。政府贊之。雖然。以韓人之能力與其資力。豈能組織此龐大之會社者。當其會社章程之發布也。日人譁然笑之曰。是滑稽的政策也。是俳優之舉動也。果也倡之月餘。所集資本不能及千分之一。不旋踵而解散。

然自是以往。排日之運動大起。漢城西門外鐘路天洞一帶。日日集會。處處演說。以培方學堂漢語學校兩處生徒爲中心點。於是有所謂保安會獨立協會與國協會一心會等。所至號召會員。切齒裂眦。喘汗奔走。其他有散在全國之負褓商者。出沒於平安咸鏡兩道。或切電線。或毀鐵道。或以日本軍情諜洩於俄國。而種種舉動。實韓廷有力諸大臣陰主之。在日本各報。則目之曰亂暴之徒也。陰險之輩也。以旁觀公平之眼論之。使韓人並此區區之敵愾心而無之也。則禽畜之不如也。雖然。此區區之敵愾心。其終必無救於亡。韓又稍達時局者所能預斷也。

日人專制政治之發端　此長森案之交涉。韓廷一面拒絕。韓之人民。復一面運動反對。日本則一面使其公使威逼要求。一面使其駐紮軍隊。實行軍事警察。委其司令官原口氏以全權。使處置韓境內回復秩序之事。其手段如下。

(一)捕縛會黨首領。 保安會長元世性等三名又負褓商首領吉泳洙內官姜錫鎬先後被逮

(二)禁止集會自由。 以妨害治安名義一切新立之會皆被解散不許人在韓京聚集演說

(三)束縛出版自由。 韓人所發行之皇城新聞帝國新聞皆須呈日本警官檢閱後乃得發行

以脆薄弱柳之韓人。當此嚴霜烈日之處置。不轉瞬間而其指天畫地憝跳狂擲之氣象。全歇滅矣。嗚呼。無能力以盾其後。則客氣之不足恃也如此。嗚呼。

此案之結局 自長森案提出以來。韓國朝野上下皆激烈抵抗。而日本輿論亦大不直其政府。不直之者。非謂其對韓手段失於嚴厲也。一則長森氏之在本國。本非知名士。以此不足輕重之私人。畀以全韓土地之大權。謂其政府之輕重失當也。一則以對韓政策大綱未立。諸事曾未一著手。而以此區區者害韓人之感情。謂其政府之先後失宜也。於是政府幾度商議。乃於實際上撤回長森案。於名義上改為無期限之延期。而別提出所謂韓國內政改革案者。以為此權利之代償。自茲以往。而朝鮮乃眞為日本人之朝鮮矣。

內政改革案 陽曆八月十二日。日本駐韓公使林權助謁見韓皇。將改革案提出。未幾遂畫諾。今將原案全文譯出。次乃略評之。

(一)韓國因欲整理財政。特於度支部內設財政監督。聘日本人目賀田種太郎氏充之。

(二)因整理財政之故。日本許貸與款項於韓國。其第一期貸款三百萬圓。

(三)略
(四)將韓國舊有之典圜局廢去。別爲白銅貨幣之處置。以確立幣制。
(五)結日韓幣制同盟。凡日本政府所鑄造之貨幣及鈔幣。在韓國一律通行。
(六)特設中央銀行。司理徵收租稅及其他公金各事務。
(七)略
(八)因向來外交事務。辦理失宜。故特設外部顧問。永由日本政府推薦。而現薦美國人田尼遜氏充之。
(九)韓廷將所有一切外交事務。及保護海外韓人之事務。皆託諸日本政府。俟此約實施後。卽將前此派出駐劄各國之公使領事。盡行召還。
(十)韓國召還各國公使之時。各國派來駐韓公使。亦同時撤退。惟留外國領事。駐紮境內。
(十一)因欲整理財政之故。將韓國軍備縮小。以節糜費。前此全國二萬之兵額。當減爲一千內外。除守備京城之外。各地方兵丁。一切撤退。
(十二)結日韓兵器同盟。整理現在之軍器。
(十三)整肅宮禁。除君側之惡。禁巫女卜祝。凡一切雜輩。不許出入宮廷。
(十四至二十三)略
(二十四)除現定度支外交兩顧問官外。不復置總顧問官。前此所聘外國顧問。皆黜免。
(二十五)略

右二十五條。則日本公使提出於韓廷改革案之內容也。其後經屢次協議。雖稍有修改。然大體皆經許諾。至二十二日先行發布三條。則其一爲原案第一條設財政顧問（原提議名爲監督後經磋磨改稱顧問云）之事。其二爲原案第八條設外交顧問之事。其三乃另加特詳者。文曰。

韓國政府若欲與外國人締結條約及其他重要之外交案件。如對於外國人許與特權等事。一切皆須先經日本政府協議。

同日又別訂一約云。

前此各國公使謁見韓皇。例須經外部請於宮內省。待其指定時日。乃許召見。自今以往。因內政改革之故。韓皇之下問於日本公使者。與日使之忠告於韓皇者。皆當甚多。特廢此例。除捧呈國書仍循故事外。其餘不拘何時。得以任意入謁。

合觀以上諸約。則韓之爲韓。從可知矣。國家行政機關最要者三事。曰財政權。曰軍政權。曰外交權。三者亡則國非其國也。今改革案之第一著。卽以設財政監督爲綱領。厥後雖改稱顧問。猶朝四暮三之長技也。其充此顧問者。曰目賀田氏。其人曾任大藏省主稅局長者十數年。日本第一流財政家也。今遷此職。日本之輿論皆爲得人慶也。其中央銀行。握全國貨幣之權。約中雖未明言辦理細章。然必在日本人支配之下。豈待論也。今以彼中道路所傳說。或謂將使「日本銀行」開支店以充之。或謂以韓京現有之「第一銀行」支店充之。（第一銀行者日本民立諸大銀行之一也現有支店在韓京此次戰事發行軍用鈔幣等皆經其手）雖或未必然。然卽以韓國皇室之名義新創立。其支配權亦豈復韓人所能過問也。至其借款之約。或謂是卽英國之所以待埃及。顧吾猶以爲不類也。何則。埃及以借款而失財政權。朝鮮則既失財政權而後借款。然則日人今後之借款與韓。其猶前此之借款與臺灣行政廳也。（日人得臺灣後極力經營凡十年間皆由東京政府特別借款與臺灣政廳蓋臺灣政廳頗有半獨立的性質其豫算決算皆不與中央政府混也至今年而臺灣不必資助矣）至如貨幣同盟名。則同盟實則主屬。不俟論也。朝鮮今後之財政權。有如此者。吾儕驟覩其外交顧問之條約。見所聘者爲一美國人。吾滋惑焉。謂日人乃肯割其權利之一部分讓諸他國。咄咄怪事也。徐乃知田尼遜其人者。在華盛頓之日本公使館數十年。（約如科士達之在中國公使館而關係之深切尤過之）美人其名。而日人其實也。顧日本本國之外交家固自不乏。而必假美籍之田尼遜爲傀儡者。其深意殆別有所存。非吾人之所能測也。抑此外交顧問者。不過在漢城耳。自今以往。朝鮮外交之主動。不復在漢城。而在東京之霞關也。（日本外務省所在地）故區區顧問。非其所最注意者也。夫寧不見公布協約之第三條。將締結條約之權。盡收攬於日本政府乎。而漢城所餘者更何有也。朝鮮與列國不復互派公使。而列國派駐朝鮮者惟餘領事也。是國際法上保護國之地位則然。吾昔者斷斷自號曰「朝鮮爲大淸藩屬二百餘年」而顧聽其自與外國立約。今請觀他人之所以待其保護者果何若也。（此次之西藏一如前者朝鮮之覆轍矣噫）朝鮮今後之外交權。有如此者。普之初敗於法也。法人限其常備兵額。今者日本限制朝鮮之兵。由二萬而減至一千。使朝鮮永無死灰復然之望也。雖然。卽使韓人有兵二萬。其亦何能爲。日本於此。未免過慮也。或曰彼所重者固不在是。彼誠見夫糜費之無謂。以整理財政之目的故省之。非有他念。吾蓋亦信之也。朝鮮今後之軍政權。有如此者。三權既去。然則朝鮮政府所餘者能幾乎。吾以爲舍伴食外。眞無有也。甚乃宮禁之事。君側之惡。而亦干預及之。嗚呼。三十年來箕子之血食。其遂已矣夫。其遂已矣夫。吾今乃知夫扶助云保全云者。其結果乃如是也。

兩月以來。日本輿論研究對韓政略者。更僕難數。就中柴四郎氏。（進步黨一名士著佳人奇遇者也）新著一論。名曰「韓國之將來」登諸本月太陽報中。綜羣說而徧評之。其所舉者得九說。

甲　韓皇半面論。（仍扶持朝鮮主之獨立者也）

乙　日韓大帝國合併論。（略如奧匈之雙立君主國云）

丙　顧問政治論。（派一總顧問官其餘各署及各地方皆派顧問）

丁　保護國論。

戊　韓國永久中立論。（使之如瑞士如比利時云）

己　總督政治論。（謂收之爲郡縣如琉球臺灣故事）

庚　放棄政治獲取實業論

辛　韓皇讓位論

壬　亡命客利用論

柴氏原著凡二萬餘言。臚舉此諸說者之論據而疏通證明之。日本之輿論。略具於是矣。今避繁不復博引。要之日之視韓。從可知也。而現在所實行者。則丁說也。亦實日本今後對韓政略之不二法門也。

嗟夫嗟夫。風景不殊。舉目有河山之異。昔人所歎。今乃見之。吾於三年前曾著滅國新法論一篇。於近百年來已墟之社。憑弔陳跡。而追想其馴致之由。未嘗不汗浹背而涕交頤也。今朝鮮又弱一個矣。昔人詩云。日出狐狸眠冢上。夜歸兒女笑燈前。吾恐吾之哀朝鮮。其又將見哀於朝鮮耳。嗟夫。

飲冰室專集之十八

越南小志

一　地志

越南在亞洲中央。東北與我兩粵雲南三省毗連。西與老撾爲鄰。東接東京灣。地勢西北多山嶺。沿海多平陸。形若長蛇。南北嬴而西東絀。截長補短。計面積二十四萬五千餘方里。人口約二千萬。土地沃饒。物產繁庶。尤富於五金礦。實亞洲一舊國也。當法人占領以前。其地分北圻南圻兩大部。北圻卽今法人所號爲東京 Tonkin 屬者。凡十六省。

北圻凡十六省
- 沿東京灣七省：萬寧　河內　海東　寧平　南定　乂安　河靖
- 鄰我國四省：廣安　諒山　高平　宣光

中部五省
- 太原
- 北寧
- 清華
- 山西
- 興安

南圻即今法人所稱安南 Annam 屬及交趾 Cochin-China 屬者。凡十五省。

南圻凡十五省
- 今安南屬九省
  - 廣平
  - 廣德
  - 廣義
  - 富安
  - 廣治
  - 廣南
  - 歸仁
  - 衙莊
  - 平順
- 今交趾屬六省
  - 邊和
  - 嘉定
  - 定祥
  - 昭萬
  - 永隆
  - 河仙

自昔一切制度。皆仿我國。其省幅員不廣。僅抵我一二縣。然大省猶置府五六。小省亦二三。府有數縣。縣有數村。村亦置社及鄉。省有督撫藩臬。府縣皆有知事。郡村社鄉皆有長。此舊制也。

全國為一大連山二大平原所組織而成。二大平原者。一為紅河及其支流之灌域。二為眉公河及其支流之灌域。二平原之間。則所謂連山幹脈。發於雲南及圖伯特。地界劃紅河眉公河之中心。兩河皆發原雲南。紅河尤為我國歷史上通越之孔道。唐咸通間雲南南詔王往來於東京河內府皆由紅河明永樂二年成祖征安南時分軍為二大將張輔將第一軍自廣西入東京大將沐晟將第二軍自雲南經紅河入東京眉公則爲越境最大河，與緬甸暹羅爲界。近年英法兩國協議定爲永久中立地域者也。

二　建國沿革及與我國交涉

越南通中國最早，堯典已有宅南交之文。周成王時，越裳氏重九譯來獻白雉，即其地也。秦時闢地極遠，收之置日南交趾林邑象郡等郡。秦末海內鼎沸，南海尉趙佗擁衆自帝，國號南越，實兼王其地。漢武平南越，分其地爲儋耳珠厓南海蒼梧鬱林合浦交趾日南九眞凡九郡，置交州刺史領之。交趾日南九眞即今越南也，而刺史駐廣州轄屬焉。後漢改稱交州，黃巾之亂，士大夫多避地往焉。六朝復稱交趾郡。唐武德中改交州總管府，至德中改安南都護府，即安南所由得名也。自唐以前，世內屬爲郡縣，與腹地等。五代時士宇分崩，祖國皆爲藩鎭所割據，安南邊徼紛擾逾甚，有楊廷藝紹洪等迭自署爲交趾節度使。後廷藝以牙將丁公著攝驩州刺史，公著死，子部領繼之。盪平羣寇，部民德焉，乃推爲交州帥，號曰大勝王。時宋藝祖奪國於孤寡之手，偷安無遠略，以玉斧畫天南界，曰此外非我所有。安望越南爲哉，於是越南始離中國而獨立。彼中所號爲丁先皇者，即公著之孫部領之子丁璉其人也。

自建國以迄滅亡，凡一千餘年，丁李陳黎莫阮六七姓，篡弒頻仍，殆無寧歲，卒以內訌之故，舉太阿授人，以致滅亡。今略紀其沿革。

一丁朝　丁氏自公著起，再傳至其孫璉，值宋太祖平嶺表，遣使貢方物，乃封爲交趾郡王。越人所號爲先皇者是也。璉卒，弟璿襲位，大將黎桓擅權，丁朝亡。

二前黎朝　黎桓擅政久。宋眞宗卽位。封爲南平王。凡三傳而李氏篡之。

三李朝　李公蘊卽越人所稱李太祖者也。初爲黎朝大校。卒篡其國。宋眞宗因封爲交趾郡王。實大中祥符三年也。再傳至孫日尊。彼號聖宗始僭帝號。國稱大越。五傳至李天祥。彼號高宗當宋孝宗時。封爲安南國王。我之命越爲國自茲始。凡八傳二百二十餘年。至寧宗時亡。

四陳朝　陳朝初祖曰陳日煚。李氏八傳至李昊。昊無子。日煚爲其壻。遂篡嗣。宋理宗景定三年。表請襲封。從之。終胡元之世。安南皆爲陳氏。有七傳。至陳日煃。當明太祖時。復四傳。而國相黎季犛篡之。

五後黎朝　明惠帝建文間。季犛大弑陳氏宗族而自立。更姓名爲胡一元。自稱舜裔胡公後。僭國號大虞。成祖永樂四年。命大兵討之。五年。詔夷其國爲郡縣。凡用兵十餘年。卒反覆不可得定。宣宗宣德二年。乃罷交趾布政使司。六年。命季犛子利權署安南國事。英宗正統元年。封黎麟爲安南國王。自是黎氏爲越王正統。至清乾隆間始絕。

六莫朝　明世宗嘉靖間。越相莫登庸。迫黎廣禪讓。篡其國。黎氏子孫走保清華。自是越分東西。神宗萬曆間。廣孫維潭以清華兵攻克莫氏。復國。而莫子孫猶據高平。終明之世。兩姓並峙。莫能統一。淸順治十六年。定雲南。黎維禔遣使至軍。康熙五年。詔封維禔爲安南國王。而莫元淸尙在高平。亦受都統使印。互搆兵不相下。吳三桂之叛。維禔復乘間攻取高平。於是安南盡歸黎氏。莫朝亡。

七阮朝　嘉靖中。黎維潭之復國也。其臣鄭憶阮口實左右之。自是鄭阮世爲左右輔政。後鄭氏專國。出阮於順化。號廣南王。由是鄭阮世仇。乾隆五十二年。阮惠以廣南兵攻國都。黎王維祁出亡。詔兩廣總督孫士毅

帥兵討之功垂成忽爲阮氏所襲大潰以福康安代之時阮氏方與暹羅搆兵懼暹乘其後遂乞降五十五年封阮光平（惠改名）爲安南國王

八舊阮朝　黎氏之亡其甥耐農王阮福映者奔暹羅藉暹力克復耐農勢日强號舊阮屢與新阮戰奪其富春舊部嘉慶七年遂盡滅新阮全有安南地自稱爲黎氏復仇獻表乞復舊名爲越南國卽越南最後之王朝今守府擁虛號者其子孫也

三　與法國之交涉

法之窺越久矣其派遣傳教師殆自二百年以前迨一七三〇年（康熙五十九年）法兵艦俄羅地號泊交趾士官三人登陸至平順省士人羣集縛而獻之於王艦長與在交之傳教師商以重金贖歸此爲法越交涉之嚆矢

一七四九年（乾隆十四年）法王路易十五命皮易甫亞孛爾者爲全權大臣至順化府謀通商阮王不許

一七五三年（乾隆十八年）越人大窘戮天主教徒多逃至印度

一七八六年（乾隆五十一年）越內亂阮文岳自稱王阮光平使其子景叡詣法國乞援翊年遂訂法越同盟之約割峴嵛島之茶麟港於法實爲法人經營越南最初之根據地未幾寒盟不實行割讓

一八二〇年（嘉慶廿五年）越王以詔書命殺法人狄亞氏以法艦來測量海口國人激昂攘夷說盛行故也（編者案日本以美艦測量海口之刺激而成維新之業越南以法艦測量海口之刺激而召滅亡之禍其故可思）

一八四七年（道光二十七年）法人以兵艦至茶麟港大敗越軍

一八六二年同治元年法帝拿破崙第三以海軍大舉伐安南奪荼麟港約割下交趾邊和嘉定定祥三省開三通商口岸償金二千萬佛郎以講自是法人在越之根據定嘉定省即西貢所在今越南第一都會也

一八六七年同治八年法人更割取下交趾南部之三省自是下交趾六省悉隸法版

一八七四年同治十三年更訂所謂西貢條約者今摘舉要點

（第二款）法國大皇帝案一八七四年法國已改爲共和國此文大皇帝云云者據日本人曾根氏所著法越交兵記原文想屬當時譯者之誤嗣後以越南國王係操自主之權並不遵服何國越南若有內患外寇國王一有請援之舉法國立即隨機相助（下略）

（第三款）越南已約法國爲之保護如此後越南與各外國交通則須合法國之意事乃可行（中略）今後越南與他國立盟互市則須預行照會法國

（第五款）越南國王現在所割畀於法國者其所轄治之地即嘉定邊和定祥永隆安江河仙六省其界東臨海毗連平順省西臨暹羅灣南枕南海北接柬埔寨均歸法國管理獨操自有之權（下略）

（第十一款）越南國因欲便於各國通商互市故特開平定省施耐汛海陽省寧海汛並該汛上泝哈尼河一帶以達大淸國雲南邊境凡一應外國商船可以隨意往來（下略）

此條約凡二十二款此其最關緊要者也第二款冒頭認越南爲自主國一語是還其門面歐人待東方諸國之慣技也其下文解釋已含保護國之性質其第三款則將保護法宣言無憚矣其第五款則下交趾純然割讓又異於他地也其第十一款則與我雲南有關法人之汲汲經營越南其最後之目的實在我國也故今詳舉之其餘關於賠款開港傳教交犯等以僅屬於一時之事項故略之

西貢條約既成。越人舉國上下。莫不憤悔。至一八八二年。（光緒九年）適劉永福率游勇入安南。將以之爲根據地。越人乃利用之。欲以驅法人於境外。紅河航路爲梗。全境騷然。法人乃以兵直陷河內。噩耗達順化政府。國王乃頒明詔。使黑旗軍拒法兵。我政府一面使公使曾紀澤牒責法國。而北京法公使布黎氏。亦抗辯不相下。李鴻章力主平和。提出協商案四款。布黎氏亦提出協商案三款。正相持未決。而法國政府忽大更迭。拉克爾氏爲外務大臣。拉氏者著名之侵略家也。一意堅持兩協商案。皆置不理。且免黜布黎氏。一面增兵以略安南。遂陷南定海陽山西。直逼順化府。越人不支。爲城下盟。卒以一八八三年結條約二十八條。所謂哈爾曼條約是也。語其內容則

（一）安南公然自認爲法蘭西保護國。

（二）割讓平順省。

（三）法國設兵備於安南各要隘。且於紅河沿岸設哨所。

（四）順化府（即越京）及其他大小都府。法國皆設官駐箚。

（五）下列各件皆受駐箚官之監督。

（甲）諸大市之警察。

（乙）稅務。

（丙）自平順省北境以迄東京。一切官吏及東京城內大小官吏。

（六）下列各件法國駐箚官全權執行之。

（甲）外交事務。

(乙)稅關事務。

(丙)內外交涉之司法事務。

(七)　增開三港爲通商口岸。

(八)　開西貢河內間之道路。且架設電線。

自此條約成。越南始全然永在法國羈軛之下。

一八八四年。光緒十年復結順化條約十九條。不過取哈爾曼條約而修加之確定之耳。今不多述。

自哈爾曼條約發表。我國人心大激昂。主戰之論。朝野囂然。於是有馬江之役。我當局者旣著著失敗。而法國政府。亦生紛亂。閣員大更迭。外務大臣拉克爾以憂憤死。法亦厭兵。於是乃與我結天津條約。其第二條聲明法國與安南從前所結條約。及將來所結條約。中國一切承認之。於是中國擧千年來主屬之關係。一切放棄。安南遂以正式再醮於法蘭西矣。

四　法國之越南

法人自得越南後。設印度支那總督以統治之。其總督權力所及之地域如下。

(一)領　地　交趾(Cochin-China)　一八五九年占領

東京(Tonkin)　一八八四年占領

(二)保護地　安南(Annam)　一八八六年盟約

柬埔寨(Cambodia)　一八六三年盟約
老撾(Laos)　一八九三年盟約
(三)勢力地　比索省及米克利省大湖西沿岸地方(Bassak, Meluprey, Bien Ho)一九〇二年占領
(附言)我廣州灣硇州島割讓於法國以後。亦歸其印度支那總督所轄。今以不關越事。不詳述。
今舉法領越南分爲五大部。列其統計。
(一)交趾。
面積　二萬二千方英里。行政區域二十一州。
人口　二百九十六萬八千五百二十九人。
人種　安南人。柬埔寨人。中國人。苗人。占人。印度人。馬來人。達加拉人。
宗教　佛教百六十八萬八千二百七十人。羅馬教七萬三千人。
兵備　法兵三千五百三十六人。南兵二千六百六十七人。
(二)東京。一名北圻
面積　四萬六千四百方英里。行政區域十四州。
人口　南人約七百萬人。中國人約三萬三千人。
宗教　羅馬教四十萬人。餘未詳。
兵備　法兵八千人。南兵一萬四千人。

(三)安南。

面積　五萬二千百方英里。

人口　六百十二萬四千人。（中國人約四千）

宗教　羅馬教四十二萬人。餘未詳。

兵備　法兵六百人。餘未詳。

(四)柬埔寨國。　古名眞臘國

面積　三萬七千四百方英里。　行政區域五十七州。

人口　百十萬三千人。

(五)老撾國。　古名羅越國

面積　九萬八千方英里。　行政區域十五區。

人口　六十萬五千人。

大抵法人勢力最張之地爲交趾方面。西貢所在地也。法人盤踞已半世紀矣。其次爲東京方面。河內所在地。千九百二年。印度支那總督府由西貢移河北。其所以經營之者至矣。其安南內地及柬埔寨老撾。則羈縻而已。然既在外控其咽喉。則彼三方面者。實釜底游魂也。其內政諸慘狀。詳巢南子所述。茲不復贅。

五　法國越南政略與中國之關係

法國前宰相阿黎安公爵嘗宣言於議院云。『我國以欲通道支那之故。不得不占領東京。』此實法國百年來之。一大計畫也。四十年前。法人初據交趾。建西貢爲首都。西貢在湄公河口。當全越之南端。距中國較遠。控制頗不便。故進次東京以爲策源。彼略有東京。既二十餘年。而三年前。移首都於河內。實政略之一大進步也。一八九七年。印度支那總督德瑪 Doumer 氏。要求越之守府君主。令廢東京河內布政使司。而以法國政廳代之。一九○二年一月一日。遂舉西貢之總督府遷焉。其時法人已得租借權於我廣州灣。因更大開海防港以爲犄角勢。海防港者。河內附近控臨東京灣之一重鎮也。海防河內間相距六十英里。鐵道既成。四點鐘可達。更由河內經北寧。諒山至廣西境上關隘之文煙 Dong-dang 鐵路。七點鐘可達。由河內泝紅河以至雲南之思茅。蒙自亦甚便利。又海道自海防起行。至欽州之北海瓊州之海口。及新租借之廣州灣。皆一日可達。由海防至香港澳門。皆四十點鐘可達。由海防南航至安南王所居順化府城。一日半可達。至舊都西貢。四日可達。阿郎灣之烘崖 Hon-gai 東亞著名產煤地也。由海防北航。亦數點鐘可達。由烘崖運煤至廣州灣。亦一日可達。一二年後。文煙龍州太平南寧廉州北海之鐵道成。其延長線橫貫廉州半島。海陸勢力集合於一點。則其視廣西全省及廣東之南部。眞懷中物也。故曰法人遷都於河內。實世界一大事也。

四十年前。鐵路之用未廣。故狡焉思侵略者。惟注重航路。西貢條約一八七四年法越條約第十一款。汲汲以得紅河航行權爲務。凡以窺雲南也。然法國海軍大佐拉克里氏。曾以三年間泝航湄公河。欲以上雲南。將河流之實相。細細調查。知其上游不適於航運。其後法商德姚甫氏卡爾尼埃氏。亦曾兩次探險於紅河。欲以進雲南。知其不能容大船。且沿河萑苻甚多。動生障礙。於是不能不別圖進取之道。適乘十九二十兩世紀嬗代之際。列强皆以鐵路政略。爲侵略之不二法門。於是法人亦集全力以注於此一點。

一八九七年（光緒二十三年）總督德瑪氏初就任。卽發表鐵路經略策。蓋緣英人方擬築緬甸雲南鐵路。受此刺激而急起直追以相競爭也。乃緬甸鐵道發議雖早。而進行甚遲。近且有中止之勢。而法人越南鐵路。反以一日千里之勢汲汲進步。今將一八九七年印度支那總督府所決議之鐵路計畫詳記如下。

（一）安南縱貫鐵道。

起點　西貢 Saigon

主驛　歸仁 Kwinhon

順化 Hue

清華 Thanh-hoa

寧平 Ninh-Binh

終點　河內 Hanoi

（二）海防河內鐵道。

起點　海防港 Haiphong

終點　河內府 Hanoi

延長線　老開 Lao-kai

蒙自 Mongtse

雲南府 Yunnanfu

（三）老撾安南中央鐵道。

起點　安南　廣治 Kwang-tri

終點　湄公沿岸　沙威尼克 Savan-nakhek
(四)老撾安南南部鐵道。
起點　歸仁 Kwinhon
終點　遏特菩 Attopeu
(五)西貢南旺鐵道。　起點　西貢 Saigon
終點　南旺 Pnompenh

右五線總里數　一千九百八十七英里

布設工費總額　一萬六千萬圓（每英里約七千七百二十九圓）

翌年爲一八九八年九月十四日。印度支那政府因時局急迫。更決議將安南全境鐵道。及入中國鐵道。更加工趕修。以下列諸線爲尤急。

(一)河內老開線。　全線百七十六英里限一九〇四年落成
(二)老開蒙自雲南府線。　全線二百三十英里據最近電報已於本年一九〇五年六月全線落成
(三)河內南定乂定線。　全線二百〇二英里限一九〇二年落成
(四)茶麟順化廣治線。　全線百〇八英里一九〇一年落成
(五)西貢慶和線。　全線四百〇四英里現在布設工事中
(六)德美永隆線。　布設設計中
(七)海防河內線。　現已成

（八）河內諒山文煙線。（全線百〇三英里現已成此線直通廣西鎮南關）

（九）西貢德美線。（現已成）

以上八線路當一八九八年。以法律發布之前。總督發鐵道公債八千萬元。既為政府所認許。現工事著著進步。已成者十之八九矣。

其侵入中國之鐵路。已預定測量者如下。

（一）廣州灣……高州……梧州線（由梧州接西江航路且延長於廣州）

（二）廣州灣……遂溪……鬱林線（至鬱林府接續第三線）

（三）文煙……龍州……南寧……鬱林……梧州線

（四）南寧……柳州……桂林……衡州……長沙……漢口線（至漢口與盧漢線接續）

（五）雲南……敍州……成都……重慶線（一九〇〇年測量完成）

其規模之遠大。計畫之精密。眞令人羨煞。令人嚇煞。近年以比利時為傀儡。而攘我粵漢鐵路。又屢迫政府。欲自行敷設川漢鐵路。皆此計畫之一貫也。老開雲南之鐵路既成。雲南已為法之俎上肉。蓋長已矣。此後進取以圖中原。封豕長蛇之勢。且未有艾。我國及今不圖。數年之後。羽翼已就。橫絕四海。則我舍束手待斃之外。更何冀哉。更何冀哉。

飲冰室專集之十九

越南亡國史

發端

痛莫痛於無國。痛莫痛於以無國之人而談國事。吾欲草此文。吾淚盡血枯。幾不能道一字。飲冰室主人曰。嘻。吾與子同病。爾且法人在越種種苛狀。舉世界無知者。子爲我言之。我爲子播之。或亦可以喚起世界輿論於萬一。彼美人放奴之舉。著書者之力也。俄士戰爭。亦報紙爲之推波助瀾也。子如無意於越南前途則已。苟猶有意。則布之爲宜。抑吾猶有私請者。我國今如抱火厝積薪下而寢其上。猶舉國酣嬉若無事。語以危亡之故。藐藐聽之而已。吾子試爲言越亡前事。或我國大多數人聞而自惕。因蹶然起。有復見天日之一日。則豈惟我國賴之。貴國亦將賴之。余感其言。因抆淚以著是篇。

一　越南亡國原因及事實

越南在漢唐以前。本交趾一部。與林邑占城同爲榛狉未開之人族。秦趙尉佗時。漢馬伏波時。漸成一小小部落。迨宋以後。交阯英雄丁璿（丁先皇）李公蘊（李太祖）等繼起。篳路藍縷。開拓漸大。已全有珠崖象郡文郎越裳等各部。漸成。一國至元時有陳國峻陳光啓。越之人傑也。與韃人戰。殺元將唆都。虜元太子烏馬兒。捕送燕京。時有詩云。

奪槊章陽渡。擒胡鹹子關。
太平當致力。萬古舊江山。

其時人才人人思進步。事事求進步。故國勢日强。黎朝時戰退明兵。又收占城國之半。併有林邑全壤。前阮光中君又極英雄。攻敗暹羅。殺退洋艦。英威偉烈。實令人心心口口欽仰。至今朝阮氏建國。國初人才實能極力求進步。遂全有占城。又得富貴眞臘地（今西貢）又西撫高蠻萬象。西北極哀牢鎭寧樂丸。南極崑崙島。北夾兩廣雲南。爲一全越南國。其時越南國比唐時以前交阯部成五六倍之大。若使越南人君臣常思進步。務益民智。務長人才。國計兵謀。事事求進步。豈非烈火得鉅柴。炎炎赫赫。光焰亙天耶。人亦有言。器滿則傾。越人彼時自顧已滿。擁金睥睨。井蛙無天。文恬武熙。日甚一日。其間積腐政教。事事模倣明淸。文人以陳編兎守。俗學鴉塗。自矜得志。武人以旗鼓美觀。棍拳兒戲。自謂無前。其最可鄙者。抑制民權。錮狗輿論。凡國家謀議。民黨從旁咨嗟而已。孟子有云。國必自伐。然後人伐之。於是有數萬洋里外。于于而來之佛蘭西國（有人呼爲大法）佛蘭西於百年前遣其敎徒來西貢河仙等處。乞講道。是爲嘉隆初年。是時法人已有窺覦越南之志。因見越南君臣輯睦。政敎無缺。又國中虛實未詳。如何敢動。馴至嗣德初年。見越南的是野蠻。政敎民權日削。公論不伸。知是越南垂亡時候。遂遣法敎徒問越南政府。陳乞通商。又大集商船於西貢。而以兵船出其不意。潛入沱瀼（在廣南爲越南扼要海口）攻沱瀼三年不能下。引去。自法人之失意於沱瀼也。蓄憤潛謀。眈視更甚。是爲法人取越南之濫觴。

越南若及是時。大修兵政。大振民權。君臣上下。勵精圖治。深求外洋之智學。洗刷積腐之規模。迨天之未陰雨。徹彼桑士。綢繆牖戶。國猶可爲也。

乃越南朦朧雙睡眼。痿痹一病軀。尊君黨。抑民權。崇虛文。賤武士。盜賊窺伺於庭。妻兒酣歌於室。主人擁被臥牀。時時作一欠伸。嗚呼危乎岌岌哉。

果也負且乘。致寇至。嗣德十五年。法人以重兵厚集於西貢。要越南講盟。越國君以欽差大臣往會。越大臣奉國章如西貢。法人以兵劫盟。使紀盟詞曰。越南國君臣順情願大法國保護。乞以六省爲讓地（嘉定邊和寶祥永隆安江河僊）押國章訖。又定約章。有越南既願大法國保護。不得更與他外國交涉一條。是爲法人取越南之嚆矢。

其時三十省全轄未動。兵財充裕。苟奉命講和之人。有膽氣。有機略。但依通商講道前約。諤諤與爭。亦未至權利盡失。最可恨者。當時潘清簡林維義爲欽差大臣。二人羊豚其肝。狐鼠其技。一見法人。便戰戰慄慄。汗出如雨。倘法人要將其父母。獻其供宰。彼亦恭恭敬敬。雙手獻之。何況六省。

此六省者。人民勁悍。財粟豐饒。（西貢粟米輸出海口海國皆利之）實越南天府也。法人經營其地。已有四五十年之久。至此時始出很毒手段。越南堂奧爲之闃然。嘉定蓙芹海口。爲越南第一深廣海口。歐洲海船入越南。非此不達。是自西洋來之關鎖。

其時有鄉進士阮勳。武舉人阮忠直。鄉團戶張定。張白。舉義兵與法人抗。累數百戰。然以軍械不及法。尋敗。全家被戮。墳墓一空。

阮勳最烈。起兵時。三爲法人所擒。再脫於獄。再聚義。臨刑時。有句云。『縱死已驚胡虜魄。不降甘斷將軍頭。』終不屈死。法人梟其尸。投之海。

嗣德三十五年。取東京河內城。城臣黃耀以血書遺表自縊。表有云。「何忠義之敢言。懼事勢之必至。城亡莫救。多慚北圻都人士於生前。身死何裨。願從先臣阮知方於地下。」（前法兵旣襲東京壯烈伯阮知方父子殉難）時以休官在家起義殉難者。爲按察海陽北寧解元阮高。聚黨千餘。謀復省城。爲法所擒。以手刀自剖其腹。不卽死。復自斷其舌而死。有義人輓以詩云「誓心天地流腸赤。切齒江山吐舌紅。」

高旣死。法猶以不得殺割爲恨也。斷其首梟之。未幾諸省相繼淪陷。甲申建福元年。法兵入順京海口。劫越南以清國封王璽章繳還清朝。清國以越南讓法。實在是年。嗟乎。數千百年受封之榮。不足以償一朝還璽之辱也。枯楊生花。何可久也。老婦得其士夫。亦可醜也。越南之謂哉。

乙酉年。法兵攻京城。咸宜帝奔乂安省。詔四方勤王。而輔政大臣阮福說赴廣東求粵督達愬淸廷乞援。法人知之。向淸廷阻其事。且問越南人來意。清政府憚法。遂安置越南人於韶州。

法兵掠乂安。奪咸宜。駕徙之巴黎城。尋以帝有謀歸國之志。徙之南斐洲阿爾熱城。禁南人往來。絕音問。

越南地勢險要。人兵勁捷可戰。法人非容易可取。緣嗣德時有姦臣陳踐誠阮文祥當國。此二人者。俱虎狼面目。狐獪肝腸。文祥比踐誠更甚。善於逢迎掩飾。深得主上心。嘗蓄篡奪之志。因國政內腐。法虜外窺。知法勢彊盛。遂借外交手段。脅制朝廷。以陰行己志。多以重賂結法人。約爲法人與援。彼爲機密院大臣。每有機密。輒先洩於法。法人亦以重賂餌之。凡交通英德等事。皆爲祥所敗露。國中又有太后范氏。愚而貪。爲嗣德翼宗之生母。干預朝政。翼宗事事稟求母后乃行。阮文祥卽以法人所餌之重賂結母后心。昏嫛姦賊。表裏弄權。顚倒國政。陷害正人君子。或則橫被刀斧。或則黜削歸里。順京失守時。文祥實引法兵入城。阮福說出兵迎敵。使人向祥乞濟師。祥卻向法營通信。絶彈藥弗給。城遂陷。法得國祥。自以爲功。謀求封王。法人惡其反側。恐留之爲後患。徙之海。溺其屍。以空鐵棺回令祥子孫出十萬金以贖法人之狡獪如此然引虎入室爲虎所噬彼假虎威以逞者胡不以祥賊爲鑒哉。

小人當國。朝廷空虛。京城亡時。勤王詔下。應詔死事者。不是邊郡左遷。便是江湖閒散。無權無位之君子。手無寸鐵之豪傑。一旦義憤感激。視死如歸。除西貢淪沒已久。繩束太嚴。無可與法爲梗外。南北兩圻諸省。以至山邊海徼。漢族淸蠻。無處不有揭竿斬木。與法人捐生。久者幾二十年。近者亦一二載。有與法人戀戰死者。有爲法人拿捕以死者。有爲法人招誘不屈而死者。有陽爲法臣。陰結義黨。爲法人所覺而死者。有憤極塡胸。自尋死法而死者。可惜幾千年江山精氣所鍾毓之英人傑士。遭世不造。蘭薰玉焚。倶化作南海怒潮而去。寃哉痛哉。言念及此。爲之酸鼻。爲之痛心。爲之撫膺大慟。欲言不忍言。欲不言又不忍不言。嗟乎。海河淸晏。則廟堂之上。庸夫高枕而飽餐。天地塵氛。則鋒矢之場。壯士捐軀而吞恨。使此數千百義人壯士。得於國未亡時。居之廟堂。布之州郡。國其能亡乎。晴天不肯走。直待雨淋頭。是誰爲之。是誰爲之。此數千百泉下義人壯士。其有知耶。其無知耶。必不樂其以國破君亡。賣吾一身忠烈之名也。哀哉痛哉。有國者其可使國人偏有忠烈之名哉。

二　國亡時志士小傳

阮碧　南定人。舉二甲進士。法人取興安。碧爲巡撫。攖城死戰。城陷。棄妻子入山。結義士。北圻全轄義人皆隸麾下二年餘。屢與法戰。適勤王詔下。遂奉詔如粵。援淸兵黃廷經李子才等謀復宣諒。與法戰死。碧家南走。去諒山十餘日程。法人謂死信詐也。逮捕全家。時碧母已七十矣。幽之坡室。（法人獄名）累年不得解。碧所居程浦社。以碧故。法人幽其豪役沒其產。欲多方淩轢。以得碧之出也。一人盡忠。全鄉蹂躪。文明之流毒甚矣哉。

武有利　南定人。舉進士。南定城失守。利以督學棄官歸。（法人初取越國攻一城下一府縣有即投降者依舊官銜而奴隸之）與其友杜輝僚陰圖收復。未發也。得勤王詔。遂起兵。法屢擊之。弗能獲。有越南之豚彘而進士冠者。曰阮文豹。法以美官賂豹。豹爲之間。豹利同年也。利信之。豹道法兵入屯。遂被執。時北圻未定。法欲官利以收人心。竟不屈。遂以歲除日梟斬於南城市上。時義人有輓聯云。未捷身亡。長使英雄淚滿。並遊顏厚。肯教夫子生還。蓋指豹也。

杜輝僚　亦南定人。二甲進士。國亡。與武有利同謀。法人幽之坡室。禁飲食。不與。僚以老母無養故。不敢死。坐獄待命。如是者累年。亂定後。僚以潛匿無實狀。得免戮。然旬月間必向法人點名呈面一次。又如是者累年。母亡。居喪終。悉召其門生子弟。囑之曰。昨所以區區忍死者。有老母耳。今母喪終。吾死矣。即仰藥。僚丰神溫雅。而中存凜凜不可犯之概。人有說及法人及爲法奴隸之事。但微笑不答。然子房諸葛之志。實無頃刻忘也。被法人束縛嚴。無可伸展。齎志以歿。僚嘗有詩云。

千百年來有此日。　十八九事不如心。
未老杜老空懷古。　再生賈生徒哭今。

宋維新　清花人。進士。全家死於法。今無嗣。維新初罷官歸里。與舉人子宋維清奉勤王詔。舉義兵於清花。結山蠻岑伯爍丁文毛等兵數千餘。屢挫法兵。又安解元阮季淹亦以義兵會屯岑悃。時有清花人高玉醴爲法獵獒。最得力維新之故門吏也。維新爲所誑。被獲。維新一時有盛名。法奴隸者爲之謀脫死。竟不可。法人梟之。其家眷於維新未獲時皆以幽獄死阮季淹亦被戮。

阮敦節　淸花人。倜儻有大志謀舉義兵未及發事泄。法人幽之杖之鞫之。問其黨固不言。法人引斬者數次。竟不斬欲窮查之盡得其全黨乃已。敦節固終不言。法人發爲囚徒牢堡。哀哉著赭衣荷板鍤執役刀從法兵背後而供灑汲之役者。乃越南十年前儒冠文履目炬聲鏞之阮敦節也。敦節以進士歷官知府。素懷國憂。多結山寨好漢。不肯死非憚死也。嗟乎此老心事。何日作一聲泉下笑哉。

丁文質　乂安人。應詔起義兵敗被執。法人梟其屍。屍爛。門人乞收葬。法人但予屍。奪其首而火之。文明强國所爲固如是也。丁文質其幸而身被之哉。丁母與其弟既死於難。男二姪二女一年甚幼。法人俱戮之。文明國嗜殺固如是哉。丁初以進士莅義興府。甚得軍民心。與法人戰屢勝。南定城亡。義興府不能下。質受刑乃酷慘如此。想是愛國者犯歐洲之最重律科歟。

阮效　潘伯扇　廣南人。以散官起義。三年血戰。法人未有以敗之。會廣義人阮紳。初亦附名義會者。後叛義會投法。法人奴隸中之最露頭角者。其黨黎潔亦爲法黠狗。效扇所在。必極力蹤跡之。法虎得紳潔爲倀。捕效扇益急。效扇度兵必敗。全三省義人必盡爲法魚肉。效乃與扇謀曰。三省義會。君與我實主之。事不可爲。有死而已。然俱死無益。君先死。我散其黨。而以身任法人。執法人鞫問我。我極力爲吾黨解脫。死一我不足惜。存吾黨。他日有成吾志者。吾生也。扇慨然諾。遂著冠帶。望闕五拜。又向效再拜曰。君勉之。我去也。卽傾藥囊。一飲而瞑。蓋扇初起兵時。卽以衣袋貯鴆藥。有死志久矣。效被虜。解赴順京。法人集刑官廷鞫。時廣南三省義會不下數百人。此其有名者。效獨稱三省人甘心作賊者。惟效一人。其餘皆爲效所力脅。彼懼燒毀。不敢不從。無他心也。斬效足矣。他不辱問。獄成。竟無一言。伸頸就戮。效廬下胡學。以布役起兵。有名戰將。亦被戮。嗚呼。二人者。家破矣。不問也。身死矣。不恤也。區區思存其黨。以爲後圖。彼其眼中胸中。但有祖國有同胞耳。此等肝腸。眞是天地欽鬼神佩。爲其黨者。顧乃僥倖偷生。蹉跎至死。不知人間有何可羞可恨。其何以地下告程嬰哉。

黎忠庭　陳猷　二人皆廣義人。阮紳同鄉也。庭猷以廣義人抗法。紳以廣義人助法。庭猷以勤王死於法。紳實戮之。越南固紳之同種。廣義又紳同種中至親至切之同種。夫同種而至不愛同種。亦已忍矣。乃又爲異種者拔刀刃。必殺吾同種而後已。獨何心哉。法人愛紳慕紳庇護紳。於紳何取乎。倘使紳祖宗父母而生於法。法人能保其不助異種者以禍法乎。今日背越南忘廣義而助異種之法人。他日必將背法人忘欽使而助攻法之一種人。此翻覆事。阮紳固優爲之。法人而果愚昧。與法人而果可欺可弄。與則必崇信此朝恩暮讎反側顚倒之阮紳。阮紳必有以報法。聯法人以攻法。道與法異種者以攻法。固阮紳一反掌間耳。然法人決不愚也。法人決不可欺弄也。法人決不信此忘祖國而崇殊族之阮紳也。危哉阮紳。危哉阮紳。

范纘　平定人。以武學生起兵平定。勤王會。人纘其赫赫者。與法抗三年。弗克。入山死。法人募人入山。尋其墓。掘屍而火之。此等奇駭事。乃文明國亦嘗爲之也。

黎寧　河靜人。以蔭生爲義黨。倡寧世家子。有厚貲。少年時。知國必亡。已有短刀匹馬之志。結納俠客。揮金如泥。手下嘗有數百死士。順京失。即舉義旗。奉出帝詔。爲義軍參贊。多敗法兵。馘法將。會病斃。法人分捕其村民。沒其社村號。兄弟五人。四死於法難。麾下裨佐後隸潘廷逢。皆有戰將名。功雖不成。實義黨中之最表表者。

何文美　河靜人。以書生應詔。深沉有智。能易裝服。混入法營。屯爲義會。彊間時偷取法屯軍械火器。裝載入山。

法人不能害。爲仇人中傷。自射其喉而死。美起居必以短槍隨。誓不污法人手也。燈蛾赴火。美誠可憐哉。然義黨中之最凛凛烈烈者。美旣死。法人以不得殺爲恨也。割其首梟之市十餘日。彼傫傫者何罪乎。酷虐至此。此所以爲文明國也。

阮仕　乂安人。初本偷漢。不事人家業。常以短刀隨身。聞法人名。輒怒目切齒。頭髮指天。誓必殺。割此賊。投義黨爲領兵。經百餘戰。見法人未嘗避也。善撫士卒。恩愛備至。帥府賞賜銀錢。輒分予手下。一文不入囊。嗟乎。不愛錢不惜死。兼而有之。得如此偷兒。我且焚香稽首而祝之曰。吾千拜汝。吾萬拜汝。仕死。法人發其墓。仕出身甚微。然義黨中之名戰將者。仕死後。乂安更無如此人。

阮有政　阮春溫　皆乂安進士。熱誠憂國。天性懇摯。溫比政又過之。溫被執。檻赴京。法人百般窘辱。終不屈死。揮刀劃天。齎恨入地。仇人尚在。肯忍見其子孫耶。

潘廷逢　丁酉難作。乘輿播遷。以香溪縣爲行在所。河靜轄也。河靜屬乂安。安靜全部。赴義最多。與法相持最久。被禍較諸省亦最酷。十一年間。販奴佃戶偷漢屠兒。皆奮跡草萊。與法人拚命。有百戰間關。爲一時名將者。義兵掌營高勝義兵提領阮橙。尤庸中佼佼也。勝果敢善戰。能一見洋砲。依式製造。精巧不下於法人。與法戰。輒馘法一畫二畫等官。法兵相戒。遇勝輒避。使國中有數百勝。法人其不狠狽而西乎。勝自投軍。遇敵輒戰。眞法人之無賴賊。勝死。所居里。法人燬之。勝墳墓被掘。橙果敢不亞勝。而謀略又過之。法人初來。橙卽投法兵爲細作。引法兵拿匪。卻陰誡徒黨。以酒具餌法兵。乘醉誅之。盡奪其砲。遂赴義黨。奉出帝詔爲領兵。橙赴戰。能避銳擊惰。以逸待勞。臨變從容。應機神速。有古名將風。累與法交槍。無敗者。天方授楚。未可與爭。惜哉。橙勝死。河靜遂無名將。二人皆潘廷逢麾下也。逢書生時。已落落不入時套。舉廷試第一。尋補御史。會權姦當國。擅行廢立事。刀斧林立。乃集朝臣聽命。舉朝屏息。逢獨抗章嚴劾。義氣凜凜。不避鼎鑊。類如此。勤王詔下。逢方居母喪。以衰絰奉詔。築山屯掠法堡。董率諸道義兵。二轄民大半歸附。法人號令不能行。法大奴黃高啓。逢同邑人也。以甘言厚幣誘之出。不可。國新君爲法所脅。亦溫誘之出。終不可。法人縻其戚眷。發其先墳。逢子弟哭告之。逢曰。世受國恩。與國同禍。我先人所甘心也。吾成先志耳。死不休。遂據險養兵。儲糧造械。益爲進取之備。聲勢行於兩圻。會廣義賊阮紳爲法人獵獒。以數千習兵與數千法兵。分道進攻。兵未入境。適逢病重斃。法兵遂搗巢焉。時麾下無橙勝比兵。遂潰。噫嘻。出師未捷身先死。長使英雄淚滿襟。逢臨歿有絕筆聯云。九重車駕關山外。四海人民水火中。逢既死。法人購得逢屍者有厚賞。然逢麾下無肯指引者。法人遍求諸山中。得山蠻指逢墓處。法人發其屍。驗之。屍有枝指。棺面有咸宜帝勅賜兩圻經略大使平西大帥之印。乃出其屍。沃以火油燒之。恐有斂灰而葬者。復散其灰。自古及今。未聞有如是之酷刑慘狀者。乃一於歐洲文明國見之。治眞正盜賊。無此律也。況其爲勤王之義士耶。文明國其何以解天下之疑也。

乙未年七月。逢死。義黨潰。十一月。法人以軍費二十萬金元。責四轄民賠償。國遂定。

於是三十六省一百二十餘府縣之土地。一百兆男婦老幼之人民。以至山蠻洞丁。南極河僊。北極諒山。西夾暹羅。東夾大海。無一不歸法人管轄。是爲法人取越南之結局。

以後法人乃全出其經理越南之毒手段。以後法人乃徐展其蹂躪越南之很腳跟。

三　法人困弱愚瞽越南之情狀

嗚呼。越南人三十年間干戈了。又水火。水火了。又刀劍。幾番蹂躪。餘喘僅存。又豈堪法人之毒手段哉。今方日日割剝魚肉。嗚呼越南豈不是早晚無遺種哉。今說法人之毒手段。只恐聽者猶以爲言者之過也。夫法國乃彊盛之國。而凌侮弱小之越南。成何國體。法人爲文明之人。而魚肉愚瞽之越人。成何政法。故說來恐人或不信。然我據耳目之所及。從實說出。迥非臆聞謬想。故將惡名歸於法人。若有一毫虛謊。天地亦不饒也。夫越南是有君者。今且說法人如何處置之。

越南故君爲咸宜帝。冲齡在位。纔一年。有何失德。有何罪惡。不過一文弱之主耳。法人既攻下京城。咸宜帝於是出走。所到之處。尺地寸土。皆爲祖宗父母故地。於法何干。乃法人既追執之。又遷之絕域。曰南斐洲亞羅熱城。又幽之密室。又禁與外人交通。又絕越人往來音信。以一有德無過之君。羈囚異地。法人倘欲殺之。則殺之已耳。而乃故留此一條命。歲取幾萬金以爲供養之費（法人於南國所入之常賦。分爲三款。其二款。全歸法人。越人不得干預。其一款爲收養越國君臣之務。每歲就此一款中。另摘出三萬金。奉歸法人。名曰供養越南王之金）其實供養與否。越人如何得知。法人祇借那三萬金。留那一條生不堪生死不得死的性命。殘殘毒毒。至此法人即白取那三萬金。越人莫敢誰何。法人要取之有名。好成個假仁義的。這是法人之狡險處。

越南現在之君。喚做成泰君。法人但留的內殿。與他居住。存的皇帝名義。與他稱呼。法人却以法兵環守殿門。一出一入。由法兵看管。國君出都門一步。須奉法人號令。國中一切政令詔旨。皆先稟白法人。得法人一諾。乃敢施行。或法人自傳出意旨。其越人爲奴隸者。行五拜三叩首禮（越人見君禮）唯唯遵辦。而那皇帝却兩手拱拱。點一點。更不得開口問一聲。這是何事。如此爲國君。法人便廢棄他。使法人自公然書個大法大越兩國皇帝。誰敢問他。豈不更乾淨了。法人故留此土居木坐的虛位。凡所爲種種惡虐。必布之於國中。聞之於外國。曰這是汝越南君臣所願爲。曰這是汝越南君臣所順受的。法人想道。越南人是無耳目的。外國人是無公論的。只那一條計法人謂可瞞過了。這敢明明白白愚惑越南。這敢明明白白欺弄外國。果然越南被他愚惑了。果然大國被他欺弄了。無那個問他罪惡者。這豈不是法人之狡險處。

法人以保護二字。欺五洲彊國。一國有利。各國均霑。這是公約中所有。法人却遮遮掩掩過。謂越南君在此。法人但保護客人。何利於越南彊賓。不壓主。想各彊國信法人此說。爲法人遮掩過。三十年來。無一彊國商船到越南者。無一彊國向越南開商館領事者。我謂各彊國必不爲法所欺。此或有故。我未解得耳。法人因此緣故。繩縛束勒他王族極緊。每一月兩三次檢王族譜宗人名。照名點面。有欠名的。法人必窮追四面羅捕。嚴刑治罪。豈不是怕法人祕密情走洩麼。法人近來絕王族的口食。王族人如何生活。却無一人出外控訴。皆以此耳。越南國是有臣的。看法人如何處置越南之臣。請我同人聽者。

越南國破君亡。這般可痛可恨。那時越南臣子。受國王水土的恩澤。如何偷忍得過。若使越南人個個都俯首貼耳。甘心事法的。竟成何世界。越南人勢力固萬萬不及法的。與法爭命。猶如三歲兒童去與拔生牛角的孟賁一場決鬬。如何不敗。那越南人敗了。有不肯屈服的。有十分憤恨。憤極自死的。有投首求免罪的。不肯屈服的。如潘廷逢范纘一般人。法人倘容他逃遁山谷。他固與草木俱朽。於法何傷。法人却極力下毒手。糜他妻眷。連累他鄉旅。掘發他墳墓。他不肯屈服。到底是他分事當然。法人罪其生者。梟不憐病。是越人俗語 怎敢怨恨他。可憐死者屍骸而生者當得何罪。法人竟暴露碎解。懸之城門。投之水火。如此豈不痛煞。那痛憤自死的。如阮高何文美一般人。

他身既無辜自戮。他妻子既困苦無依。寃哭愁呻。天裂地坼。倘法人休手罷了。容他一滴血入地。於法何損。法人。却思快積忿、必發其屍而火之。必劃其首而梟之。彼窮鬼殘屍何能作賊。黑黑禿禿的骷髏。受天地間僅有之苦狀。法人努兩目很視、拍手稱快。快豈不令人駭煞。彼投首求免罪的。如阮珹潘仲謀阮光琚一般人（此三名不被法殺然他是二個進士一個舉人法人存之以誘諸出首者）他固怯怯的兒。蠢蠢的漢。大丈夫行事。豈有一經敗衄。輒低首下氣向人乞哀。此等臭皮囊。留之可嫌。殺之不忍。但自法人而論。便是他既降服的。又何必殺。可憐那安和北門外。一輩投降人。儘將一劍揮去殺之已矣。又禁絕他家人族人。不許認屍收葬。暴骨流血。行人為之絕跡。法人又極狡。初間一二出首。法人甘言醴賞。誘他自相牽引。陸續俱出山中。巢穴空了。便引出安和門。那時出首人都還贈他一劍。那時諸不肯出首的烈士。定當拍案叫快。既受殺降的名。又快烈士的志。又堅思舊的心。如此無名之刑。無辜之戮。文明人胡亦為之。汝越南人好睜開兩目一看。勿謂法人可信也。彼法人於國未定時。勸諭出首免罪文千口萬口。汝今日視法人何如。汝尚信法人否否。法人又有最兇最很的手段。又有最姦最譎的肝腸。初取越南時。他極以甘言醴賞誘越人。又以美官厚俸餌越人。他所行種種惡狀。嗾越人為之獵鷹。如阮紳黃高啓（此二人最以拿匪得力）輩。其搏噬如意者。為越國中猴面彘腸。無義無行之惡棍。實越人平素所不齒。法人却極尊崇之。如武允迓以一通言至總督協辦。其他督撫名祿。督撫名芳。皆為法通言。助桀為虐者。法人種種惡藥。先以意指授此奴輩。欲東嗾之東。欲西嗾之西。此輩奔走不遑。法人坐享其利。此輩所分肥染指。歲積月累而得之膏血。法人知其多也。即便索瑕吹垢。罰一罰便（雙）手捧數十年臭囊。奉還貴國保護欽使了。全利歸法。而惡名則此輩分任之。其兇且譎。實為古今第一無二的手段。

越南國是有民的看法人如何處置越南民請看一看想我同人聽到這一段有不拍案叫哀擘天稱痛者便是無耳目的便是無心血的便是非人種的我敢斷斷說無是天理無是人道我同人好聽去我只怕同人掩淚抑惱也我不忍說然不說出我同人如何得知我豈不是死罪死罪我說去越民在國未亡時國君取於民有喚做庸錢有喚做租錢此外更無雜稅其庸錢是身稅錢却只八九千或至二三十千乃同出一口率一率只有三百銅錢之多蓋照戶不照口所以甚少其遇有凋瘵更行蠲免其租錢是田土稅有三十畝四十畝乃出一畝稅一畝稅有一官方斛粟之多蓋任民開供官不過問所以甚輕緣越南待民甚寬這是嬌養姑息政體漸成惰懶瞞飾氣習實非富强的資格法人得國若稍留意與滯振敝令民出銀出錢爲民開智興利國民豈不甚大幸福如何怨他那法人却無利民的意思一切利權都被法人掌握越人却無絲毫分潤故民財民力民膏脂却千端萬緒索取朝供到夕夕供到朝想如此月月年年越人一定無食可餐無衣可著的其目有若干事零零碎碎却不勝言請摘舉其大者說與我同胞聽者

(一)爲田土之稅　初法人令民盡括田土依數開供無得隱瞞隱瞞者有罰其田土沒入官能覺出隱瞞者有重賞如現今陳日省爲法通言以查出丁田得清化按察之職此是法人嗾犬豢鷹的左券田土分爲三等上等田每畝稅銀一元土亦如之中等下等準是而殺與民訂約永爲成例纔得一年法人謂南人留荒田土多宜增加稅額使南人勤於農業法人將行一事必設爲一巧飾仁義之說瞞人耳目這亦是保護越南的話頭這田土稅如是遞年增加下等加爲中等中等加爲上等其上等無可加卽令於田簿倍增其數百畝增十畝十畝增一畝數年之間田土但有上等中等稅無下等稅(丁簿亦照此例百增十十增一)民村有不堪者請法人勘度端供法人不復究問

但準交這田土與法農官耕墾。其稅由總里責賠。越南例收稅人員有稱曰總副總里長合稱曰總里現民間出稅實田爲法農占奪者處處而有實是無路可訴的實狀。越人修單向官乞度曰端供詞蓋將實情端與官不敢瞞也

(二)爲人口之稅　法人初言民生須爲國供役。古今通義。若欲終歲安業。須於身稅外。另出役錢。其人口稅銀。名曰公搜銀。每歲一壯丁出金二元二角。又役錢曰公益銀。每歲一壯丁出金八角。是爲每歲一壯丁納銀三元。然其初下令時只金一元。遞年增加至今西貢民。每丁歲納五六元之多。外兩圻諸省。歲每丁三元。或初成丁。不滿三元。積歲逐增。尚未有已時也。越南有一小小事。說來可哭可笑。有某村人。照盛時丁簿太多。經兵燹後。耗其大半。法人丁例有增無減。某村人一貧如洗。納個公搜銀公益銀。實實不能堪的咨矣。富人哀此煢獨。乃相聚而謀曰。窮窘至此。無天可上。無地可入。我們盡率所有人丁。向貴保護官苦叫。任他烹宰。想保護官必無盡殺我輩的理。看他如何處分。可憐他途窮計絕。作無首無尾的乞叫。他不想法人是很很毒毒的手。幾千百銀元。他如何肯放過。某村人一齊到法人庭下。蒲伏陳苦。法人謂汝何不將汝妻兒家居田地賣去。納銀與我大法便了。某村人慌忙。未及思算。哭一聲向對法人謂。妻兒賣了。家屋賣了。田地賣了。只有一片天在頭上。未賣得耳。法官拍案大笑曰。好好。汝一片天未賣。將那天賣與我。寫下券文。我與汝免了搜銀罷。某村人面面相覷。未知如何回答。已見法官取紙筆來。押令某村人寫下賣天的券文。寫訖。村人寫了本村同記字樣。某某人名押手點指訖。遂出村人其券文。法官納之袖。村人出。都想不出法官如何處分。有憂的。有喜的。有驚懼的。俱是未解法人的意。豈知某村人歸來。未入室。一隊巡警法兵。已四面圍著那村。竦竦密密。似攻城一樣。但聞彼處傳此處呼。喧喧道。汝村人賣天與我大法。那村汝上面天。是大法有了。非汝村有了。汝村人不得去走天下的。不得曝曬天光的。若見汝向

屋牆外。出頭露面的。便是敢窺我大法天的。便是侵犯我大法天的。便是死罪。我大法決不輕饒。巡警兵護天的。一連三日。那村人直是水洩不通的。眞是晝不見日。夜不見月與星的。此時村人愈窮窘。乃哭哭泣泣。千般訴。萬般哀。向法官乞許贖回。那村頭上一片天來。眞個是妻兒賣了。家屋賣了。田地賣了。方納清這搜銀。方纔討個安居的。法人方纔罷手。俗諺有云。

到底無天苦。　畢竟有天好。
妻兒將奈何。　田地未必保。
我贖吾天來。　那天不是老。

又有寓越華商。爲城廂旅民身稅。較本國人逾重。上等身稅可六十元。中等半之。下等至少亦十元。以上各項公搜稅銀。法人給一紙牌。用法文法印。註明姓名年貫。爲隨身信符。不許遺脫。途行者。家居者。若遇密魔邪檢察法人巡警兵爲魔邪兵偵探兵爲密魔邪兵無此紙牌。作逃搜論。卽得重罰。其有官紳在家及現爲法從事者。照越南國例。無身稅銀法人却給一免搜銀牌。每三年一換。領牌換牌。皆納銀三年。較搜銀更重。其紙牌有青紅黃三式。黃者爲免搜紙牌。紅者爲受搜紙牌。青者爲外籍紙牌。外籍紙牌。又有一則稅例。南人遊商自居里過別處。若忙急未及向法官乞通行文憑。到別處時。向法官納銀元。領個外籍牌。是青牌者以住限速遲。爲多少領紙牌訖。方得投客棧居住。客棧若許無紙牌者居住。巡警兵覺出。拿向法官。主客同罰。此是要分客棧之利。民間雖納公益銀役。亦不爲之減。每役民。必曰許雇役錢。初時少支頃。間便變易其說。囊錢裏飯。任民自供。未嘗雇也。其譎處在狙詐奴隸。其凶處在土苴人命。

(三)爲屋居之稅　照房定款。逐項徵收。其例不一。環城庯者。上等屋房。歲出銀九十元。或至一百元。中等屋房。歲出銀五十元。或至六十元。下等屋房。歲出銀二十元。或至三十元。房屋前後爲堂軒稅。（南人曰錢厦軒）堂外爲庭稅。（南人曰壣稅）庭外爲門欄稅。門欄外爲園居稅。亦無一定規則。但按項出銀。照房屋例爲增減。處處門外。俱有法文爲記。無者爲瞞稅。卽有重罰。登時逐去。若在村野。這稅則較輕。

(四)爲渡頭之稅　每到江河橫渡處。卽隔數尺水。而水上有一收稅公司。其役由南人領掌。其銀納於法官。每大江一津次。一人渡江錢可三四十個銅錢。極小江一津次。一人渡江錢可六七個銅錢。貧家貿易生理。極苦此事。

(五)爲生死之稅　男女初生。卽向法參辨堂呈開。納呈開銀。男女至死時。卽向法之參辨堂乞驗。納乞驗銀。輕重視人之貧富爲差。此防逃瀨身稅也。此是行之於西貢者。各處未有。法人徵收。皆以漸而至。不一時齊到。此是陰朘民脈處。

(六)爲契券之稅　法人知人間雇借賣買田土家屋詞訟。單憑用紙必多。却生一術。於越南紙中押下法人印信。凡上所用紙各件事。須向法人領這紙。納銀賣領。若有不用此紙。名爲背國法。一切事行不著。

(七)爲人事之雜稅　或請僧。或忌臘。或禳祭。或改一椽。或易一瓦。或送喪。或行慶賀等事。凡聚會一筵。一時辰。打一聲鼓。吹一口簫。不論貴賤何等人家。皆須向法官呈納請銀三角或五角。隨事之大小而定稅。法人給一小紙。乃得遵辦。名曰乞法銀錢。日間從輕。夜間倍之。此行之城庯者。村野各處未有。

(八)爲船戶之稅　這稅額亦照房屋稅額。分上中下三等。上等船戶。爲大商船。亦歲納銀百元。或至二百元。中等船戶半之。下等商船戶又半之。最慘苦者是漁戶。漁戶人無田地。無家屋。無工商各藝。以一葉爲生涯。朝得魚。暮得食。從前越南國君於此等民毫無征取。但令供水役。而給予役錢而已。法人亦令一一徵收。一漁民幾隻船。一船幾人口。出人口銀錢。又出船屋錢。得魚向市又取魚稅錢。以上諸船稅。船頭皆有法文爲記。無者爲瞞稅。卽有重罰。

(九)爲商賈之稅　其最重者。旅商店。亦分大中小三項。照貨收銀。（南人名曰稅鍆行）其大項或歲出二三百元上下。中項半之。小項又半之。卽一小小商廛設幾件賣買品料。雖至賣漿。賣菜。賣碎柴。賣檳榔。極少的事。亦須有稅牌紙。無者爲瞞稅。卽有重罰。

(十)爲市廛之稅　市分大中小三等。令所在領徵。而納銀於法官。大市歲七八百銀元。中次之。小又次之。外又有行市者自出之稅。擔一肩柴。挑一籃菜。亦必納稅。乃得入市。樵夫野人以手足爲生理者甚苦此事。貧人歸途。但聞嗷嗷相問。汝今朝出稅幾何。今晚出稅幾何。此外更無一語。

(十一)爲鹽酒之稅　其初法人但責煑鹽戶納鹽田稅。後見越人嗜鹽。便起貪心。令所在有鹽田者。出其田之稅。亦照田土例徵收。而倍其額。其鹽貨由法人自煑。責令鹽戶供其役。少少還些值錢。鹽煑成。業賣鹽者出銀向法人領買。法人照銀授鹽訖。給與一紙牌。每一紙牌隨所買多少納銀。買鹽銀不在此數。計一升鹽至此已有兩重稅。一爲鹽田稅。一爲領買鹽紙牌稅。買鹽自場出。又到法商政司呈乞勘。商政司秤得若干斤若干斛。訖。納銀取賣鹽稅牌。前兩重稅。是防盜煑。此一重稅。方的是鹽成一升鹽。至此時有三重稅。三重稅納淸。方得引鹽到市。入市時又納市稅。成四重稅。鹽產那得不窮。鹽價那得不騰昂。國中前日一升鹽。不過五六十銅錢。今日一升鹽。

有四五銀元之值。越人海濱僦居。實以鹽爲生命。漁獵至此。天焦海枯。慘慘酷酷。越人苦極。有自脫於法網之外。閭閻自相貿易。不復向場入市。更苦法人巡警極嚴。偵探極密。一經覺出。全家爲之掃地。更人人忍饑忍死。尙可言哉。酒稅亦與鹽稅同。亦由法人自煮。業賣酒者。亦向法人領買酒紙牌。但只兩重稅耳。

(十二)爲殿寺之稅　法人無事神奉佛等事。人間殿寺。分爲大中小三項。向法官納稅。領法文門牌一紙。方得奉祀。（大項歲五十元中項三十元小半之）現今西貢廟宇。幾爲之空。其有一二富鄉村。時得一見。眞成魯國靈光矣。

(十三)爲工藝之稅　越國工藝人。多專村居住。屋其地者。專其業。如鉢場業陶。楓林業屨。文林業鐵匠等類。法人於身稅外。令納工藝稅錢。隨業之貴賤。定多寡稅額。亦人給一紙牌稅。無者禁。不得做生理。祇許在官供役。貧民以手藝自養。那堪束手待斃。噫噫。

(十四)爲地產之稅　這等稅却不勝書。山產有象牙、犀角、錦石、玉石等。海產有玳瑁、珊瑚、燕巢、珠貝等。淸蔓之桂。廣南之飴糖。乂安之鐵林。黃草。西貢之砂仁。荳蔻。椅楠。沉香。南定海陽之茶。煙草。（是名相思草可避嵐瘴越人嗜此煙男女皆食之）平定之蠶絲。一切土地間所有貨品。皆有專稅。其爲法人所自占管。不許本土人開採者。不納費稅。但出地稅而已。除此項外。稅額甚繁。言之可厭。怕同人爲之掩耳而走也。姑舉茶煙草稅一則。其餘可知。

(十五)爲種煙田之稅　每種煙家。向法公司納田稅。畝照常田倍之。方得下種。稅一。

(十六)爲生煙之稅　煙草自田間採還。未經三五日。割切成片。得若干斤。若干樹。須悉向法司呈勘納稅。訖。方得出賣。稅二。（此兩重稅造煙家出）

(十七)爲熟煙之稅　業煙商者。向造煙家買回。卽呈商政司。得若干斤。若干樹。繳納稅。淸。許給稅紙牌。方得轉

運他處。此一重稅業煙商者出

（十八）為公局煙稅　業商者自此省轉載他省。卽由所在之商政司納稅。訖給與紙牌。方得散賣。稅四。此一重稅行商者出

（十九）為私局煙稅　一切諸小本商家。從大商家零碎分買。又必向某處某處小局商政分司。呈勘領稅牌訖。方得店前販賣。此一重稅坐商者出然入市時。一肩之擔。一掌之握。亦必向市司納稅。方得賣之市間。只緣法人預防越人太深。酷嗜越貨太熱。百端營謀。萬端索取。總之越人無一線生路。法人志願始滿耳。

大抵貨項之稅。不論貴賤。入商政司者。十斤有稅。入市政司者。值十文銅錢以上。亦有稅。入巡警司者。無論何人。無論何件事。銀錢便是護符。

法人有白取人財一妙法。想是五洲中文明國。千思萬想。不能猜到者。曰英豪會一事。法人選民間猾豪姦魁鄉曲所厭惡者。每地方二三人。名曰英豪會。其名甚美月二禮拜日會於公使堂。指畫利路。某處有某款宜征徵。某事有某利宜收拾。法人虎也。此輩為之倀。日改月新。搜幽索隱。眞個是一文不遺。一粒必摘的。方纔如意。此輩人無學問。無心術。驅之作惡。如蜂得甜。這是法人最善用人處。文明各國有如是用人手段麼。法人又有陰空人國一絕妙法。為五洲中文明國千千萬萬想不到者。是為密魔邪一事。法人巡警隊之隱名越人呼曰瞿列兵法人補給那密魔邪兵時。須擇那個無父母。無兄弟。無家屋。無資業的惡棍。又察他面貌。果然是極兇極很極貪極譎的。方許選到。選到時。法人喚那惡棍向天罵一聲。又喚那惡棍呼他父的諱名。罵一聲。法人乃欣欣懽懽。以重金賞那惡棍。引那惡棍入隊。法人謂如此無所忌憚。巡捕偵探方得力故也。那入隊惡棍。正是密魔邪的漢子。搜察姦細也。此輩徵誅逋瀟

也此輩。西貢今日此輩最盛越人目之曰遊棍黨然養蜂自螫未知何如有識者看此輩結局然後設爲夜行之禁。爲偶語之禁。爲博酒之禁。爲盜煑私鹽之禁。爲窩娼貯贓之禁。爲陰圖潛匪之禁。爲異人異樣之禁。四布法網。愈密愈繁。全藉此輩偵探之力。此輩人上無天。下無地。中無身。但得悅法人心。取法人金。何波濤不簸弄得起。何風火不吹煽得烘。一到法庭。大半是摹空語。法人亦知其然。亦甚憐憫。要將罰銀與我大法。我大法釋了。便罷。絲毫之事。動輙罰銀。今日罰銀未清。明日罰銀又至。其最可哭不能哭。可笑不能笑者。爲逼劫民家良婦女入娼之一事。法人於各都會城廂處。皆設娼樓。徵妓女稅錢。亦有三等。上等娼歲三十銀元。中等次之。下等又次之。給予黃紙一片。有法文印記。這紙隨身。方得賣藝。此等女人遊惰無業。煙花生涯。實人間極賤品。重收稅錢。亦不足怪。其兇很的。却在用巡警兵假偵探爲唆嫁事。這是抑勒民家良婦女之妙法。法人律。每夜令巡警兵偵探娼樓。有實無黃紙牌。私引男子行嫖者。押赴刑曹重罰。其女即沒入其本銀。若得娼樓稅日增。巡警兵有重賞。巡警兵乘風生事。尋禍邀功。但見人家有零丁寡婦。流落孤娘。無父母兄弟可依。無權要勢力可援。即黑夜闖入其家。法律禁夜入人家惟巡警兵得入誣以竊窩嫖男。彼孤窮懼禍。怯見法官。恐喝雷霆。無所控訴。便歔唏忍淚。乞領黃紙了事。明明白白的良人。從此向賤妓場中生活。娼樓稅日重。巡警聲勢愈大起來。嗟乎。黃紙一貼膚終身落地獄。零丁弱婦。何辜於天。眞是古今絕奇慘事。如此政體。歐洲文明國固當爲之也。呵呵呵。法律窩嫖者有罪嫖者無罪此亦是蕩敗越人一妙法

法人又有個黑迷人國之一妙法。想是五洲文明國中千馳萬驟學不得。請言那個妙法。與同人聽。我同人定當爲越南汪汪淚流。作東溟怒潮湧也。

越南人得離火正氣。固聰慧易敎。又孔孟書流入已久。不是全喪廉恥的國人。法人念現下民智未開。士習未變。

容易播弄他若一旦天牖他心思地豁他障蔽却去各文明國增幾條見聞開幾路學術長幾分才智他必不肯寄人鼻息下我那時駕馭他却難便將那愚瞽牢籠的術極力舞弄去極力吹煙煽霧去這如何是愚瞽之術越南從前取士有文武二科國中並行這二科都是越南千年來腐敝的政法都無可觀然武科比文科偏有那剛彊奮厲的氣象文科比武科偏增那委靡柔怯的氣象他纔得國卽便除去了武科其卑卑懨懨無用的文科他却不廢他知越南人癖好此無用賤物留此一條癡惑蒙昧幾個聰明少年那聰明少年不由此科便百般給役不堪饑苦如何拋擲得國中大半人才被此途壞了法得國數年知越南人才已漸漸壞些他却將此途輕看西貢初取便拋棄科舉西貢舊時進士人間不知姓名東京今日此途亦漸減殺法人想此途雖無實用猶令人喜讀書就中有稍能自拔者不如空空去掃了此途絕他讀書的種子恰好驅策他便崇重那稍曉法話不曉詩書的一般人現在要官美階全用通寄豪猾其由科目進者僅十人中之一二此輩科目固是忘廉喪恥不成面目的他尚嫌忌況眞正好的人才他那得不忌他便下一禁令極是叫天拍地咽不能出聲的事法人於國中設大法學場一設法越學場一但敎以法文法話能粗供法人奴隸役卽罷其精博處一切有用處越南人不得見也法學場外若有個人出洋遊學及與外洋人交通求學各國言語文字者照暗通外人潛圖不軌律擬罪法人必嚴捕拿獲該犯身戮該父母兄弟妻子干連拿不獲時籍沒其家產掘廢其墳墓父母兄弟妻子嚴囚俟擬這條禁例不識法人之意何如試思學外國文字言語與外洋人交遊於法人當得何罪法人却如此嚴禁（現今日本人於越南東京西貢沱灢有妓館然亦禁越人不得往來）豈不是愚瞽越南人麼不惟愚瞽越南人幷五洲中文明各彊國都被他瞞飾遮掩得過耳

法人又有一個法術，既攘了銀元，又愚弄國人，豈不妙絕。法人於國中設二報館，一曰大法日報館，一曰大南日報館。只大南二字已覺奇絕，越南明明白白是無國的，大於何有，法人將誰欺，欺天乎。俱在東京全權處法報館掌，以法人報紙中說天說地，獨西人知之，不許越人過問焉。南報館以南人分司，而法人爲主席，却選個無廉無恥得幾個銀元便天神父母法人的俗子，起筆奉承，如武范誠、朱孟楨之類。法人出一令，令未及行，報文便極力稱讚貴保護的，歌誦貴保護的，法人閱過，撚鬚曰：好好。方許登報。若稍有謗議時政的話頭、悲憤時事的語氣，任爾舌端泉湧，筆底雷鳴，隻字不敢入報。如此等事，豈非令人箝口結舌的，豈非要人耳昏目黑的。偏有可喜者，報紙成，郵寄各府縣社村，出納認紙銀元。大府縣，每月報紙銀三十元，小府縣，每月報紙銀十五元，各社村，大者月六元，小者月三元。所輸入法人者，一月有銀幾萬元之多。於南人眞如霧裏看天也，豈不可笑呢。

四 越南之將來

我聽到這回話，爲之於邑咽不能作聲。既而熱的面，豎的眉，向那男子道：果然，果然，越南國其終亡乎。越南國人種其悉化爲水面沙蟲，火中螻蟻。一百兆黃人種其盡淪爲無數千萬億白人種乎。曰：是未可知。申胥一身可以存楚，楚雖三戶可以亡秦。越南國若是有人心，其終亡，不終亡，未可知也。彊弱大小是有形的軀體，勇怯誠僞是無形的精神。以精神與軀體爭衡，愈磨練愈堅，愈頹唐愈壯，始不能勝，終必勝之。只爭那勇不勇，誠不誠耳。越南人若果一腔愛國有蜜蜂戀主的熱誠，萬死赴仇有虎豹護兒的癡勇，任是地可老，天可荒，山可焦，海可涸，而此熱誠此癡勇無一刻消磨，是謂精神既充，軀體自猛，數千餘神怨人憤之法鬼。其不能與五十兆愛國赴仇之越南人並域而處也。頃刻間耳。若是越南國有人心。如何終亡。曰。然。請問那越南人心。曰。此難言也。若據顯顯赫赫的事狀。實無一那個是越南國人心。若據鬱鬱勃勃的情狀。實無一那個不是越南國人心。他固不曾把肝腸示與我的。吾亦不從他肚裏出的。然越南國是人種的國。不是獸種的國。吾卽從人理猜想出來。說與同人聽者。

一般人。是閥閱高門。詩書望族。全家天祿。累世皇恩。百餘年鼎食鐘鳴。何非越南民之膏血。一二輩輕裘肥馬。猶是越南國之頭顱。可憐地塌天崩。桑沉海陸。柱中流而奚托。支大廈以何人。業旣無事時受越南國如許恩榮。豈容有變時任越南國如許禍患。中夜顧影。捫心自思。試問祖宗父母何處生長來。試問妻孥服食何處供奉來。一旦任異種人。做東做西。做天做地。我如何安忍得。我非牛豚。我非木石。我如何甘事法人。得張子房之破產。惟知五世酬恩。文天祥之散貲。不負百年養士。說到古人肝腸。知越南國故家子弟。必奮然曰。彼何人也。我何人也。有爲者亦若是。

這一般人。是爲越南國報恩者。斷斷是要滅法人。若說他不要滅法人。是他決非人種。他必不如此。

有一般人。是頑固赤子。戴宋遺民。勤王固義所當然。乃一人荷戈。而全家墟塚。討賊亦何罪之有。乃子馳羽檄。而父入牢囚。彼法人誅戮汝父母師長。割殺汝兄弟妻兒。蕩毀汝家居。收沒汝財產。汝豈一日能忘之。汝豈一日忍忘之。汝家居汝財產汝忘之。吾願汝忘之。吾問汝父母師長今何在乎。是法人誅戮。否。問汝兄弟妻兒今何在乎。是法人殺割。否。出頭便稱男子。世界上之美名。靦面而事仇人。宇宙間之穢物。汝將爲美名乎。汝將爲穢物乎。汝若飽汝食。煖汝衣。甘與法人並處。汝父母師長兄弟妻兒地下含寃。汝何以對。我知汝是越南人種。不是法人種。

我知汝是男兒血性。不是豚犬性。我知汝必沉然思。猛然起。振臂而大呼曰。仇人仇人。吾誓必殄滅此而朝食也這一般人是與法人有身仇家仇的。斷斷不肯與法人共生。若說他肯與法人共生。便是他非人種。我不敢說。

一般人是祖宗父母爲越國民子弟妻兒事耶穌教。並生並育。誰非食毛踐土。斯世斯人。固亦共天而戴。皆吾兄也。皆吾弟也。有何嫌焉。有何疑焉。無論前日中法人之謀。但說今日被法人之禍。法人數十年來重刑重罰。無一事爲耶穌人寬。搜銀稅銀。無一文爲耶穌人減。百年前之線路。爲恩翻是成仇。數十萬之生靈。求福轉而得禍。可知彼法人肝腸不測。非若我南人族類相孚。與其屈膝而事仇人。何如同心以保吾族。死後之天堂未卜。但求現在和平生前之地獄堪憐。忍視如斯塗炭。靜言思之。我耶穌民。越南國民也。我必保越南國。我必不從法蘭西國。我必不肯助法人以禍越南國。如此乃是天主教中之民。如此乃是天主救世教之民。如此乃是越南國同胞之民。若有不肯誅法人。忍視法人禍越人。便是非天主教之民。便是天主救世教中無此道理。便是越南國同胞中無此人種。

這一般人是耶穌民。要滅法人以保同類而扶主教的。若謂耶穌民無誅法人思想。我越南國人決無此說。

一般人是碌碌營生。嗷嗷待哺。窮年膏血。供搜稅而無餘。終日東西。入鹽場而未足。妻子之啼號遑恤。但憂役吏叩門。父師之督責猶寬。只恐巡丁捉手。如此情境。其何以生。如此形軀。苦不卽死。我非魚肉。驚刀俎之縱橫。時無英雄。歎江山之寂寞。彼豈不知。

曳拱托麻坤拱托　功兜椎辱買如埃

萬事到頭一場拚命。不幸而死。猶死得勇。死得快。死得有名。與其憔悴消磨。奄奄待死。爲餓狗死。爲枯魚死。死亦必至死得無名榮辱相去幾萬倍哉。況以五十兆之多。若眞同心協力。彼摩拳。此擦掌。彼炊火。此搬柴。並足齊步。以與法人爭。萬越人必能殺法百人。千越人必能殺法十人。百越人必能殺法一人。四五千法人只以四五萬越人殺之。彼灰眼拳鬚。決不能與越南人俱生也。如是如是。越南人必不死。越南人必生。吾知越南民窮困的思想到此。必踴踴躍躍。決與法人鬬。決不使越南國中有一個胡鬚灰眼的白種。

這一般人。是不堪苛虐的。要滅法人。若謂他不要滅法人。便是他非人種的。是土木的。決無此理。

更有一般人。是眞正人種人。是眞正黃人種人。是眞正越南國人男子的種人。那人不是與國較恩。不是與法較仇。却只知黃種的人不許白種的人魚肉。

戴天履地中覆載而爲身。倒海移山信轉移之自我。

此一般人。必不多得。然想越南國全無此人。豈不羞煞。吾甚願越南國有此人。吾敢信越南國有此人。

這諸般人。我但以人理論越南國不是獸國人種。越南國是人國人種。這樣人心。定是都有的。

然我也不信。我聞越南自法人占了。越南國人個個爲法奴隸。我聞黃高啓阮紳極爲法人出力。戕賊越南人。臂助異種以魚肉同種。我國無是。汝謂越南國有人心。我也不信。嗚呼噫嘻。越南國人心。我正於此輩人信之。我正於此輩人望之。有女於此。東家西家爭娶之。西家美而貧。東家醜而富。問女所願。女曰東家食飯西家眠。阮紳黃高啓。何獨不然。彼豈樂爲醜漢婦哉。要食飯耳。阮紳是世受越南國恩。其父爲越南國伯爵。紳以名家子。能讀書論事論人。實娓娓可聽。黃高啓於越南國應試。拔鄉解。少年頭角。有樹功名之思。二人者。在今日固法人臣僕。然以法人臣僕稱二人。二人斷不受也。所爲法出力者。或時驅勢迫。走錯路徑。未可知。或紆徐委曲。以待機會。未可知。一失足成千古恨。再回頭是百年身。販奴屠戶極寒賤之家。尙有一點良心。尙知越南是祖宗父母國。尙知越南是同胞國。不忍見法人磨壞也。況紳與啓哉。卽使喪心病狂。未至儘忘越南國。把眼前富貴買身後惡名。彼固自嫌失策。況法人情態。彼二人豈不知之。兎死狗烹。鳥盡弓藏。從古而然。法人更甚。阮文祥前鑒。固昭昭哉。嗟夫。二人者。皆有智略。皆能讀書。有智略則其見機必明。能讀書則其改過必勇。一旦翻然易轍。猛然倒戈。爲祖父酬國恩。爲同胞延性命。此二人勢力又大。其運動必靈。前日爲異種出力。且二十分。今日爲同種出力。當千百倍。白頭失節。不如老妓從良。此二人若斷然爲之。雨覆雲翻。乾旋坤轉。以二人勢力出之裕如。越南國脈。將於此二人是托。越南人心。正於此二人是賴。彼閉戸高眠。以越南人自命。實於越南人無一毫補者。相去不啻天淵哉。吾於二人者。且將尸祝之。歌誦之。金石紀念之。

然我也不信。我聞越南國之爲法兵者。小府縣不下數百人。大省不下數千人。計全國習兵。當得三四十萬。以越南人鬚眉面目。爲法人肩鎗腰彈。任法人指麾。嗾之東則東。嗾之西則西。聚無數蒼髯黑齒之越南人。從法人背後。法人拳打之。法人腳踢之。終日不厭苦。如此人心。尙謂之有人心乎。我也不信。曰然。此我不欲明言也。姑言其略。鳩婦日營其巢。爲鵲計也。富家日誨其女。爲男役也。彼束縛其父母兄弟。窮餓其族黨州閭。而反驅策其人。倚爲爪牙之用。不反爲其所拏攫乎。無是理也。越南國三四十萬之習兵。法實操練之。法人軍械。習兵實掌握之。操法人之軍械。以從法人於戰場。越南國之習兵。可謂忠於法矣。然習兵之父母兄弟。誰則束縛之。習兵之族黨州閭。誰則困餓之。習兵固垂涕泣而道之。況自國定以來。法人待習兵極無恩。約束日以緊。勞役日以繁。月餉日以薄。前日一習兵月銀十元。或十二元。多者且十五元。今日一習兵月銀八元。或六元。少者乃止四五元。疆場有事。

重之如天神。邊烽不驚。視之如草芥。採馬芻者習兵。治垣塗者習兵。前日無是也。今有之。執板幹者習兵。理薪水者習兵。前日無是也。今有之。法人之兇狠如是。法人之鬼蜮如是。習兵固側目而視之。誰無父母兄弟者。誰無族黨州閭者。同此面目。誰無血性。割汝父母兄弟之肉。以飽啖汝。汝安之乎。煎汝族黨州閭之血。以酣飲汝。汝樂之乎。汝所得於法人者。一月不過銀十元。然汝之皮膚剝盡矣。法人所取償於汝之鄉族親戚者。一月且至幾千萬。法人之誅責且未已焉。哀哉痛哉。熬炙我同種。以供異種人之養。而我顧樂爲之搬柴炊火者。豈其情哉。謂習兵忠於法。謂習兵背越南。謂習兵助法人以攻南人。習兵斷斷無是理也。習兵習兵。豈非人種哉。習兵習兵。豈已羊彘肝腸哉。斷斷是習兵必不背越南。斷斷是習兵必不助法人。斷斷是習兵必要戮法人。歌曰。

各註習兵。　各註習兵。　註於安南生。　註於安南長。　註克註暢。　註撫註批。　註滿限衞。　稅搜註折。
死也　戶當註羅劣。　親戚註殼車。　註擬吏別諸未也。　西傷腰之註。　西功恩之註。　註昆沒戶。　註貼沒茹。　厭嫛吏僕古嫛。　賴賴註。　百拜千拜萬拜註。

豈獨習兵哉。法人通言。法人紀錄。以至爲法人陪丁。固皆越南人種也。固皆習兵之心也。彼豈有忘其祖宗父母之國。而甘心從法人哉。彼豈甘心從法人而魚肉其祖宗父母之國哉。法人危矣。法人危矣。

飲冰室專集之二十

朝鮮滅亡之原因

嗚呼。而今而後。朝鮮名實俱亡矣。而今而後。中國以東。日本以西。突出於黃海與日本海間之一半島。更復何有。無復有國家。無復有君主。無復有政府。無復有民族。無復有言語。無復有文字。無復有宗教。無復有典章文物制度。舉二千年所有者。一切隨鴨綠江水滔滔東逝以盡。惟餘穢亂腥臊陰慘黑闇狠狽恥辱之史跡。長點汚白頭山之雪色而不可湔祓。以此思哀。哀可知矣。昔漢陸賈作新語。意在推論秦之所以亡。以為漢戒。一時方聞之士。若賈山賈誼董仲舒。其所著述。指引秦事。詞並危切。漢世鑑之。賴以小康。竊附斯義。次論朝鮮滅亡之原因。以告我后我大夫百執事暨我邦人諸友。古人有言。與治同道罔不昌。與亂同道罔不亡。我后我大夫百執事暨我邦人諸友。試一內省焉。其亦有一二與朝鮮同道者乎。如其有之也。則吾恐不暇為朝鮮哀也。

朝鮮滅亡最大之原因。實惟宮廷。今世立憲國。君主無政治上之責任。不能為惡。故其賢不肖。與一國之政治無甚關係。惟專制國則異是。國家命運。全繫於宮廷。往往以君主一人一家之事。而牽一髮以動全身。致全國億兆悉蒙痛毒。徵諸我國史乘。其覆轍若一邱之貉。而朝鮮則其最近殷鑒之顯著者也。朝鮮所謂太皇帝者。（即前皇也以四年前讓位於其子稱太皇帝）在位垂五十年。上則見撓於所生。內則見制於哲婦。下則見脅於貴戚豪右。見熒於左右近習。政出多門。舉棋不定。而國家之元氣。遂斲喪以盡。韓之亡。實韓皇亡之也。（朝鮮宣布獨立後改國號曰韓本文或稱朝鮮或稱韓隨行文之便又此所稱韓皇者即指亡國時之太皇帝非新皇也下倣此韓皇系出庶孽。其父大院君。貧不能自存。以子入繼大統。遂因緣女謁得專政。而二十年間。大院君之攝位。與韓皇之親政。相爲嬗代。主權不出於一。韓政之亂。實基於是。大院君者。固天性刻薄人也。其陰鷙之才。舉韓廷無出其右。惟驕汰而卞急。多猜忌。無君人之器。其攝政伊始。李朝本久已中衰。彼不思所以整飭紀綱。而惟土木游觀之是崇。朘全國之脂膏。以修一景福宮。前後亘五年。其所以苛斂於民者。非言語所能殫述。至有所謂結頭錢願納錢者。名目百出。竭澤以漁。雖秦之阿房。隋之迷樓。不足以喻其汰也。民力之瘵。於茲始矣。我國曾有類此者否又不度德量力。欲舉區區之韓。與天下萬國爲敵。時天主教徒在朝鮮者已逾十萬。大院君忽命軍隊圍而殲之。死者萬餘人。哭聲震天。血流成渠。坐是得罪天下。卒脅於要盟。與諸國結約。而權利遂棄擲無量。我國曾有類此者否故大院君之爲人。雖敢於任事。有斷制。遠非韓皇所能逮。而論亡韓之禍首。彼實尸之矣。且一國中而有二尊。亂之所階也。大院君之專。韓皇若守府然。父子之間。觖望斯起。其後大院君避位者三次。奮起而再居攝者三次。羣小日煽搆於其間。宮黨院黨。動成水火。蕭牆之內。殺氣屢伏。人人有自危之心。外國得居爲奇貨。因而援繫以弋奇利。韓自茲蓋不國矣。然使韓皇果有中主之資。憑藉其勢位。未嘗不可以弭禍於方來。然而韓皇之爲人也。葸懦而不自振。多疑而寡斷。好聽讒言而闇於事理。多內嬖而昵宵小。喜行小慧而計常拙。倚賴他人而不自立。好爲虛飾而不務實。此諸德者。有一於此。其人固不足以主社稷。而韓皇乃具之。故閔妃擅政。豔妻煽處。舉國中知有君之妃。而不知有君者。殆二十年。則晉惠帝之受制於賈后也。韓皇之生母亦閔氏閔妃即其姪女也閔族之專閔太妃亦與有力焉坐是與大院君搆釁。使小人乘之。則唐肅宗之惑於張良娣也。女謁盛行。雜進宮掖。則漢安帝之寵王聖也。諸閔布滿朝列。苞苴公行。數年之間。閔氏起家百萬以上十餘人。其金趙諸后族稱是。則漢之田竇王梁不是過也。甲申以降。執政者無半年得安其位。朝綰金紫。夕橫路衢。則明莊烈之十六年易五十六相也。屢興黨獄。作瓜蔓抄。愛國之士。族誅瘐死者相屬。其竄逐於外者尚百數。則漢之黨錮。明之東林也。甲午以後。亡徵盡顯。而鉤黨尚興不已。則明福王之偷息南都。逮治復社也。大國之使者咆怒唾辱於其前。帖耳而莫敢校。且恬然不以爲怪。則石敬瑭之求人容我爲君也。投以甘言則歡忭委信。如小兒得餅。則楚懷王之受欺於張儀也。見偪於此。則求助於彼。不思自立。惟引虎自衞。則宋理宗之約元滅金。而不顧己之隨其後也。事變一生。蒼黃無主。任人播弄。望門投宿。則漢獻帝之見挾於李傕郭汜樊稠張濟也。舉事失當。不負責任。而動諉罪於受旨奉行之臣下。則唐文宗之賣李訓鄭注也。日日創法立制。以爲美觀。而無一能實行。則王莽之法周禮也。且假之以爲殃民之具。則宋徽宗之用蔡京而侈言紹述也。强鄰壓境。命在旦夕。而色荒禽荒。不聞少減。則齊東昏之作無愁天子也。蓋歷代亡國之君之惡德。韓皇殆悉備之。然其他皆可云小節。獨其無定見而好反覆。怙威權而憚負責任。多猜忌而不能舉賢自佐。此則膏肓之病。雖和扁不能以爲治。以如此之人爲之君。雖使國中濟濟多才。而四郊無纖芥之警。其國猶將岌岌不可終日。況朝鮮之植基本薄。而所遭爲前代未聞之變者哉。

失德之君。國家代有。苟其下有人焉。亦未始不可補救。范蔚宗論晚漢朝局。謂傾而未顚。決而未潰。皆出於仁人君子心力之爲。誠篤論也。若朝鮮社會。則又亡國之社會也。朝鮮貴族寒門之辨。至今日而猶甚嚴。有所謂『兩班』者。國中政治上社會上生計上之勢力。咸爲所壟斷。非兩班則不得爲官吏。非兩班則不得從事學業。非兩班。則私有財產不能安固。質言之。則朝鮮國中有自由意志有獨立人格者。惟兩班而已。而兩班則萬惡之藪也。彼其兩班之人。皆養尊處優。驕佚而不事事。以作官爲唯一之職業。故他國之設官以治國務。朝鮮之設官則以養無業之人。（我國何如）其官吏專務繁文縟節。一命以上。傔從如雲。（我國何如）呼蹴人民。等於禽畜。人民生命財產。無一毫法律上之保障。任官吏予取予攜。各種租稅。納於國庫者。不及其所取諸民者三之一。（我國何如）以故官吏爲朝鮮最有利之營業。全國趨之若鶩。喪名敗檢以求得之。非所恤也。（我國何如）然欲爲官吏者之數。總浮於官吏員額之數。求過於供。勢固不給。乃出於相傾軋相攙奪。以故朝鮮最多朋黨。而好爲陰謀。（我國何如）百年以前。卽有所謂南宗北宗老論少論諸派者。以依附排擠爲事。至晚近而益盛。而其所謂黨派者。又非有一共同目的也。各借黨以營私利而已。故朝握手而夕操戈。不以爲怪。（我國何如）故朝鮮爭奪政權之劇烈。視各立憲國議院中之政黨。殆遠過之。而其人皆恣睢闇昧。不知世界大勢爲何物。不知政治爲何物。又無論也。近十餘年來。留學於外國學成而歸者。固亦不乏人。然皆假所學以爲獵官之具。及其欲獵官也。則自有宦海之專門科學。以何術而攀援。以何術而傾軋。非棄昔之所學者而學之不得也。朝鮮所謂有新智識之人士。其精神皆敝於此間。而不復遑他顧。以故海外卒業留學生將千人。而至今不能辦一完全之學校。至今無人能著一書。且並譯本之少可觀者而無之。（我國何如）其人最能趨時。而變前此以頑固著名之人。及甲午以後。則日滔滔談改革。前此之中國黨。不數年忽變爲日本黨。不數年又變爲俄黨。旋又變爲日本黨。惟强是視。惟能庇我者是從。蓋全世界中個人主義最發達之國。朝鮮其首矣。（我國何如）朝鮮人最喜談。二三人相遇。輒喋喋終日。而外人稍知朝鮮人性格者。謂其所言固無一由衷也。（我國何如）朝鮮人易怒好生事。一受侮則攘臂而起。然其怒不崇朝而息。一息則薾然若已殭之蛇。撥之不動也。（我國何如）朝鮮人對於將來之觀念甚薄弱。小民但得一飽。則相與三三兩兩。煮茗憩樹陰。清談終日。不復計明日從何得食。翛然若羲皇上人也。其官達者亦然。但使今日有官有權勢。明日國亡。固非所計。故自日本設統監以後。盡人皆知朝鮮命在旦夕朝鮮人自知之與否吾不敢言惟見其爭奪政權醰醰然若有至味視昔爲尤劇也此次合併條約之發表鄰國之民猶爲之欷歔泣數行下而朝鮮人酣嬉自得其顯官且日日運動冀得新朝榮爵栩栩然樂也夫以朝鮮一千萬人中若安重根其人者亦未始無一二吾豈敢一律蔑視雖然此種人固億萬中不得一二即有一二焉而亦不見重於社會匪惟不見重且不能以自生存蓋朝鮮社會陰險無恥者常居優勝之數而貞潔自愛者常居劣敗之數其人之爲惡殆非必出自天性而强半由社會現象迫之使然也我國何如

西哲有恆言政治者國民心理之返影也以如此之宮廷以如此之社會則其政治現象之所表見豈待問矣朝鮮於四十年前已知練兵之爲急嘗改革兵制請外國人爲教習矣而其所發軍餉乃至雜以泥沙故所練者不久旋潰我國何如甲午以後韓皇嘗率羣臣誓於太廟頒布洪範十四條矣考其條目視我之憲法綱領九年籌備案尤爲體大而思精也而一誓之後其君若臣即已渺不復記憶我國何如嘗大改革官制矣建所謂一府八衙門者名稱悉仿日本日本政府所有之機關無一而缺也而據當時游韓者所紀載惟見有巍巍廣廈若干所矗立漢城中大榜於門曰某部某部而其中乃無一文牘大臣會議則惟圍坐一桌菸氣瀰漫游談無根無一語及政務也我國何如略舉數端他可隅反夫他事猶可假借獨無財不可以爲悅朝鮮之財政則何如當日俄之既戰也日本政府派目賀田種太郎者爲朝鮮財政顧問目賀田種之報告書曰人皆言韓國財政紊亂以吾所見則殊不足以當紊亂二字彼蓋無財政之形也噫嘻此可想像得之矣我國何如然則朝鮮十數年來所以豢此蠹國之官吏者究何所出曰種種惡稅其名固不可殫舉矣然朝鮮官吏之取於民非必據法定之租稅也其所欲者則掠奪之而已然直接掠奪亦已至於無可掠奪然數年前尚有間接掠奪之道焉曰鑄惡幣朝鮮嘗取日本之貨幣法譯而

頌之號稱改革幣制然主位幣未嘗鼓鑄一枚惟鑄所謂五錢銅幣者無量數（當日本之五釐銅貨當我銅元之半）又以警察機關不備外國私鑄輸入者滔滔不絕以致此種惡幣充溢市場百物騰踴民不聊生（我國何如）朝鮮民本已媮惰不事生產而政府復朘削之不已農民終歲勤動無所得食以故舉國之田悉廢不耕草萊彌望（我國何如）其官吏則懸缺而沽公然不諱沽缺不足益以科第一進士定價爲二千五百元（我國何如）其外交也喜弄智術日言縱橫捭闔常商榷於聯某國以抵制某國而實則割臂飼鷹舍身施虎鷹虎未飽身肉已糜然而至死不悟也（我國何如）蓋朝鮮政治之棼亂不可理臭腐不可嚮邇雖罄南山之竹不能述其萬一一言蔽之則厲精圖亂發憤自戕而已矣

眉山蘇氏之言曰滅六國者六國也非秦也族秦者秦也非天下也日本雖處心積慮以謀人國乎日本雖養精蓄銳有能亡人國之實力乎顧何以不謀他國而惟朝鮮之謀不亡他國而惟朝鮮之亡使朝鮮而無取亡之道雖百日本其如彼何不見乎瑞士荷蘭比利時其幅員戶口皆遠在朝鮮下而以歐洲數大强國莫能亡之乎此猶曰藉國際法上之永久中立以幸存也不見乎前此以至强之法蘭西欲亡德意志之二十餘小邦而不可得乎不見乎前此以至强之奧大利欲亡久衰之意大利而不可得乎不見乎赫赫英國以獅子搏兔之力加諸杜蘭斯哇僅乃克之猶不能收其地爲直隸殖民地而卒聽其自設政府乎是故亡朝鮮者朝鮮也非日本也夫朝鮮人既自樂亡亦何足恤然以彼之故釀中日日俄兩次戰爭戕三國百數十萬之生命絞三國人民血汗所出之貲以爲戰費日本人之得之也其代價固已不菲而尚有蒙大損失而永世不可復之兩國從旁以贊其葬禮嗚呼其不祥之國哉嗚呼而今而後朝鮮已矣皇室之威嚴何在官吏之權勢何在兩班之門第何在朘民膏以成之景福宮何在三清洞中諸閎壯麗之邸何在南宗北宗老論少論之派何在一進會大韓協會何在賄賂之

纍纍於腰橐者何在，頤指氣使一呼百諾於前者何在，其四紀天子，惟有揮涕乘傳車以作歸命侯於昔日之與國，仰主人恩賜以餬其口，其舊時王謝，幸者則得微祿足以代其耕，不幸者則降爲皂隸，不免飢寒，其假虎威以自覆其宗者，則亦鳥盡弓藏，惟長留一賣國奴之名於史籍，供萬世之笑罵，回憶數十年來事，費幾許鉤拒以相軋，出幾許拳勇以相屠，作幾許不可見人之聲音笑貌以求一命之榮，用幾許不可質天地鬼神之手段以自殖其筐篋，而今也舉灰飛燼絕，音塵響滅，尋思諦觀，卻爲誰來，然而朝鮮人固非至今日不寤也，嗚呼，

飲冰室專集之二十一

日本併吞朝鮮記

記例

一本文名爲日本併吞朝鮮記。故記事以日本爲主。其朝鮮內治及他國經營朝鮮之事蹟。惟舉其大概。取相發明耳。

一本文既名曰記。自不容多下論斷。但事實之原因結果。有不得不略爲說明者。將使讀者易於循省。故文體不能謹嚴。方家諒焉。

一本文所記事。其由朝鮮發生者。甲午以前。用中國年號。乙未以後。用朝鮮年號。其由日本發生者。用日本年號。

一本文或稱朝鮮。或稱韓。從行文之便。別無他義。

一朝鮮君主。昔稱王。中稱皇帝。今則稱李王。本文所記。各就時代而從其稱。

外史氏曰。朝鮮今眞亡矣。朝鮮之亡。不自今日。特今日則名與實俱亡云爾。是故記朝鮮之亡。不得不託始於四十年以前。夫亡者朝鮮也。而亡之者日本也。朝鮮之所以由存而卽於亡者。其所歷之塗徑有四。一曰役屬於中國之時代。二曰號稱獨立之時代。三曰役屬於日本之時代。四曰併吞於日本之時代。日本之所以亡朝鮮者。其所歷之塗徑亦四。一曰與中國爭朝鮮之時代。二曰與俄國爭朝鮮之時代。三曰以朝鮮爲保護國之時代。四曰併吞朝鮮之時代。此兩造之四時代。其界線略同。今畫前兩時代爲前記。後兩時代爲本記。於以觀朝鮮自取剿絕之由。與夫日本謀人家國之術。此眞當世言政者得失之林也。

前記

第一　中日爭韓記

朝鮮與中日兩國之關係　朝鮮自古服屬於我。然惟漢代曾收其一部爲郡縣。過此以往。羈縻勿絕而已。我國自昔待屬國如此。匪獨一朝鮮也。而其國與日本一葦相望。日人之狡焉思啓。殆非一日。據東史所記。則當我漢獻帝建安中。日本有神功皇后者。曾親征新羅。略其地置戍兵焉。當時朝鮮裂爲三國。曰高句驪。曰百濟。曰新羅。蓋高句驪與我交涉最繁。新羅則昵近日本。百濟則常修玉帛於二境者也。自唐以還。三國統一。名曰高麗。常北面於我。與日本之交殆絕。及明神宗萬曆間。日本有豐臣秀吉者。雄略爲彼國史中所僅見。嘗大舉伐朝鮮。幾滅之。賴我援僅免。日本之與我爭朝鮮。實自茲始也。未幾我朝崛興。朝鮮恭順臣服最早。列聖懷遠以德。舍歲時享覲外。無所誅求。而日本則德川氏柄政。專務文敎。不遑外事。朝鮮閉關酣嬉者三百年。俗日以偷。政日以亂。其勢既不足以自存。値歐勢東漸。寖益多事。而日本方於其間就維新之業。磨刃欲試。我亦當中興之後。朝氣未衰。兩國相接。而以朝鮮爲之間。朝鮮亡機兆於是矣。

日韓交通初期　日本明治新政府初建之日。正朝鮮大院君專政之時。大院君李昰應者。朝鮮王李熙之生父。（熙即朝鮮前王甲午以後自稱皇帝四年前讓位其子稱太皇帝今被廢爲李太王者也）王方幼而爲之攝政。其爲人也好弄術智而不知大體喜生事而無一定之計畫性殘酷憍慢而內荏多猜實朝鮮民族性質之代表而亂亡之張本人也。大院君之始攝政實當我同治三年。（熙以同治二年即位時年十三）其時我國五口通商久開。日本亦已闢三互市場。世界大勢所趨固不容朝鮮長此閉關自守。天主教勢力寖瀰漫於其國中而俄法美諸國次第遣使議修好。而大院君壹以諉諸我政府。其諉諸我政府也非守國際法上屬國之名分也。非懾我上國之威也。圖狡卸不自負責任而已。（著者案對於外交事件圖狡卸不負責任此吾中國人相傳心法朝鮮人亦師我長技者）大院君攝政之四年。而日本明治天皇即位。初日本當將軍秉政時。其與朝鮮交際專委諸對馬守宗氏。幕府不自直接。至是遣對馬守宗重正使韓。告王政維新。韓人以其璽書中有皇帝字樣。拒不受。明治二年。（同治八年）更使外務權大錄。（大錄官名權署理也下仿此）佐田伯茅少錄森山茂爲交涉使使韓。韓人拒如故。三年復遣外務少丞吉岡弘毅往。使森山茂廣津弘信副之。淹留一年有半。不得要領。宗重正再移書喻指。勸韓廷引見吉岡等。不省。五年宗重正復使其家臣相良重樹往與周旋。凡上書於韓政府二十四次。終不納。其年八月。復遣外務大丞花房義質少記森山茂乘二軍艦往使焉。韓吏拒如故。六年廣津復奉命往。森山旋至。亦無所得。怏怏歸。蓋自日本明治維新以還。朝鮮之草梁館。（草梁館者所以待外賓也如我會同四譯館）無一日無日本使節之足跡。韓廷之虛憍無禮。誠出情理之外。而日人寧含垢忍辱。而終不舍去。且終不肯轉而就商於我政府。（當時俄英等國皆轉而與我交涉）蓋其處心積慮。務置朝鮮於我勢力範圍以外。四十年間。政策一貫。而自始絕不肯誤一著。以取自縛有如此也。

所謂征韓論　征韓論者。日本內政上之一大事也。而其因乃發自外交。先是明治二年。佐田伯茅反自朝鮮。即首倡用兵要盟之議。四年外務權大丞丸山作樂等。謀組織一祕密隊。出奇襲韓。爲政府所覺。逮而錮之。繼此還廷數年使節十數往返。而受侮於韓者愈甚。日人殆不復能忍。六年六月。森山茂歸。盛言韓罪之當誅。且陳言方略。於是廷議分爲兩派。一曰征韓論派。參議西鄉隆盛副島種臣板垣退助江藤新平後藤象次郎主之。而以太政大臣三條實美爲之魁。二曰非征韓論派。參議大久保利通木戶孝允大隈重信大木喬任主之。而以右大臣岩倉具視爲之魁。兩派堅持所信。抗爭亙數月。非征韓論派卒勝。日本維新元勳。自茲分裂。西鄉一派。聯袂辭職。朝列空其半。遂以導明治十年西南之亂。雖然。非征韓論派。固未嘗謂韓之不可征也。謂今尚非其時云爾。要之。日本自維新後。本已予韓人以不能安席之勢。而韓人所以因應之者復失宜。我國所以指導之者復無狀。坐使以區區小節。長强鄰敵愾之氣。而授之以問罪之口實。日本之有今日。未始非韓人激之使奮也。

江華灣條約　明治九年。光緒二年日本與朝鮮始結修好條約。所謂江華灣條約是也。先是征韓論既決裂。日本政府於明治七八兩年。仍先後派外務大丞宗重正理事官森山副官廣津詣韓。卑辭乞結約。韓人深閉固拒猶昔。明治八年九月。日本一軍艦測量朝鮮海岸。其舢板過永宗島。島上礮臺忽轟擊之。軍艦遂應戰。壞其堡壘。翌年正月。日本遂以陸軍中將黑田淸隆爲全權大臣。議官井上馨爲副大臣。率六艦詣江華灣。即永宗島問罪。且脅使結約。於是朝鮮舉國鼎沸。議和議戰。莫敢執咎。而日本威偪急於星火。遂以其年二月二十六日。締結所謂日韓修好條規者十二款。禮曰。爲人臣者無外交。不敢貳君也。朝鮮臣於我。而其有外交實始此。條規第一款云。朝鮮爲自主之邦。與日本國有平等之權。當時韓人固視此爲義所當然。即我國亦從不識國際法上自主二字作何解釋。且素賤視日本。謂不足與大邦齒。方謂彼自願與我屬邦平等。足徵恭順。而不知日人所以十年間鍥而不舍。

持滿而後發者其目營心注卽在此自主平等之四字。此約既訂。日人遂不復認我之主權得行於朝鮮矣。

壬午之變　朝鮮既與日本結約。遣使往報聘。其達官亦漸有游於日本者。覩其政治修明。羡而思效之。乃先從事練兵。聘日本一士官堀本某爲敎習。而其督練大臣既不曉兵事。且貪黷無藝。尅扣軍餉。至食中雜沙土。於是新軍與見汰之舊軍咸怨。胥謀作亂。光緒八年六月。暴徒數千驟起。殺官吏三百餘人。堀本與焉。遂火日本公使館。公使花房義質僅以身免。日本遂遣軍艦三兵士八百入仁川。因定所謂濟物浦條約者。其內容則(一)朝鮮逮治罪犯。(二)償日本金五十萬元。(三)派謝罪使於日本。(四)日本使館置守衞兵也。朝鮮有日本兵自茲始。

甲申之變　自光緒八年以後。中日之爭韓始劇。壬午變起之際。北洋大臣李鴻章使道員馬建忠俘大院君安置保定。使提督吳長慶率師四千戍漢城。專治兵事。使同知袁世凱總理朝鮮交涉通商事宜。專司對付韓人事。使德人摩靈德夫爲外交顧問。其海關亦使總稅務司赫德監督。當時我國勢力之在朝鮮者。視後此日本設統監時有過之無不及。使吾有人焉。雖百日本無如我何也。乃吾之當其衝者。既無絲毫政治上之常識。不能爲之革秕政以靖亂源。而復暴戾恣睢。以買其君民之怨。坐使其新進氣盛之輩。羣思結日本以撓我。於是朝鮮有中國黨日本黨之目。雖然中國黨盤踞要津既久。日本黨後起勢固不敵。日人不得已假卑劣手段以濟之。遂有光緒十年十一月之變。先是其年七月。我軍與法戰於馬江。敗績。朝鮮人益輕我。而日本駐韓公使竹添進一郎忽歸國。九月復返漢城。舉濟物浦條約所索償金五十萬元中之四十萬。退還韓人。聲言助其行政改革之用。(著者案與美國之退還我庚子賠款何相類也)韓人深德之。十一月日本在漢城所設之郵政局行落成禮。韓廷貴顯及各國使臣咸集。獨日使竹添託故不至。宴方酣。突有放火於比鄰者。座客驚散。號稱中國黨之閔臺鎬趙寧夏李祖淵尹泰駿韓圭稷閔泳穆柳在賢皆遇刺死。日本黨之金玉均朴泳孝馳入宮門。疾呼淸兵作亂。日使竹添旋率兵一中隊稱入衞。擁王移別殿。謀挾以適仁川。王以失妃及太子所在。涕泣不肯行。翌日我兵至。遂移王於我營。竹添不得逞。怏怏歸國。日本黨悉隨以去。其不及遁者咸就誅夷。是役也。日本誠心勞日拙。然其機變之巧。與其一往無前之槪。使人一驚。

天津條約　甲申之變。戎首實爲日本。五尺之童。所能知也。而日人有藏身甚巧者一事。當我兵之入韓宮也。竹添禁其軍隊。不許開鎗。而袁世凱乃礮擊日本公使館。且焚燬之。予彼以一絕好之口實。果也光緒十一年三月。日政府居此奇貨。遣伊藤博文爲全權。詣天津與我北洋大臣李鴻章交涉。卒議定專條三款。(第一)中日兩國皆撤退朝鮮戍兵。(第二)兩國皆不得派員爲朝鮮軍隊敎習。(第三)朝鮮若有內亂。兩國中無論何國派兵前往。必預先行互相知照。此約款所以限制兩國者若甚平等。雖然。日本不過不能驟得其所欲得而已。我則舉既得權而盡喪之也。此如吾世畜一僕。忽與客約曰。吾與客皆不得漫役此僕。客欲管僕。必得請於我。我欲管僕。亦必得請於客。天津條約正此類也。蓋江華灣條約使朝鮮自認非我屬國。天津條約使我認朝鮮非我屬國。蓋江華灣條約明朝鮮與日本平等。日本既非他人之屬國。朝鮮自非他人之屬國也。天津條約明中國對於朝鮮之權利義務與日本平等。中國既可目朝鮮爲我屬國。則日本亦可目朝鮮爲彼屬國也。

甲午戰役　自天津條約後七八年間。日本如鷙鷹將擊。先以蟄伏。其與朝鮮交涉無甚大事可紀。我袁世凱侈然以上國之代表臨之。頤使韓君臣若奴僕。日以賈韓人怨。而招列國之嫉。嘗一度謀廢韓王。立其姪李埈鎔。而使大院君再攝政。有告密者。乃中止。而閔妃之族。初以媚世凱得政。至是益橫恣黷貨虐民。無所不至。民窮財盡。

內亂遂起。光緒二十年三月。有所謂東學黨者。揭竿於全羅道。勢頗猖獗。袁世凱方思假此以立功名。遽勸韓王乞援於我。乃我軍艦揚威平遠操江方入仁川。而日本軍艦七艘。儼然已在。且以陸戰隊四百大礮二門護其公使大鳥圭介入漢城。世凱驚愕。不知所爲。我政府據天津條約。知照日本。日本謂依保護屬邦之舊例。從朝鮮之請。派兵戡亂。日人以不認朝鮮爲我屬邦。覆書相謝。此問題爭辯殆匝月。日本不屈。我國約共同撤兵。不許。中間經英俄調停無效。更主張干涉朝鮮改革內政。我師方逍遙平壤。遷延待交涉之妥協。而日軍已徧滿漢城。韓廷狼狽無措。乞計於袁世凱。世凱惟告以自稱中國屬邦。理合乞援。日本出兵。甚爲無理。令以此當日本而已。而適啓日本以攻瑕之路。日使大鳥卽騰書朝鮮政府。詰其爲獨立之國乎。抑爲中國屬邦乎。限一日覆答。至是世凱口舌之力不復得施。遷延三日。而朝鮮卒以獨立國答。日使謂既爲獨立國。宜速改革內政。乃上政綱五條。促施行。韓廷益洶懼。決諸世凱。世凱謂宜陽許之。而促其撤兵。更爲後圖。蓋斂衍延宕。實吾國惟一之外交術。爲我屬邦者。例宜師之。韓廷與世凱心理同也。而日本固非若是易與。越旬日。且以書偪韓廷。曰朝鮮與中國昔所締約。與獨立國之性質不相容。宜摧棄之。韓廷未決答。而世凱已宵遁。自是朝鮮遂告絕於我。且與日本結攻守同盟條約矣。

日本干涉朝鮮內政之始　韓人之不自立。而惟人是賴。其天性也。日兵之既入韓京也。韓人之號稱維新黨者。舉欣欣然有喜色。競通款於日軍。乞以兵衞王城。廢王妃。起大院君再攝政。日人從其二。惟廢妃之舉持而未發。未幾。遂盡黜舊官。而設一議政府。八大衙門。名稱悉仿日本。以日本黨人充之。大院君爲之魁。新政府雖以改革自標異。而大臣日日會議。惟口銜菸管。游譚無根。從未一及國事。內之則朋黨傾軋。彼此互欲剸刃於其腹。著者案中國所謂新黨者何如。時我軍敗報未至。大院君復貳於我。事發。日人逼使退位。日政府以大鳥圭介干涉韓政之不得要領也。使其維新元勳井上馨代之。井上上政策二十條。謁見韓王。聲色俱厲。韓王震慴。乃率羣臣誓於太廟。頒布所謂洪範十四章者。其要端則將王室事務與國家事務分離也。設責任內閣也。統一財政也。租稅以法律定之不得妄徵也。改定官制明正權限也。派游學也。行徵兵也。編纂法典也。用人不拘門地也。條理粲然。與後此我國之立憲九年籌備案乃大相類。然上自君主。下逮百執事。其嘗有一日定行此誓廟之洪範乎。則不待問而可知矣。雖以日本第一流政治家井上其人者。而無如朝鮮何。日本於是益知朝鮮人之不足與立。而取而代之之心益決矣。

馬關條約　戰役既竣。我與日本結馬關條約。其第一條則我國認朝鮮爲完全無缺獨立自主之國也。蓋朝鮮之以公文表示脫離上國之意思也。嚆矢於江華條約。而大成於攻守同盟條約。我之以公文表示捐棄屬邦之意思也。嚆矢於天津條約。而大成於馬關條約。自是我在朝鮮。無復發言權。日本謀韓之第一期政策。全然告成。而朝鮮王亦妄竊帝號。聊以自娛矣。

第二　日俄爭韓記

俄國謀韓之始　俄勢東漸。一日千里。既得海參威。則與彼密邇之朝鮮。在所不舍。理有固然矣。俄人有威爾拔者。在北京俄使館爲書記官。歷有年所。善能揣摩東方人之性質而操縱之。甲申變起之際。彼方銜命在朝鮮。要求結約。以黷貨無藝之韓人。餂而市之。固易易。威氏乃出俄人所最擅長之懷柔政策。一舉而博韓人之信。其夫人又交際社會之尤物也。日玩閔妃於股掌之上。勢力漸彌漫宮中。於是光緒十年五月。俄韓通商條約成。威爾拔爲駐韓公使兼總領事。全韓政界勢力有折而入於俄之勢。先是我北洋大臣李鴻章曾派德國人摩靈德夫爲韓國外交顧問。本欲收其權於我也。乃摩氏以不慊於袁世凱之故。反背我而即威爾拔。鴻章旋將摩氏撤回。派美人田尼代之。田尼到任不數月。又與世凱交惡。爲威爾拔所利用。一如摩靈。蓋當時世凱之在韓。若匈奴使者之在鄯善。而威爾拔則從天而降之班超也。威爾拔之驟得勢。雖由其才術。論者謂袁世凱之驕蹇。間接以助成之者實不少云。其後英國擬占領巨文島以防俄。以調停中止。俄復汲汲從事於烏蘇里江流域之開拓。訂結俄韓邊界通商條約。開咸鏡道之興慶爲通商口岸。氣益張矣。

閔妃之難　中日戰方酣。威爾拔僕僕往還北京者殆一年。馬關條約正成。而俄法德三國干涉還遼之事旋起。三國中俄爲謀主。天下所共知矣。是故日本爲戰勝者。俄又爲戰勝者之戰勝者。我之於俄。猶敬而德之。趨蹌若不及。況乃朝鮮。加以當時日使井上對於韓廷。屢行威偪。其旁若無人之概。深爲各國駐使所嫉。威爾拔乘其間。內之籠絡宮掖。而外之以各使爲爪牙。韓人之不慊於日本者。咸倚威爾拔以爲重。而閔妃實爲之魁。時則有貞洞俱樂部者。自俄使法使美使以下。韓廷所聘外國顧問五六人及李允用李完用尹致昊徐光範閔商鎬輩。朝夕燕集。實爲政界之中樞。前此日本黨人之在要津者。皆怏怏失職。光緒二十一年八月。日本忽撤回井上公使。以三浦梧樓代之。先是日人有岡本柳之助者。居朝鮮殆二十年。蹤跡詭異。常出入宮禁。而尤爲大院君所信任。自閔氏之專。大院君久已積不能平。三浦到任之第三日。即遣岡本夜謁大院君於孔德里。厥明大院君挾訓練隊入衛。號稱清君側。訓練隊者。韓軍由日本將校訓練者也。大院君既入。日使挾使館衛兵一隊從其後。韓宮衛士拒之。閔於光化門。有死者。晡時大院君謁韓皇於乾清宮。方有所陳奏。而內侍以皇妃閔氏見戕告。皇失色。是役也。各國輿論咸不直日本。謂以代表國家奉命修好之使臣。而敎唆亂黨。以戕與國主權者之匹耦。文明國際所未前聞也。日本政府亦知衆怒不可犯。越兩旬。繫其公使三浦梧樓及凡有職於使館者。與夫岡本柳之助等諸蒙嫌疑者四十八人以歸。錮諸廣島。彼中所稱廣島疑獄是也。

俄人勢力全盛時代　日本之不惜名譽。欲出奇兵以摧敵。此其第二次矣。然其結果乃適以福其敵。甲申郵政局之變。韓王走入我軍。日本坐是不能得志於韓者七八年。今茲之變。若出一轍。事起後閱兩月。韓皇挾中官走俄使館。於是局盡翻磔總理大臣金宏集軍務大臣鄭秉夏於市。詔旨從俄館如雨下。俄人更自仁川港軍艦中調集軍隊衞館門。而與各使議撤日本戍兵。於是韓皇作寓公於俄館者且一年。俄人於其間行財政監督。代練軍隊。設俄語學校。使京城元山間電線與西伯利亞接續。得咸鏡道採礦權。日本羨且妒。末如何也。

日俄協商　日俄爲朝鮮問題協商。凡三次。第一次則明治二十九年五月駐韓日使小村壽太郎俄使威爾拔在韓京所商三款也。第二次則同年九月日本賀俄皇加冕專使山縣有朋與俄外務大臣羅巴那甫在俄舊京莫斯科所商四款也。第三次則明治三十一年四月駐日俄使羅善與日外務大臣西德次郎在日京所商三款也。其條款內容不及具述。要之前兩次則日本甚屈從。後一次則俄國稍退讓也。俄國所以退讓者。其一則因韓人方設一獨立協會。排俄氣燄驟張。英又爲之聲援。俄稍懾焉。其二則因德國方占膠州灣。大有事於中國。俄人乘之。略取旅大。方將於大陸求所大欲。無暇瘁精力於區區半島也。此後數年間。朝廷稍得安堵。然俄人猶於其間有租借馬山浦事。有取得鴨綠江伐木權事。

日俄戰役　俄人乘義和拳之難。踞我滿洲。三次約撤兵。不見實行。且控上游以臨朝鮮。日人固無一夕得安寢。兩國尊俎交涉。僕僕年餘。始終不得要領。而彼此在韓國境內所設施。則光武五年。（我光緒二七年日明治三四年）日本有布設京城釜山間鐵路之事。七年有俄國租借龍巖浦建設礮臺之事。皆軍事上之設備也。當時兩國當局頗有持滿韓交換論者。則日人承認俄人占領滿洲。俄人承認日人占領朝鮮也。然俄人方驕。其所許與日人在朝鮮之權利。不能如其願。卽日本輿論亦咸謂俄若奄有滿洲。日本無一日卽安。卒於明治三十七年（我光緒三十年）一月。日俄大戰爭起。方戰之初起也。韓皇議走避於法國使館。不果。又效顰中國。向列强宣告局外中立。而日本則已先期火急完竣京釜鐵路工程。不旬日間。日軍已占領韓疆全部。遂締結所謂日韓國防同盟條約者六條。朝鮮之生命。自此全在日本掌握中矣。

菩孜瑪士條約　日韓國防同盟約既成。朝鮮旋宣言將前此俄韓條約悉行擺棄。朝鮮與俄之關係悉斷絕。及戰局告終。日俄兩國在美國之菩孜瑪士結媾和條約。其第二條云「俄國政府承認日本國之在韓國有政治上軍事上及經濟上卓絕之利益。日本政府在韓國認爲必要時執指導保護及監理之權。俄國不阻礙干涉之。」自茲以往。俄國認朝鮮爲日本屬邦。列强亦舉無異言。日本謀韓之第二期政策。全然告成。

本記

第三　日本役韓記

懷柔策　日俄之初開戰也。日皇命侯爵伊藤博文爲皇室專使。往慰問韓皇。韓皇亦派其皇族李址鎔於東京爲報聘大使。日人待之有加禮。極力示韓人以日本之可親。雖似閑著。實要著也。其後日本皇太子巡遊韓國。亦同此意。

顧問政治　當日俄戰方酣。而韓國政治勢力。已漸推移於日本之手。其時之政治。吾名之曰顧問政治。明治三十七年三月。日人以其陸軍少佐野津鎮雄爲韓國軍部顧問。九月。以其前公使加藤增雄爲韓國宮內顧問兼農工商部顧問。十月以其大藏省參事官目賀田種太郎爲韓國財政顧問。以其所親信之美國人士狄布爲韓國外事顧問。以其文學博士幣原坦爲韓國學政參與官。以其內務省某官丸山重俊爲韓國警務顧問。而前此韓政府所自聘之內部顧問法人狄爾哥。法部顧問法人克黎瑪。士總稅務司英人白里恩皆解職焉。蓋自是韓國各部。政自顧問出。大臣伴食而已。而日人於此期內。復派陸軍大將長谷川好道爲駐韓軍司令官。兼管其警察權之一部。命各地領事受理韓民辭訟。又將韓國通信機關全部委日本管理。又訂韓國沿岸航行自由契約。蓋已取全韓卵而翼之矣。

一進會成立　滅韓者日本也。助日本滅韓者。韓之一進會也。一進會者何。冒政黨之名。而獻媚於敵。以獵取富貴者也。一進會之領袖。曰宋秉畯。曰李容九。而秉畯尤爲主動。秉畯者。前以國事犯罪。遯跡於日本者十年。及日俄交戰。乃爲日軍嚮導以歸國者也。其人本有陰鷙之才。而巧於因利乘便。日軍方席累勝之威。彼茹柔吐剛之韓民。既爭思得新主人一顧盼以爲榮。秉畯乃利用此心理爲號召。以日本明治三十七年八月開一進會於漢城。標舉贊助日本爲第一政綱。不數月而全國響應。會衆號數十萬。平心論之。即微一進會。日本固未嘗不可以滅韓。而有一進會。則日本滅韓更不費力。故一進會之成立。雖謂爲亡韓之一大事。無不可也。

統監府建　菩孜瑪士約既定。日本旋派伊藤博文爲遣韓大使。謁韓皇。瞽陳利害。越數日。日使林權助與韓外部大臣締結日韓新協約。定韓國爲日本保護國。先收其外交權。韓民洶洶抗爭。而一進會首贊之。時明治三十八年十一月十七日也。越十二月二十一日。日本遂頒統監府及理事廳制。任伊藤爲韓國統監。通告各國。公使以本年內撤歸。而韓國派駐外國公使。亦一律召還。明治三十九年二月。伊藤至漢城。入統監府視事。首嚴宮中府中之別。禁雜流出入宮禁。政界稍肅清。而韓皇坐此憤懣特甚。始嚴憚統監矣。其明年。韓國仿日本官制。設立新內閣。對於統監而負責任。以李完用爲總理大臣。

海牙密使事件與韓皇讓位　光武十二年（我光緒三十三年 日本明治四十年）七月。有韓人李相卨李瑋鐘李儁三人者。自稱韓皇代表。突然出現於荷蘭之海牙。要求參列萬國平和會議。越數日。有用美國人之名。發電報於各國大報館者。謂韓皇今見幽於日本之警察。殆同纍囚。日夕在此。只以眼淚洗面。於是日人洶怒。韓人失色。月之四日。韓皇派特使於統監邸。辯密使之不關己。韓廷諸大臣。連日祇謁統監。各自辯不與聞密使事。且刺探統監處置此事善後策。統監伊藤博文始終緘默。不發一言。六日。各大臣開御前會議。詢韓皇以事實之有無。韓皇不答。遷延旬日。韓內閣決議。乞韓皇讓位以謝日本。韓皇大怒不聽。十七日。日本遣外務大臣林董爲特使如漢城。翌日。韓皇召見統監伊藤。且以未派密使自誓。詞甚哀。伊藤不答。詢讓位可否。伊藤毅然曰。此非外臣所宜言。伊藤退。諸大臣入夜。分韓皇下詔禪位於皇太子。十八日。皇太子卽皇帝位。改元隆熙。尊皇帝爲太皇帝。立太皇帝之幼子英親王爲皇太子。八月一日。新皇下詔解散韓國軍隊。十一日。統監伊藤歸日本。日本人環擁呼萬歲。如歡迎凱旋將軍之儀。

太皇帝之讓位也。廷臣惴惴交贊之。獨宮內大臣朴泳孝不盡諾。泳孝者。二十年前以倡議改革得罪太皇帝。避地居日本。而韓人所指目爲日本黨者也。伊藤雅重其人。及任統監。薦授顯職。辭不就。讓位前數日。泳孝忽詣闕乞召見。遂自請爲宮內大臣。難作。泳孝守宮門。拒外客。護持璽綬不舍。太皇帝今乃知其忠。讓位後。韓京蠢蠢有暴動。日人謂是泳孝所煽。捕而投諸獄。

日韓皇儲交聘　伊藤之治韓也。務市以恩。使韓人感而自馴。威偪禪讓。乃事勢相薄。不得已焉耳。大勢既定。旋復斂其厲烈之氣。以爲雍容。當其歸日本也。奏請日本皇太子游韓。以交驩其皇室。而鎭撫其民。旋請設副統監。以曾彌荒助任之。其請設副統監也。將使之代己率其職。而己別有所事也。其年十月二日。副統監曾彌受事。十一月二十日。韓皇遂命皇太子留學日本。授伊藤太子太傅。旋晉太師。使挈以行。伊藤自是日左右韓太子。如保母然。如是者年餘。

伊藤博文遇刺　伊藤之治韓也。其功績在馴擾韓皇。操縱韓吏。故表於外者無甚可稱述。其最大事則設立東洋拓殖會社。立韓國中央銀行。全韓生計機關。自是悉握於日本矣。明治四十二年。伊藤遂辭統監職。曾彌代之。而以日皇之命。特命伊藤爲韓太子輔育長。其年十月。伊藤以私人資格游歷我滿洲。月之二十四日。抵哈爾濱驛。韓人安重根狙擊之。句三句遂卒。重根者。耶穌教徒。曾學於美國者也。既就逮。日人鞫之。不諱。獄成。得死刑。問曷爲不逃。曰。吾爲光復軍一將官。義不可逃。問何欲。曰。吾已殲吾仇。吾事畢。一死外無他求也。日人爲之起敬。

第四　日本併韓記

一進會建言　日本併韓之謀。遠發自豐臣秀吉。近發自西鄉隆盛。彼其君臣上下。四十年來。曷嘗一日以茲事去懷抱。卽自統監政治既建以後。徒以名實不相應。故種種卻顧。不得騁其志。彼其厭苦而欲一抉其藩也久矣。其維新元老山縣有朋伊藤博文井上馨輩。與時相桂太郎及其閣僚。密勿集議非一度。蓋於兩年以前早已有所決。（茲事甚祕彼中報紙前此未嘗一言及合併協約發表後乃歷歷敘其始末若數家珍）而特不欲發難於日本人。蓋其前此所以語韓人者。所以語我國人者。所以語俄人者。所以語全世界萬國人者。皆曰扶持朝鮮之獨立。保全其領土。而尊重其主權。口血未乾。載書高可隱人。而兩次用兵。曰以義戰號於衆曰。吾自始非有利人土地之心。不寧惟是。吾不忍坐視吾友邦之顚沛。吾乃不惜糜吾數百兆之帑藏。擲吾數十萬之民命。以匍匐而救之也。吾友邦不治。吾乃不惜使吾垂老元臣曠厥職而佐其理也。夫如是。故其言甚順。而其所以自處者。常綽綽有餘地。而併合之舉。則終不能以與此美譽相容。故日本人羞出諸口。今世所謂國際道德實有然也。而幸也有一進會出而助之張目也。初一進會首領宋秉畯。列席於李完用內閣。爲農商務部大臣。去年七月。秉畯與完用齟齬。翩然辭職。作汗漫游於日本。而一進會長李容九入京。伊藤遇刺後九日。容九率會員三十萬人連署。呈日韓合邦請願書於其政府及統監府。統監曾彌荒助拒不受。而合邦論已風起水涌於全韓。秉畯逍遙日本。不識何作。容九與其會員則日日游說各郡。稱道合邦之利。其言曰。合邦得請。我韓民自今遂爲一等國民也。以此相號召。韓民信之者日益衆。自上請願書後八閱月。宋秉畯忽歸自日本。越旬日而合併協約成。或曰。一進會察韓國形勢。知合併與不合併等亡耳。不如合併猶可得增進人民樂利之一部也。或曰。一進會不慊於李完用內閣。欲取而代之。既不得。則寧並此虛名之政府而破壞之。以同歸於盡。或曰。一進會非有見於韓民之利害也。亦非有所偏惡於韓政府也。而知合併成則一進會員將有所獲焉。皆勿具論。要之一姓代興。法堯禪舜者。則九錫文勸進表不可不成於先朝耆舊之手。日本賞合邦之功。宋秉畯李容九宜在伊藤博文上也。

合併與日本輿論　當合併論之極昌於韓也。而日本漠然若不措意。全國報紙。惟節錄一進會之請願書。有時敍其游說各地之狀。爲簡單之記事而已。從不一置論其可否。全國各報皆然。各處集會演說亦不齒及。如是者殆半年。蓋日人於對外政策。嘗從先覺者之指導。全國同一步武。若軍隊然。其訓練有素也。及時機將熟。然後同時論者蠭起。則大率商榷合併之條件及其善後策。而論合併之得失者蓋甚希。蓋此爲數年前已決之問題。今無取曉曉也。（著者案日本報館之規律的行動。我同業所當鑑之而自省也）

統監之更迭　今年五月。統監曾彌荒助以病乞休。日皇乃命陸軍大臣寺內正毅爲統監。以前遞信大臣山縣伊三郎副焉。七月十五日新統監寺內入漢城。日惟從事於交際優游若無事。韓廷大臣亦惟循例酬酢。而絕大問題已暗解決於尊俎之間。八月十六日。韓首相李完用借慰唁東京洪水之名。訪統監邸。合併協約之內容遂決於是時。李完用者。當閔妃遇害時。奉韓皇入俄使館以與日本爲難者也。及日本置統監。完用乃見賞於伊藤博文。於是相韓者四年。寺內之入也。舉國知大變在即。完用所親勸其避位。毋以身當茲衝。完用曰。吾府怨於民久矣。今欲避賣國之名。更安可得。託庇日本。猶可苟全。與其失職而坐受臠炙也。不聽。

日韓併合條約　明治四十三年八月二十九日。日韓兩國同時併合條約發布。其文曰。（原文直譯）

日本國皇帝陛下及韓國皇帝陛下。欲顧兩國間之特殊親密的關係。增進相互之幸福。永久確保東洋之平和。爲達此目的。確信不如舉韓國併合於日本。爰兩國間決議締結併合條約。爲此日本國皇帝陛下命統監子爵寺內正毅韓國皇帝陛下命總理大臣李完用爲全權委員由全權委員會同協議後協定左之諸條。

第一條　韓國皇帝陛下將關於韓國全部一切之統治權完全永久讓與日本國皇帝陛下。

第二條　日本國皇帝陛下受諸前條所揭之讓與且承諾將韓國全然併合於日本帝國。

第三條　日本國皇帝陛下約令韓國皇帝陛下太皇帝陛下皇太子殿下並其后妃及其後裔各各應於其地位而享有相當之尊稱威嚴及名譽且供給以充分保持之歲費。

第四條　日本國皇帝陛下約對於前條以外之韓國皇族及其後裔使各各享有相當之名譽及待遇且供給以維持之必要之資金。

第五條　日本國皇帝陛下對於有勳功之韓人認爲宜特表彰者授以榮爵且給以恩金。

第六條　日本國政府因前記併合之結果全然擔荷韓國之施政凡韓人遵守該地所施行之法規者其身體及財產充分保護之且圖增進其福利。

第七條　日本國政府對於韓人之誠意忠實以尊重新制度而有相當之資格者在事情所得許之界限內可登庸之使爲在韓國內之帝國官吏。

第八條　本條約經日本國皇帝陛下及韓國皇帝陛下之裁可自公布之日施行之。

明治四十三年八月廿二日　　統監子爵　　寺內正毅

隆熙四年八月廿二日　　內閣總理大臣　　李完用

與此條約同時發布者更有日皇詔書四通其第一通則宣示合併之意其第二通則李王家優遇之詔書冊封

前韓國皇帝爲昌德宮李王。前太皇帝爲德壽宮李太王。以特恩許用殿下之敬稱也。其第三通則封前韓皇族李堈李熹二人爲公也。其第四通。則韓國境內大赦免租也。復有合併宣言通告各國。則凡前此朝鮮與各國所結條約悉無效。領事裁判權即行廢止。而關稅則十年後乃議改也。

朝鮮自此非復國家矣。朝鮮自此無皇室矣。朝鮮自此無政府矣。朝鮮自此無國民矣。朝鮮之主權者。十年以前本王耳。今亡而得王。可無恨也。獨其皇室財產能享有與否。約中無明文。各報所記。或曰讓與日本。或曰聽其自處分。疑莫能明也。惟韓皇室五百年來相傳之私產本至富。蓋全國土地五之一隸少府云。但蕪而不治。日本設統監後。早盡取爲國有矣。自今以後。仰新主所賚。毋恤飢寒已耳。韓皇族不下數十萬人。今受爵者得二人焉。餘則與齊民等也。韓人祇能在韓地爲官吏。且須合於日本政府所謂相當之資格。而又在事情所得許之界限內也。所謂一躍而進爲一等國民者。果安在。嗚呼。亡國之君主。亡國之皇族。亡國之人民。如是如是也。

或問曰。日韓兩國中。苟今後有一國不履行條約。則將若之何。答曰。凡以兩國主權者之名締結條約。苟後此有一國不履行約中義務者。則對手國應提出抗議。抗議不恤。則可請第三國居間裁判。裁判不服。則開戰。一切條約皆同茲軌。今既名爲日韓兩國條約。由兩國主權者。命全權締結而裁可施行。則亦豈能外此原則。而無如緣此條約之結果。而兩締約國中之一國從此消滅。則安從得抗議之主體。安從得受裁判之主體。安從得交戰之主體。質而言之。則條約成立之一剎那頃。即條約消滅於此一剎那頃也。何也。凡契約皆以兩人格者雙方之意思。互規定其權利義務關係。人格消滅。則意思消滅。而權利義務關係。自隨而消滅也。問者曰。然則條約中所許與韓君民之權利。果足恃乎。日本食言奈何。答曰。不足恃固也。然日本爲政略上起見。吾信其於最近之將來決不食言也。且日本亦何惜此區區者。問者曰。然則此直命令耳。恩詔耳。非復條約。曷爲以條約之形式定之。以條約之名名之。答曰。今世文明國之文明舉動。皆尊形式而尙名。故雖滅人國。猶出之以禮讓。此非自日本作古也。

合併前後雜聞　合併條約於八月十六日。經寺內正毅與李完用議定。十七日寺內以其結果電告日本政府。十八日日本政府開臨時內閣會議。二十二日開臨時樞密院會議。既決以二十五日公布矣。韓政府忽以月之二十八日爲韓皇卽位滿四年之期。請開紀念會祝賀後乃發。日人許之。是日大宴羣臣。熙熙若平時。而日本統監亦循外臣禮。拜舞於其間。世界各國凡有血氣者。莫不驚韓君臣之達觀也。

合併條約發表後五日。日本冊封使稻葉某至漢城。李王李太王拜受印綬後。與勅使分庭抗禮。自陳願入覲。其妃嬪皆汲汲學日語。日不暇給云。大約本年以內。當見東京中有巍巍賜第也。

一進會四年來到處游說。頻提出政見於政府。合併條約發表後一日。獨上一建白書於統監府。援刑亂國用重典之經義。請日本師子產治鄭孔明治蜀。識者謂不失爲朝鮮對症之藥。但不宜出諸韓人之口。且不勞韓人之敎猱升木耳。越三日而一進會宣告解散。似一進會爲亡韓之特設機關。韓既亡。則機關自可廢也。

合併條約發布之日。日本卽下緊急勅令。廢韓國國號。名其地曰朝鮮。置朝鮮總督。以前統監寺內正毅任之。其副統監山縣伊三郎。則任總督府民政長官。寺內總督卽日布戒嚴令。禁止集會。今舉朝鮮全境。方若束溼也。

列强對於日本併韓之舉。咸視爲意計中事。不以爲訝。惟汲汲自護其既得權耳。日本輿論。於關稅十年從舊之條。大有所不慊然。日本政府方思交驩歐美列强。頗懍專欲難成之戒。其出此非得已也。

朝鮮之亡。郡縣長官。海外學生。頗有殉國者。而韓廷達官。不聞一人。其地方農氓。僑外商工。亦復有毀家獻身謀光復者。今報紙方傳其消息。未審其進行若何。然結果無可見。五尺之童知之矣。寧蹈東海而不帝秦。君子哀其志而悲其遇而已。

外史氏曰。自菩孜瑪士條約以後。朝鮮已不復得齒於國家之林。此次合併。所易者僅其名義耳。實則卽微合併之舉。亦安得云朝鮮未亡者。雖然。明知其亡不於今日。而今日之事。有心人聞之。猶且欷歔流涕不能自勝。此如有病人於此。羣醫謂其不治。戚黨早知無幸。而及其死期之至。固不得無所動於中也。夫國必自伐。然後人伐。朝鮮苟非自亡。則無人能亡之者。理固然也。然四十年來欲得爲日本之所爲者。非一國。而穫其實者曷爲惟在日本。此不能徒曰天幸而已。夫以我之在朝鮮也。積二千年之威。而復臨之以大義名分。事勢之順。日本弗逮吾萬一也。卽俄羅斯挾其廣土衆民。奪之以先聲。其能爲重於朝鮮。亦倍蓰日本也。而日本處至逆之境。奮至綿之力。以與此二强者爭雄長。而得失之數。乃反於其所憑藉。雖曰乘一戰之威。然戰事以外。其所以致之者。蓋亦有道矣。吾嘗比次論之。得八端焉。日本之謀朝鮮也。數十年間。政策一貫。自始卽爲一定之計畫。率而行之。一絲不亂。例如朝鮮閉關絕使之時。一切諉責於我。俄美諸國。亦且移而與我交涉。而日人始終不肯遷就。寧含垢忍辱以求朝鮮之見許。蓋早已灼見乎朝鮮非離我獨立。則彼無所施其技也。此其一也。日本之在朝鮮。失敗亦屢矣。吾厄之。俄人厄之。朝鮮人自厄之。乃至列强屢助其敵以厄之。而彼曾不以此廢其初志。如河流然。或繞嶺以旋。或伏地以行。或挾沙石以下。必至於海然後已。其忍辱負重百折不回之概。眞乃精誠所至。鬼神避之。此其二也。見機至敏。而赴之也至迅疾。苟有絲毫可乘。決不肯縱之使逸。此其三也。冒險邁往。能爲他國所不爲之事。其甚者如郵政局事件。如閔妃事件。常以霹靂手段。使應之者不知所措。而因以收其後效，此其四也。他國之謀韓者，惟專肆力以操縱其宮廷，卽在宮廷中，亦僅視現時勢力所在，圖利用之，而一切潛勢，無暇兼及。日本則如水銀瀉地，無孔不入，無論何方面，彼皆用力，又善能察知黨派之同異離合，或鬬之，或糅之，抑揚抗墜，變動不居，而壹以有利於己國爲鵠，此其五也。其人民輿論之勢力，他國莫或厝意，而日人則四十年經營不怠，故能造出一進會等，以供彼無形有形之機關，此其六也。他國所汲汲扶植者，惟政治上之勢力，彼則生計上之勢力，與政治上之勢力，同時猛進不休，此其七也。他國之主動者，有若我之袁世凱，有若俄之威爾拔，不過一二人已耳。彼則種種方面，皆有人分途活動，如一軍隊然，上自將校，下至小卒，咸率其職，共趨一切，而游擊偏師出奇制勝者，更所在而有，此其八也。信乎優勝劣敗之不誣，而成功之有自矣。夫其於朝鮮，則既已奏凱而歸矣，而彼之挾此優勝之技，以心營目注者，豈直一朝鮮而已。是故吾覩朝鮮之亡，乃不寒而慄也。

附　朝鮮對於我國關係之變遷

明崇禎十年。卽清崇德二年。一六三七年 滿洲軍占領漢城及江華島。與朝鮮結城下盟。使朝鮮與明斷絕國交。自認爲清之屬國。每歲貢米粟紙布鼠皮豹皮鹿皮水獺皮等。盟成而還。及滿洲入主中國。朝鮮隨復爲中國之屬國。凡二百餘年。

及今王卽位之初。大院君柄政。以排外爲政策。同治五年。一八六六年 大殺戮基督教徒。法國之主教監督殲焉。法人將問罪於朝鮮。而以其爲我屬國也。乃先質諸我政府。我政府憚於代朝鮮受過也。夷然謝法使曰。『我與朝鮮絕無關係。』於是有法提督羅士氏率軍艦以入江華之事。見第　章 實爲我國政策失敗之第一著。

同年美國一商船觸礁於大同江口。朝鮮政府下令焚其船。僇其人。同治九年。一八七〇年 美人將問罪焉。亦先質於我政府。我政府亦以所以答法人者答之。於是有美提督羅渣士氏率軍艦以入漢城之事。見第　章 實爲我國政策失敗之第二著。

光緒元年。一八七五年 日本商船有至朝鮮領海者。江華島人轟擊之。日本政府以日本與朝鮮之關係始終不可不定也。而欲定日本與朝鮮之關係。則又當先定中國與朝鮮之關係。以爲之前提也。乃一面遣森有禮使於北京。一面遣黑田清隆率二軍艦以赴漢成。森有禮之至也。我政府襲前此對付法美之慣技以對付之。公然爲證言曰。『朝鮮之事。我國不任其責也。』於是其年十二月日本有與朝鮮結江華條約之事。見第　章 夫保護國不能與他國締結條約。此國際法上之通義也。我以此特權與朝鮮。實明示朝鮮以不認保護國之位置也。實爲我國政策失敗之第三著。

於是光緒三年朝鮮與美國條約成。四年與英德俄法意諸國條約成。當朝鮮之與美訂約也。李鴻章命朝鮮於條約中特著一條。聲明爲中國屬國。而美使椶弗力氏大反對之。李氏之志遂不得達。乃更出他策。命朝鮮一面與諸國定約。一面別以正式公文通告諸締約國自認爲中國附庸。雖然此通告實無效之通告也。何以故。以既爲附庸國。則必不能與獨立國結對等條約。既與獨立國結對等條約。則必非附庸國。以論理學公例證之不容兩立。故實爲我國政策失敗之第四著。

光緒十年以金玉之亂。中日兩國駐韓兵隊幾生大衝突。翌年日本派伊藤博文至天津與李鴻章訂結所謂天津條約者。其第　條云。

嗣後朝鮮有事。中國當發兵前往。先咨照日本。日本派兵前往。亦必咨照中國。

此約文實使朝鮮位置生一絕大變動之先兆也。何以故。以此約文以國際法理解之。明認朝鮮爲中日共同保護國。故夫朝鮮自光緒元年以前。純爲中國保護國。自光緒三十一年以後。純爲日本保護國。而於其間有一過度時代焉。此時代之關目。則天津條約是也。夫我既不能確保上國權利。則竟一刀兩段。全然放棄。猶不至惹葛藤以牽全局也。乃既無實力復戀虛名。既不肯自認無干涉之權。又不能拒他人有干涉之權。乃首鼠兩端。演此醜態。實爲我國政策失敗之第五著。

迨甲午之役。遂以朝鮮爲藩屬爲自主之一問題。致兩國以干戈相見。今述其戰前之交涉如下。

（中國公使汪第一次照會日本外部）　我朝素宏字小之仁。斷難漠視藩屬之難。

（日本外部陸奥第一次照覆）　查貴國雖指朝鮮爲藩服，然朝鮮王從未自承爲屬於貴國

（總理衙門第一次照覆日使小村）　我朝以朝鮮王申請救護，業已派兵前赴該國，此係按照撫綏藩屬之例。

（日使小村第二次照會總署）　本國歷來未認朝鮮爲貴國之藩屬，此次派兵前往，一係按照日朝兩國在濟物浦所訂之約一係照中日兩國在天津所訂之約，妥愼辦理。

（日本外部第二次照會中使汪）　亂事既定，所有朝鮮內政亟應代爲修整，兩國擬各簡命數大臣前往朝鮮同心稽察各弊，其分應整頓俾朝鮮日起有功者，如國庫出納款項，如遴選大小官吏，如募練彈壓內亂陸兵等皆是。

（中國公使汪第二次照覆）　但其內治作何整頓之處，應任朝鮮王好自爲之，卽我中國亦不願干預，至貴國既認朝鮮爲自主之國，豈能干預其內政，其意不辨自明。

（日本外部第三次照覆中使汪）　查朝鮮王常蓄陰謀，致釀禍亂，大爲敝國之害，乃其自主之力又屬太薄，不足以膺重任，其關係於敝國者，不特通商一端而已，地之相去甚近，又有干涉遠方之處，敝國萬難坐視。

（中略）是以決計代爲設法，以保太平之局。

由此觀之，天津條約純使朝鮮立於中日公同保護之地位，開戰前之交涉，全以此問題爲爭點，致日本得提出兩國公同干涉內政之議，夫日本之言公同干涉也，既明知中國之不肯干涉，且不能干涉，特以此語稍還天津條約之體面而已，故此議不諧，日本已悍然露獨占之勢，觀最後兩次之照會，其肺肝如見也，更述當時兩國宣

戰之詔勅。

（中國宣戰書）　朝鮮爲我大清藩屬二百餘年。歲修職貢。爲中外所共知（中略）乃倭人無故派兵突入漢城。嗣又增兵萬餘。迫令朝鮮更改國政。種種要挾。難以理喻。我朝撫綏藩服。其國內政事向令自理。日本與朝鮮立約。係屬與國。更無以重兵欺壓强令革政之理（下略）

日本宣戰書（前略）　緬惟高麗爲獨立之邦。而與各國結約通商。實由我日本勸導之也。然而淸國恆稱高麗爲藩邦。干涉其內政（中略）茲按高麗獨立之地位。原係日本維持之力。各國條約所公認。淸國非但謀損高麗之地位。且置條約於不顧。（下略）

此藩屬與獨立之一問題。以口舌不能解決。而至求解決於干戈。自開戰以後。而朝鮮與中國恩斷義絕矣。先是開戰前一月。（陽歷六月二十八日）日本駐韓公使大鳥圭介照會韓廷。詢其果自承爲中國藩屬與否。要正式之確答。韓廷照覆。謂誠爲獨立國。與日本有同等之權利。日本迫令以公文宣布之。開戰前十日。（陽歷七月二十五日）日使覆迫韓廷廢棄光緒九年所訂之淸韓水陸交通條約。以彼約中實明定兩國主屬之關係也。韓廷尙未確答。而戰端已開。已開後五日。遂締結所謂日韓協約者。其第一款云。

本約之設。專爲維持朝鮮之獨立與日朝之利益。凡淸兵在朝者。宜逐出境外。

是朝鮮與中國斷絕關係之始。開戰後半月。（陽歷八月十五日）朝鮮外務大臣金允植通牒各國。謂朝鮮與中國前此所締條約。一切破棄。翌日復下上諭。撤去中國人之治外法權。蓋自是而朝鮮隨日本之後與中國爲敵國矣。光緒二十一年二月。馬關條約成。其第一款云。

中國確認朝鮮爲完全無缺獨立自主之國。凡前此貢獻等典禮損害其獨立自主之實者全廢之。

朝鮮王旋布告誓廟文其第一條云。

割斷依附淸國之思想確建自主獨立之基礎。

中日和約旣成。以後中國遂派徐壽朋爲駐紮朝鮮公使。純立於平等國之地位。而韓王亦進而皇帝矣。嗚呼。十年一覺揚州夢。赢得靑樓薄倖名。朝鮮負中國耶。中國負朝鮮耶。縱觀法韓搆難以後中日媾和以前之交涉史。而不禁熱淚之承睫也。